社会にひらく
社会調査入門

文貞實/山口恵子/小山弘美/山本薫子

[編著]

ミネルヴァ書房

は じ め に

　社会調査の「タネ」は，どうしてこうなっているのだろう？　という「ギモン」，こんなのおかしいじゃないか！　という「イカリ」，もっとよく知りたいという「タンキュウシン」でできています。つまりみなさん自身から生まれてくるものが，社会調査の出発点です。社会調査の対象となるのは「社会」であり，それは「人びと」「団体」「地域」などでできています。これら社会調査の対象こそ，「タネ」をまく土壌です。まかれた種は芽吹き，根を張り，枝葉をたたえ，花を咲かせたり，大樹に育ったりするのです。そのためには，土壌とのやり取りが重要。お互いにとって実りある調査を目指したい。そんな思いからこの本はつくられました。

　社会調査をいかにして土壌である「人びと」「団体」「地域」に「ひらく」ことができるのでしょうか。まず大前提として，社会調査とは何か，社会調査の手法を知っている「センモンカ」である必要があります。こうして道具をそろえたら，どこに種を植えるのか検討します。自分の土地に植えるのではなく，どこか別の土壌に植えるのですから，勇気がいります。しかし，どこかにエイヤッと種を植えて，慎重にまわりを観察しましょう。すると，自分が思いもよらなかった光景が目に入り，自分が普通だと思っていた「ジョウシキ」が壊されたりします。怖いけれどコミュニケーションをとってみましょう。これが社会調査を社会にひらく第一歩です。

　さらに，土壌の声によく耳を傾けると，さまざまな課題があることなどが見えてきます。みなさんはその土壌にタネを植えた者として，一定の関わりが求められることになります。ある程度これに応えたり，応えられなかったりしながら進めていくことになります。つまり社会調査は，一方的に調査をしてデータを取るという行為ではなく，協力者（対象者）とのコミュニケーションとして成り立つものです。この部分をより意識して，社会調査という行為をひらいていく。そのことが，この閉塞感に満ちた社会を変えられるかもしれない。社

会調査を社会にひらくことが，新しい社会をつくっていけるかもしれない。そんな期待と自信をわたしたちは持っているのです。

　さあ，カメラ，メモ帳，ペン（これらは今やスマホ一台！），少しの勇気をもってまちにでましょう。本書を参考に調査計画を立て，RPGのタスクをクリアしていくように，調査を進めましょう。そこには，プログラムされたものではない生の声があり，思うように進めることができないこともあります。でもその先にあるのは，大きく育った樹の上から見える，これまで見たことがない景色です。案外一番の発見は，自分自身の変化かもしれませんよ。

2023年7月

編 者 一 同

社会にひらく
社会調査入門

目　次

はじめに

第Ⅱ部　社会を発見する

第Ⅲ部　社会にひらく

序　論

社会と関わり，社会を知る

1　本書の目的

(1)　社会と関わること

社会調査は単なる専門的な知識や情報収集の方法／手段ではない。

この本では，新たな問いが生まれたら，知りたいことに接近し，出来事が起きている現場に足を運び，さらに現在進行形の出来事に遭遇したときは，躊躇^{ちゅうちょ}せずに，周りを見て，なぜ？　誰が？　何を？　と疑問を持ち続け，その出来事に関わっている人びとや現場から逃げ出さないで，しっかりと関わりを持つことが社会調査であるという新しい見方を示したい。

学生時代に歴史を学び，その後詩人となった石川逸子さんは，長年，被爆地広島のこと，在日朝鮮人のこと，戦争に反対すること，原発問題に異議申し立てすることなど，わたしたちの世界で呟かれる小さな声に耳をそばだてながら，ときどき怒りながら，詩を書き続けている。彼女の詩は当事者になれないこと，他者であることを出発点に，自分に何ができるかを問い続けることで歴史や社会に対して想像力を醸成している。

　　　風
　遠くのできごとに
　人はやさしい
　（おれはそのことを知っている
　吹いていった風）

　近くのできごとに

人はだまりこむ
（おれはそのことを知っている
吹いていった風）

遠くのできごとに
人はうつくしく怒る
（おれはそのわけを知っている
吹いていった風）

近くのできごとに
人は新聞紙と同じ声をあげる
（おれはそのわけを知っている
吹いていった風）

近くのできごとに
私たちは自分の声をあげた
（おれはその声をきいた
吹いていった風）

近くのできごとに
人はおそろしく
私たちは小さな舟のようにふるえた
（吹いていった風）

遠くのできごとに
立ち向うのは遠くの人で
近くのできごとに
立ち向うのは近くの私たち

（あたりまえの歌を

風がきいていった

あたりまえの苦しさを

風がきいていった）

（出所）　石川逸子（2014）より

　石川さんの詩のように，「近くのできごとに／立ち向うのは近くの私たち」
である。わたしたちの世界を変えていく可能性はわたしたちのものである。
　読者のみなさんには，社会調査をとおして，他者と関わり，社会について考
えるために，まずは，自分の場所から一歩社会に踏み出す準備をしてもらいた
い。

(2)　世界（社会）を理解すること

　わたしたちの生きている世界を完全に理解することは難しい。グローバル化
された世界のなかで，現在進行形で起きているさまざまな出来事，例えば，環
境破壊や内戦，自然災害，飢餓や貧困という悲惨な出来事は新聞やテレビの
ニュースで報道されても，それはどこか遠い国の出来事でありすぐに忘れられ
てしまう。身近な国内の労働問題，移住労働者，性的マイノリティ，原発避難
者，若者の引きこもりや貧困問題も人は関心をもったその瞬間に忘れてしまう。
それは，人びとが日々の生活に忙しいから，あるいは自分にすら無関心だから
だろうか。おそらく，それは，この世界（社会）が，わたしたちが自らつくっ
た世界（社会）でもなく，ましてや自分が望んだ世界（社会）でもないと考え
ているからだろう。しかし，無関心だろうとも，忘れたと思っていても，わた
したちが生きているこの世界は動いている。わたしたちはこの世界（社会）の
なかで生きている。
　わたしたちが生まれた社会は自分で作っていないのにもかかわらず，世界
（社会）は，わたしたちの外部からわたしたちに覆いかぶさっている。エミー
ル・デュルケーム（1858-1917）はそのような世界（社会）を社会的な事実とし

て捉える営みが社会学であると指摘した（デュルケーム，2018）。社会学はこのわたしたちの生きている世界（社会）にどう関わって向き合うかをかなり真剣に考えてきた学問の一つである。社会学は，わたしたちが遭遇する個人的な経験を歴史や社会との関連で説明することを可能とする。

　例えば，社会学者のＣ・ライト・ミルズ（1916-1962）は，戦争が起こった瞬間に，わたしたちが失業したり，保険外交員がロケット発射兵に徴兵され，戦場で亡くなったり，突然の苦難に遭遇するのは歴史や社会の変動に関わる出来事であると捉えることで，当事者が気づかない，気づかないふりをしていても，その個人的な問題が公的な問題へ接合する社会学的想像力を喚起することを指摘した（ミルズ，2017）。

　この社会学的想像力を出発点に，世界（社会）のなかでわたし自身について，わたしの周囲で何が起きているかを理解すること，この世界（社会）とわたしたちを結びつけて考えるとき，また，わたしたちの周囲で起きている出来事に対して無関心を装うのではなく，しっかり，目の前にあるさまざまな事象に関わっていくとき，社会調査の多様な方法／技能が求められるといえる。

　本書では，自らの経験をとおして，自分自身が生きている世界（社会）を理解するための実践的な社会調査を取り上げる。本書の目的は，そのような社会調査の実践をとおして，読者が主体的に社会に関わり，そのなかで，社会でいま何が起きているのか，自分の住んでいる地域の課題が何かを発見し，実際に関わること，行動すること，考えることをとおして，社会のなかで学び，実践するための社会調査について学ぶテキストをめざしている。

2　本書の構成

　本書では，長年，社会調査をとおして地域や現場と人びとと関わってきた筆者たちが個人的な経験をとおして，社会学的にわたしたちの世界を理解するための「ちょっとしたコツ」，「社会調査の技能（クラフト）」をどのように身につけ，養ってきたかを紹介している。具体的に，大学１，２年生が，あるいは，

地域で活動している人びとが，「調査する側−される側」の固定的な関係を踏み越えて，自分の問題関心に答えを探すように，また，地域の人びとが，自分が暮らす場所に関われるような社会調査をとおして，地域がエンパワーメントをもつきっかけとなるテーマを取り上げている。

　本書は，第Ⅰ部「社会を知る方法」，第Ⅱ部「社会を発見する」，第Ⅲ部「社会にひらく」の三部構成になっている。

(1)　社会を知る方法
①世界（社会）を知るための営み
　第Ⅰ部「社会を知る方法」の第1章では，最初に，わたしたちの生きている世界（社会）を知るための営みとしての社会調査についての全体像を示している。

　先述のとおり，わたしたちは誰もが自分の生きている世界（社会）についてそのすべてを知っているわけでもない。だからこそ，その知らない世界（社会）と向き合い，関わる上で，世界（社会）を知るという営みが必要になる。そのような意味で，**社会調査は知らないことを知るための営み**ともいえる。

　本章では，わたしたちの生きている世界（社会）をどのように知るのか，そこにどのような問題があるのか，どうすればよいのかという問いに対して，どのような答えを見つけ出すのか，その問いにアプローチするための質的調査の具体的な方法として，参与観察法，インタビュー法，ドキュメント法という3つの方法の特徴を紹介している。

　第2章では，調査対象地域に直接訪れることで，何らかの問いをたて，その答えを探求する社会調査の「はじめの一歩」となる**まち歩き**を取り上げている。まち歩きでは，実際に，調査対象となる地域に足を運ぶことで，そこで，見たり，聞いたり，感じたりするという五感をとおした地域社会（調査現場）との最初の「出会い」の大切さを紹介している。

②調査対象者とどのように関わるか
　第3章では，第1章で取り上げた質的調査の基本となる参与観察法における現場への「入り方」をとおして，資料データの収集，現場での記録の仕方，調

査現場での振る舞い，参与観察法の作法について具体例を紹介している。何よりも調査の「問い」に答えを導いてくれる資料データの収集方法も，調査現場での「問い」への向き合い方も，基本は**調査対象者とどのように関わるか**にかかっているという視点を提示している。

第4章では，質的調査の基本的な手法とされるインタビュー法を取り上げている。具体的に，調査の現場で，インタビュー初心者は，緊張して何を聞いていいのかわからなくなる場合がある。そうした場合にそなえて，事前に，調査協力者に対してどのような質問をしていくか，質問項目一覧である「インタビュー・ガイド」を作ることやインタビューの手順，記録など実際のインタビューに必要な基本的な考えや準備を紹介している。さらに，本章では，「個人の人生を聴く」というインタビューそのものが「**他者と関わること**」「**他者を理解すること**」につながることを示唆している。

③信頼できる資料収集とは

第5章では，ドキュメント法／資料分析の重要性にふれている。社会調査では，参与観察やインタビューをする準備段階で，調査に関連したさまざまな文書資料を図書館で調べたり，インターネットで検索したり，既存研究を調べることで，自分が設定した調査の「問い」を明確化する。あるいは，参与観察の現場やインタビュー先で，さまざまな文書資料を入手することが可能である。ドキュメント法は社会調査にとってはもっとも基本的な方法である。基本であるからこそ，調べた文書資料，調査報告書，インターネットで見つけた**資料が信頼できるかどうかの吟味が重要**となる。あとから，きちんと検証できない資料，Web調査，ブログを含めて書いてある内容の検討が必要である。また，調査対象者からお借りした資料（日記や手紙などパーソナル・ドキュメントと呼ばれる資料）に関わるプライバシーへの配慮の重要性にも言及している。

(2) 社会を発見する

社会調査の出発点は，何らかの疑問に出会うことだ。例えば，最近，メディアで報じられている「外国人労働者」「ヤングケアラー」「子どもの貧困」「孤独死」などの「社会問題」は，自分の周囲を見回して，住んでいる地域では，

実際，どうなっているのだろうか？　という疑問（問題関心）から出発して，現場に入って，調査対象者に出会い，インタビューをしたり，資料収集したりするなかで，別の疑問や問いの発見につながっていく。第Ⅱ部では，そのような身近な疑問から社会調査の「問い」にどう発展させていくかについて説明している。

①社会調査に何ができるのか

第Ⅱ部「社会を発見する」の第6章では，社会調査をとおして「社会問題」が時間経過やその事象の変遷，あるいは問題をめぐる立場の違いから別の視点・意見が生まれるなかで，ときには，「社会問題」をめぐる対立や葛藤，当事者へのオーバー・ラポールなどが生じることを論じている。そして，本章では調査者の葛藤の先に，「社会問題」の解決や改善のための社会調査とは何か，さらには，「社会調査に何ができるのか」という深い問いに向かう調査の過程を述べている。

　　　社会調査は，問いに対する答えを求めていくだけでなく，問いそのものを「育てていく」作業としての性格を持っている（佐藤，2015）。

先述のように，身近な疑問を社会調査の「問い」として育てていく作業が社会調査では重要である。具体的に，佐藤郁哉（2015）が指摘するように，①自分が調べた事柄（データ）で答えを出すことができ，②調べる価値があり，③調査をおこなう側の「身の丈にあった」問いをみつけだす過程をとおして社会を知ることにつながるだろう。そこで，第7章から9章では，実際に，調査の現場で，筆者たちが自分で調べた事柄（データ）で「問い」の答えを探求するなかで，社会に出会い，社会を発見する具体例を取り上げている。

②自分で調べたデータをきちんと検証する

社会調査の目的は社会を客観的に捉えることである。したがって予断をもって調査を設計すると失敗する。そこで，第7章では，地方社会で調査をする際に準備しておくべきことや考えておくべきことを取り上げながら，誰もが陥りやすい調査の失敗を避けるために，社会調査において常に修正をかけていく再

帰的プロセス（何度も反省し変化する過程）が重要であることを指摘している。

　筆者の経験から社会調査の客観性を担保するための3つの再帰的プロセスとして，1つ目は，さまざまな情報を組み合わせて解釈すること，2つ目は，チームで研究すること，3つ目は，調査を1回で終わらせないことが重要である。自分が調べた事柄についての解釈をさまざまな視点から再解釈し，収集した資料に基づき検討することで，社会を客観的に捉えることが可能となる。

③「身の丈にあった」問い

　学生が自分のペースで，調査研究と現場での実践を両立するのは難しい。第8章では，「貧困問題」の最前線となる支援現場での相談活動，行政への政策提言に関わる筆者自身の研究調査の実践を取り上げている。それは，佐藤が指摘した「身の丈にあった」調査といえるかもしれない。具体的に専門家や行政が中心となる大型プロジェクトが実施する既製服のような調査ではなく，当事者と一緒に地域の支援団体が，目の前の問題に対して解決策や答えを探すために，**自らつくるオーダーメイドのような社会調査**を指す。筆者の調査経験をとおして，読者は学生だからこそ経験可能な社会調査の感触を追体験できるだろう。

　さらに，読者は，本章の事例をとおして，わたしたちのすぐそばで困窮する人びとを見ないふりをしている「貧困」，あるいは，実際に見えにくい「貧困」を生み出す社会そのもののメカニズムを明らかにするために何が必要なのかという，新たな「問い」へ進むだろう。

④調べる価値がある「問い」の可能性

　第9章では，筆者自身の外国ルーツの子どもたちの学習教室での参与観察をとおして，当初設定していたテーマであった「学業・学校に困難を抱える外国ルーツの子ども」という視点の一面性に気づくことで，それまでの先行研究の視点をいったん「学び捨て」，自分なりの新たな視点を獲得していく過程を紹介している。さらに，本章では，「外国ルーツの子ども」というカテゴリー化の背後に隠れていた「沖縄ルーツ」と子どもたちの沖縄アイデンティティの継承という**実践的な「問い」**，調べる価値のある「問い」の可能性を示している。

(3)　社会と関わる

　社会調査といえば，質問紙調査の結果や統計資料のような客観的なデータ収集を想像しがちである。しかし，本書で繰り返し述べているように，実際の社会調査とは，知りたいこと，学びたいことに接近するための具体的なこだわりや，問いから出発して，社会を理解し，自分を理解するための社会的なツールのひとつである。社会調査は，わたしたちが生きている世界の多様性や複雑性，社会的世界の意味を理解するための社会学的想像力を養うものといえる。この社会学的想像力の先には，社会的に意味のある実践が求められる。

　第Ⅲ部「社会にひらく」では，第10章から13章まで，実際に，インターネットやSNSに関する学校現場での社会調査や震災復興の現場での社会調査実習の事例，大学のゼミでのまちづくり活動，外国人集住地域でのアクション・リサーチをとおして，社会と関わる社会調査の実際を紹介している。

①学校現場での調査とは

　第10章では，実際の大学の授業のなかで，大学生が中学校，高校でのインターネット利用やSNSに関連した調査を企画，実施する場合の注意点を整理している。具体的に，学校現場での社会調査の実施に際して，倫理的配慮を十分に検討すること，調査協力を依頼する学校の選び方や，調査協力を得た学校での事前聞き取り内容を踏まえた質問内容のブラッシュアップの重要性などを紹介し，**「教育や司法の公的機関での社会調査」**をとおして実社会に関わる協同型の社会調査について取り上げている。

②被災地での調査とは

　第11章では，東日本大震災後の被災地での各種の社会調査が「調査公害」（調査災害）になってきたのではないかという批判を踏まえ，どのようにしたら，被災地で協力体制をとりながら調査が可能なのか？　という社会調査そのものの課題からスタートした社会調査実習を取り上げている。地域と協力しながらの社会調査実習は，被災地の人びとが直面している個別の課題や被災者を支援する活動団体の支援活動に新たな意味をもたらした。さらに，何よりも元の場所に帰還できない，元の暮らしに戻れない被災者の声を聴く機会をつくることを可能としたことで，**社会にひらく社会調査の意味を発見する**調査となった。

③地域住民と一緒におこなう調査とは

　第12章では，大学生と地域の人びとがコミュニケーションをとりながら，ワイワイ，ガヤガヤと一緒に協力しながら実施する「まちづくり」に関わる社会調査の実際を取り上げている。具体的に，学生たちが地域にどのように入っていき，関わっていき，実践しているかの事例をとおして**多様なアクション・リサーチの魅力**を紹介している。また，ワークショップなどをとおして高齢化社会の地域活動の現状と課題を可視化するだけでなく，地域を活性化していくために，大学と地域が協働して実践するアクション・リサーチの展開から地域社会の可能性を見出している。

④地域をつくる調査とは

　最終章の第13章では，地域で生活する多様な人びとの生活実態を把握して，そこから見えてくる課題に地域住民，当事者，支援団体が一緒に取り組むことで，新たな地域づくりを目指す社会実践型の社会調査を紹介している。現在，グローバル化のなかで，地域で暮らす外国ルーツの人びとが当事者として支援団体をつくり，地域活動を展開している。本章では，その活動団体と大学生たちとの共同実践として地域調査をとおして，地域で生活している外国ルーツの人びと，多様な背景をもつ地域住民が人間らしく，安心して暮らせる**地域づくりの可能性**を検討している。

　ここまで，各章の内容について紹介してきたが，読者のみなさんは，第Ⅱ部と第Ⅲ部の気になるテーマ，自分自身の心に引っかかるテーマからまずは読み進めてもよい。そこから，実際に社会調査を実践したいと思ったら第Ⅰ部を参考にしてほしい。そして，実践する際には，ぜひ，以下の社会調査の倫理と作法についても確認してほしい。

3　社会調査の倫理と作法

(1)　研究計画をたてる

ここまで読んで，実際に，みなさんが，社会調査をしようと思い立ったら，

　まずは，調べようと思う事柄について，図書館で関連文献を調べ，行政や市町村の HP，各種統計資料を検索することから始めるだろう。調べる過程で，最初の疑問（問題関心）をどんどん育てていくなかで，やっぱり，自分自身で調べてみようと決心したら，**研究計画**をたてることが重要である。調査計画をたてることで，自分自身のなかで，実際にやろうと思っている調査の問いの設定や調査方法を整理することができる。調査をするというとき，もし，大学生なら，演習の時間に担当教員やゼミ仲間に調査計画を説明することで，自分が設定した問いへの接近方法についてのアドバイスをもらうことができる。あるいは，地域調査の場合は，地域で協力を得る自治会，町内会，NPO 団体，現場の人に調査の説明責任を果たすためにも必要である。

　社会調査には，調査に付き合ってくれる，調査に協力してくれる相手が必要である。また，調査の現場では，「調査する側－調査される側」という枠組みがあるのではなく，調査する側も，調査される側も，社会調査の過程では，地域のなかで生まれた「問い」に向き合い，がっぷり組み合うなかで，ときとして，調査する側の立ち位置を反転させ，調査される側が答えを導いてくれる師匠になり，自分自身も調査される側に身をおくことがある。だからこそ，社会調査は，他者と他者との社会的営みであると指摘される（宮内，2003；小田，2010）。

　社会調査の研究計画書をつくる過程で，調査目的，スケジュール，調査対象者への倫理やプライバシーの遵守や安全に留意することを文書化したり，大学の演習授業で発表したり，調査対象者や地域の調査協力者に調査協力を求めるときのインタビュー依頼状に添えたりすることが，調査対象となる，あるいは一緒に調査する地域住民と協働での社会調査を実践するための大事な約束事になるのである。

(2)　社会調査の作法

　社会調査をおこなうこと自体が社会的な営みである。だからこそ，調査の協力者や調査で一緒に地域の課題に向き合い格闘する人びとと調査をとおして新しい社会関係を創造していくために，きちんと社会調査の作法を守り，社会調

査を始めることが重要だろう。

　ここでいう社会調査の作法は，当たり前のことだが，まずは，調査の相手に対して質問攻めにしたり，不快な目にあわせたり，尊大な態度をとることはやってはいけないことだ。さらに，フィールドで知りえた情報について第三者に安易に話すことなどは決して許されない。

　社会調査の作法といえば，まずは，調査協力者への自己紹介や研究計画の説明をきちんとすることにはじまり，調査対象者のプライバシーに最大限，配慮すること，借りた資料を返却すること，インタビューの礼状を丁寧に書くこと，調査報告書を送付することなどがあげられる。また，地域調査なら，ワークショップ等を開催して，調査結果の報告会を実施するなど調査結果の共有化をとおして，調査協力者や社会にお返しすることを意味する。

(3)　社会調査の倫理

　現在，多くの大学で一般社団法人社会調査協会が認定した「社会調査士」のカリキュラムを設置しており，大学生のための「社会調査士」と大学院生および研究者，実務家のための「専門社会調査士」という二つの資格を認定している。指定されたカリキュラムの履修をとおして社会調査の倫理（表序−1）と方法をしっかり学ぶことで社会調査の「資格」が取得できる。

　だが，現実の社会のなかでは，そのような資格がなくても，地域住民が自分たちの社会の問題発見と解決，地域での協働の営みとしての実践的な社会調査をおこなっている。調査をする上で大事なことは，調査の作法や守るべきルールをしっかり確認した上で，調査対象や自分自身に対して真摯に向き合うことである。そのために必要な作法，ルールをしっかり学んで調査に臨んでほしい。具体的に，社会調査におけるルール違反として，倫理上または安全上の問題がある現場に入ることで調査者自身が危険な目にあう場合，あるいは，調査協力者の人権を侵害する場合，調査の説明が不十分な場合，資料の紛失など調査協力者や団体の信頼を損なう場合などは，調査の実施主体が不信を招き，その結果，調査そのものを中断することもある。

表序 - 1　一般社団法人社会調査協会　倫理規程

〔策定の趣旨と目的〕

　一般社団法人社会調査協会は発足にあたって，会員が依拠すべき倫理規程を定め，これを「社会調査協会倫理規程」として社会的に宣言する。

　会員は，質の高い社会調査の普及と発展のために，調査対象者および社会の信頼に応えるために，本規程を十分に認識し，遵守しなければならない。社会調査の実施にあたっては，調査対象者の協力があってはじめて社会調査が成立することを自覚し，調査対象者の立場を尊重しなければならない。また社会調査について教育・指導する際には，本規程に基づいて，社会調査における倫理的な問題について十分配慮し，調査員や学習者に注意を促さなければならない。プライバシーや権利の意識の変化などにともなって，近年，社会調査に対する社会の側の受け止め方には，大きな変化がある。調査者の社会的責任と倫理，対象者の人権の尊重やプライバシーの保護，被りうる不利益への十二分な配慮などの基本的原則を忘れては，対象者の信頼および社会的理解を得ることはできない。会員は，研究の目的や手法，その必要性，起こりうる社会的影響について何よりも自覚的でなければならない。

　社会調査の発展と質的向上，創造的な調査・研究の一層の進展のためにも，本規程は社会的に要請され，必要とされている。本規程は，社会調査協会会員に対し，社会調査の企画から実施，成果の発表に至る全プロセスにおいて，社会調査の教育において，倫理的な問題への自覚を強く促すものである。

第1条　社会調査は，常に科学的な手続きにのっとり，客観的に実施されなければならない。会員は，絶えず調査技術や作業の水準の向上に努めなければならない。

第2条　社会調査は，実施する国々の国内法規及び国際的諸法規を遵守して実施されなければならない。会員は，故意，不注意にかかわらず社会調査に対する社会の信頼を損なうようないかなる行為もしてはならない。

第3条　調査対象者の協力は，自由意志によるものでなければならない。会員は，調査対象者に協力を求める際，この点について誤解を招くようなことがあってはならない。

第4条　会員は，調査対象者から求められた場合，調査データの提供先と使用目的を知らせなければならない。会員は，当初の調査目的の趣旨に合致した2次分析や社会調査のアーカイブ・データとして利用される場合および教育研究機関で教育的な目的で利用される場合を除いて，調査データが当該社会調査以外の目的には使用されないことを保証しなければならない。

第5条　会員は，調査対象者のプライバシーの保護を最大限尊重し，調査対象者との信頼関係の構築・維持に努めなければならない。社会調査に協力したことによって調査対象者が不利益を被ることがないよう，適切な予防策を講じなければならない。

第6条　会員は，調査対象者をその性別・年齢・出自・人種・エスニシティ・障害の有無などによって差別的に取り扱ってはならない。調査票や報告書などに差別的な表現が含まれないよう注意しなければならない。会員は，調査の過程において，調査対象者および調査員を不快にするような性的な言動や行動がなされないよう十分配慮しなければならない。

第7条　調査対象者が年少者である場合には，会員は特にその人権について配慮しなければならない。調査対象者が満15歳以下である場合には，まず保護者もしくは学校長などの責任ある成人の承諾を得なければならない。

第8条　会員は，記録機材を用いる場合には，原則として調査対象者に調査の前または後に，調査の目的および記録機材を使用することを知らせなければならない。調査対象者から要請があった場合には，当該部分の記録を破棄または削除しなければならない。

第9条　会員は，調査記録を安全に管理しなければならない。とくに調査票原票・標本リスト・記録媒体は厳重に管理しなければならない。

（出所）　一般社団法人社会調査協会　倫理規程より一部抜粋

表序-2 調査作法のチェックシート

□調査の説明	「研究計画書」をつくる
□自己紹介	「名刺」をつくる
□調査のスタンス	「教えてもらう」「なんでも参加」
□調査倫理・安全の確認	調査倫理の確認
	調査現場における自分自身の安全の確認
□資料の返却	借りた資料の返却は大切な約束事
□礼状	調査協力者へ礼状を書く
□社会への還元	調査結果の開示, ワークショップの開催
	調査報告書の作成と送付

（出所） 筆者作成

　この本を手に取ったみなさんが地域住民と一緒に自分たちの社会の問題を発見し解決するための社会調査, 地域での協働の営みとしての実践的な社会調査をおこなうことに関心があるなら, 調査の準備段階から守るべきルールをしっかり確認して, 調査を企画してほしい。参考までに, 社会調査の作法に関連するチェックシートをあげておく（**表序-2**）。

　最後に, 読者のみなさんには, 一方の手に本書を, もう一方の手に想像力を携えて, 自分自身が知りたい何かに向かって, 実際にそこに近づいてみたり, 具体的な疑問にこだわったりするなかで, 社会にひらく社会調査に挑戦してほしい。

（文貞實）

推薦図書

宮内泰介（2004）『自分で調べる技術——市民のための調査入門』岩波書店。
　　本書は, 環境社会学者の筆者が, 調査素人の市民が自分たちの社会を自分たちでつくっていくために, 「調査」というツールをどのように活用するかを実践的に紹介。
好井裕明（2006）『「あたりまえ」を疑う社会学——質的調査のセンス』光文社新書。
　　人びとが生きている世の中を調べる上で基本となる「リサーチ・マインド」の重要性を指摘する良書。
梶田真・仁平尊明・加藤政洋編（2007）『地域調査ことはじめ——あるく・みる・かく』ナカニシヤ出版。
　　社会地理学領域の若手研究者たちが大学生時代, 院生時代にどのように各自の問題関心にアプローチしたか, その研究プロセスでの失敗談も含めて紹介している地域調査の入門書。

第 I 部

社会を知る方法

第1章

社会調査とはなにか

　本章は，社会調査とはいったいどのような営みであるのかという原理的な説明と，具体的にどのようなことをやるのかという基本的な方法について，その全体像を示すことを目的としている。本書ではこの後，さまざまな社会調査の方法が具体的に紹介されていくので，ともすれば，その全体像が見失われてしまう。そのつど本章の内容にもどって，それらの相互関係の理解に努めてほしい。

1　社会調査という営み

(1)　知らないことを，知っている人に聞くこと

　まず，社会調査という営みが，要するにどんなことであるかを説明しよう。現代社会は，複雑で多様に分化しているので，誰もが皆この世界についてそのすべてを知っているわけではない。そこで知らない世界を知るという営みが必要になってくる。それを学問的な方法として整理したのが社会調査である。

　したがって，社会調査が学問的な方法として確立する背景には，近代社会になって社会全体の構造が複雑でわかりにくくなったことがあげられる。近代以前に人びとがまだほとんど同じような生活をしていた時代には，社会調査は必要なかったのである。代々続いてきた家族がそれぞれ農耕に従事して毎年同じように暮らしていたかつての村落共同体では，人びとはだいたい他の人の生活をよく知っていたので，それをわざわざ調べてみようとは思わなかった。それが近代になって社会が複雑に分化し，他の人がどうやって暮らしているかが，すぐにはわからなくなったとき，それを知ろうとする営みが成立する。そのような営みがやがて社会調査という学問的な方法へと整備されていったわけであ

る。

　人びとは知らないことがあるとき，それを知っている人に教えてもらおうとする。したがって社会調査とは，要するに知らない人が知っている人に教えてもらうという営みなのである。すなわち社会調査とは，知らない調査者が知っている対象者に教えてもらうという営みを基本としている。

(2)　どうやって知るのか

　それでは次に，どうやってそれを知るのかということが問題になる。普通われわれは知らないことがあると，知っている人に教えてもらう。したがって，これが基本的な方法である。質問して，それに応えてもらうということである。いわゆる聞き取り調査とか，インタビュー法と言われるのがそれである。これが最も基本的な社会調査の方法である。そしてそれはただそれだけならば，われわれが普通に日常生活でおこなっている営みと全く変わらない。われわれは日々知らないことを知っている人に教えてもらいながら生活している。このように社会調査の営みは，基本的には普通の人が普通にやっていることの延長線上にある。特に特別なことではない。それがいくぶんか詳細になったり，体系的になったり，やがて専門的な技術をともなうようになっただけである。

　次に，われわれが知りたいことがあるときによくやっていることを考えると，黙って誰かのやっていることを見てみるということがある。あるいはとりあえず一緒に行動してみるということもあるだろう。これがいわゆる視察や観察という方法で，対象となる集団の一員として参加している場合は，参与観察という。人類学者が対象となる社会に長期間滞在しておこなうフィールドワークがその最たるものである。

　さらに，われわれはわからないことがあると，それについて書いてある本を探したり，ネットで検索したりする。ネットの利用についてはまた別途扱うとして，これは書かれた資料を利用するということで，一般にドキュメント法と呼ばれる社会調査の一つの方法である。

　日常的にわれわれがおこなうことはなく，その意味で最も社会調査の専門的な方法と思えるのが，いわゆる質問票（質問紙調査票）を使って大量のデータ

を収集するという方法である。質問紙調査といったり，統計調査といったり，若干誤った用法ではあるが，アンケート調査といったりする。ここでは「サーベイ調査」としておこう。英語では単に「survey」とか，「statistical survey」と呼ばれるものである。社会調査というと，このサーベイ調査だけをイメージする場合が多いが，少なくとも，ここではインタビュー法，参与観察法，ドキュメント法，サーベイ調査という4つの方法があることを確認しておきたい。

(3)　何らかの働きかけに対する反応としてのデータ

　ここで，これらの社会調査の方法に共通する一つの原理があることを指摘しておきたい。そもそもわれわれが世界を知るということはどういうことかという哲学的な問いとも関連するが，インタビュー法も，参与観察法も，ドキュメント法も，サーベイ調査も，すべて何かを知ろうとする調査者が，知りたいと思う対象者に対して，何らかの働きかけをした結果，対象者のそれに対する反応をデータとして受け取って，そこから対象者の側の何らかの事実を理解しようとする営みであるということである。大事なのは，あくまで知りたいと思った調査者が前もって何らかの働きかけをしているということである。インタビュー法でいえば，調査者が質問をするから対象者は応えるのであって，その前提なしに対象者の側に絶対的な何かが存在しているわけではない。普通われわれは聞かれたから応えるのであって，聞かれなければ考えもしないことが多い。この意味で，社会調査のデータは調査者と対象者の相互作用によって構成されるのであって，調査者の働きかけとは独立に，対象者の側に確固たる何かが存在しているわけではない（桜井，2002）。このことは基本的な原理としてわきまえておく必要がある。われわれはデータを解釈するとき，そのデータがどのような働きかけによって生じたかという事情をトータルに考慮した上で，適切な解釈をすべきなのである。

　このことはインタビュー法だけでなく，視察や観察，ドキュメント法，サーベイ調査においても同じである。視察や観察も常に視察する人や観察している人の存在を前提にして，対象者の振る舞いが生じてくるのである。視察者や観察者は決して透明人間ではない。対象者に大きな影響を与えている（大橋他，

2008)。したがって，そこでのデータも観察する人の存在と振る舞いを前提にして評価されなければならない。

　書かれた資料の場合も，書いた人が書き残そうとした理由や事情を斟酌する必要がある。その働きかけを調査者がやっているわけではないという点が違うだけである。何もないところで人は何かを書き残そうとは思わない。必ずその理由や何のためにという事情がある。そのことを踏まえて結果として書かれた文書の意味するところをデータとして解釈する必要がある。一般に文書資料をこのように扱うことを「資料批判」という。逆に言うと，インタビューのデータも，調査者の振る舞いや質問の仕方を含めて批判的に解釈されなければならないということである。

　サーベイ調査の場合は，さらにそのことがはっきりしてくる。サーベイ調査は質問文と回答選択肢を前もって調査者が設定して，その上で対象者に選んでもらっているわけだから，このような事情が最も純粋なかたちで現れている。回答選択肢の番号が，まさにデータとして記録される。サーベイ調査がこのような方法をとるのは，質問票を読み上げることによって調査員の対象者への働きかけを一律に統制し，誰が調査員であっても標準的な回答を引き出すことで集計可能な大量観察を可能にしているわけである。ここに特徴があるが，原理的には聞き取り調査と同じなのである。インタビュー法の場合は，相手の反応を見てその場で柔軟に質問の仕方を変えることができるという点が違うだけである。

(4)　データから対象を理解するということ

　以上のように，社会調査に限らず，われわれは世界に対して何らかの働きかけをすることで，他者の何らかの反応を引き出している。その反応をとおして世界を理解しているのである。社会調査の場合は，その反応を何らかのかたちで記録したものをデータと呼んで，それらを整理，分析することで，対象としての社会を理解しようとしている。改めて言うが，このような意味で，社会調査はわれわれが通常世界を理解する方法とまったく同じやり方で，対象者や自分の知らない世界を理解しようとする営みなのである。

2　いろいろな社会調査

　社会調査が原理的に何をやっているかについて理解した上で，次に具体的な社会調査のさまざまな技法について，紹介していきたい。もちろんそれぞれの技法について，詳しい説明は以下，本書で述べられていくので，ここではごく大まかな内容とそれぞれの特徴について概観することが目的である。その際，実際の調査の過程で使用される一般的な手順に従って述べていくことにする。

⑴　歩くことと見ること

　まず，社会調査の対象が決まったときに，調査者がよくやることが，実際の調査対象者や調査対象を見てみるということがある。一般にこれを視察という。これは別に社会調査に特有の言い方ではなく，一般的な用語と同じで，とりあえず見に行くということである。調査対象が特定の地域や町で，そこに実際に行ってみて，とにかく歩いてみることを「まち歩き」という。これも視察の一種で，地域調査の場合は最初によくやる社会調査の技法である。

　視察やまち歩きの場合，ただ歩いてみて，見てみて，いろいろ考えてみるということが重要である。そこからこれからやる本格的な社会調査の目的や仮説や，確認したいことの一部が出てきたり，なにより対象についての何らかの感触を得ることができる。ただ，視察はそれ以上でもそれ以下でもない，何かがわかったわけでも，何かを確かめたわけでもなく，ただ見ただけということに注意しておきたい。

⑵　参与することと観察すること

　視察の場合も，やっていることはいわゆる観察ということになる。対象をよく見るということである。対象者や対象は何らかの外形的に確認できる行動や仕草や形象を示して存在している。見るという調査者の働きかけに対して，何らかの目で見て確認できる形態がデータとなる。観察はただそうやって見るだけであるが，調査者が対象となる集団の一員として関与しながら，観察をおこ

なう場合もある。これは単なる視察ではなく参与観察ということになる。カッコ付きの「未開」民族のところに出かけていって，一緒に生活させてもらって観察するのが，人類学者が得意とするフィールドワークである。これも社会調査の重要な技法の一つであるが，社会学者の場合は，長期にわたって泊まり込みでやることは少ないので，視察や観察の延長のようなもので，それを安直にフィールドワークという人もいるが，参与観察だけで何かを確かめようとするならば，かなりの覚悟が必要であることをわきまえておきたい。視察の延長に留め，別の方法に進むか，本格的な参与観察をしてでも何かを確かめようとするかは，社会調査の方法の選択における大きな決断なのである。

(3)　インタビュー法——面と向かって質問をして応えを聞くこと

　最初の段階でおこなう視察や観察の次に，社会学者がよく使う方法を3つ紹介しておこう。一つは聞き取り調査，またはインタビュー法と呼ばれる方法である。これがすべての基本であることはすでに述べた。次に何らかの書かれた資料を扱うドキュメント法，いわゆる文書資料の分析とか，統計資料など何らかの既存データを使う場合は，二次分析といわれるものがある。最後が質問票を用いた量的な調査で，サーベイ調査と呼んでおきたい。一般には最後のサーベイ調査が社会調査の代表的な方法とみなされがちであるが，社会調査は常にインタビュー法やドキュメント法，ときには参与観察法などの方法も併用しながらおこなわれることに注意してほしい。

　このなかで最初の聞き取り調査ないしインタビュー法は文字通り，面と向かって調査者が対象者に質問をして応えを聞き取っていくという方法である。対面でおこなうのが基本だが，最近ではオンラインという方法も出てきている。情報の豊富さと臨機応変に働きかけを変えることができる柔軟性が高いところに特長がある（玉野，2008a）。

　例えば，対象者の自宅を訪問してインタビューをおこなうとき，質疑応答の内容だけがデータではない。部屋の様子や本人の服装，受け答えするときの表情などもすべてデータである。この意味で情報量が最も多いのがこの方法であり，それゆえある意味で最も正確で真実味のある方法なのである。そしてなに

よりうまい質問ができず，相手が言いよどんでいるときに，すかさずより適切
な質問に切り換えることができるという柔軟性が最大の特長である。その場で
より適切な働きかけに変更することができるのである。この意味で，少なくと
も対象者にとってはより的確な働きかけのできる方法なのである。この点が前
もって質問文と回答選択肢が決まってしまっている質問紙調査と好対照な部分
である。

(4)　ドキュメント法——何らかの理由があって書き留めたもの

　次に，ドキュメント法とは，何らかの理由があって，誰かが文字に残した書
かれた資料を使って世界を理解しようとする社会調査の方法である。実はこれ
が社会調査では最もよく使われる重要な方法なのである。書かれた文書や文献，
統計資料などを使用するのは，社会調査だけでなく，生活上の必要からも，他
の学術研究においても，広く用いられているので，とりたてて社会調査の方法
として論じられることは少ない。しかし実は最もよく用いられる有用な方法な
のである。図書館に行ったり，ネットで探したりすれば，誰に迷惑をかけるこ
ともなく，すぐにおこなうことができるし，一応文字に書かれているので，イ
ンタビューのようにその場限りで消えてなくなるわけではない。いつでも確認
できるし，他人に示すこともできるので，インタビューで聞いてきましたとい
うよりも，客観的な確認が可能なのである。ただし，ここでも人は何の理由も
なく書くわけではないので，書くという反応を導き出した働きかけに注意する
必要がある。どういう事情で何のために誰が書き残したのかということを検討
することで，書かれていることの信憑性を確認することができる。いわゆる資
料批判である。例えば，ある事実の存在を認めることが決して有利ではない立
場にある人がそれを認める文書を残していたとしたら，その事実の存在は確か
らしいと評価できるなどという判断がそれである（エンゲルス，1990）。何らか
の働きかけに対する反応をデータとして世界を知ろうとするという社会調査の
基本的な原理は，ここでも同様にあてはまるのである。

⑸　質問紙調査——定型化された質問文と前もって設定された回答選択肢

　社会調査にとって最後の手段とも言えるのが，サーベイ調査である。定型化された質問文と前もって設定された回答選択肢のなかから最もあてはまるものを一つだけ選んでもらうという形式の調査票を用いて大量観察を可能にした，いわゆる量的調査である。質問文と回答選択肢というかたちで，働きかけと反応を標準化しているので，誰がおこなっても同じような質のデータを集めることができる。それゆえ，複数の調査員を使って加算可能なデータを大量に集めることが可能なのである。

　したがってサーベイ調査は通例，統計調査としておこなうところにその特長がある。統計調査とは，全数調査をすることが困難なくらい大量な対象としての母集団における諸要因の性質を明らかにするために，母集団の性質を反映したミニチュアのような標本を抜き出して，この標本での集計結果から母集団における諸要因の性質を統計的に予測するような調査を意味する。例えば，マッチを製造している工場が大量に生産したマッチのなかから標本を取り出して，全部つけてみて火のつかない不良品の比率がどれくらいあるかを確認して，工場で生産されるすべてのマッチ（＝母集団）のうちで不良品が出てくる比率を推定するような調査も，統計調査である。製造品についてはすべて使ってしまっては売る商品がなくなってしまうので，その一部を標本として抜き出して母集団の性質を予測するわけだが，社会調査の場合は全数調査が困難なくらい大きいときに活用する方法である。要するに，日本全国とか，都市全体での人びとの性質を，その一部を標本として集計・分析することで推測して，どの程度一般的に成り立つことであるかを確かめるという方法である。聞き取り調査や書かれた資料によって明らかにできた知見が，どの程度一般的にあてはまるかを統計的に確認できる方法なので，まさに最終兵器としての位置づけをもつ。かつてはそうやって一般性が証明されないかぎりは科学的研究として認められないというところがあったので，社会調査というと聞き取りや文書資料ではなくサーベイ調査が主であるかのように扱われたのである。

　ここで，統計調査でよく用いられる表現について確認しておきたい。「母集団」と「標本」についてはすでに述べたとおりだが，標本のことをよく「サン

プル」といって，母集団からその性質を反映した標本を抜き出すことを「標本抽出」ないし「サンプリング」という。母集団の性質を反映するように標本を抽出する方法としては「無作為抽出」ないし「ランダム・サンプリング」が必要だといわれる。これは母集団の誰かが標本として選ばれる確率がすべて同じになるように抽出するやり方で，母集団の全数をNとすれば，n個のサンプルがすべて1／Nの確率で選ばれるようにするということである。簡単なイメージでいうと，サンプル番号を付したピンポン球を入れた袋をよくかき混ぜて順に取り出していくというやり方で，いわゆる1～Nの間の乱数をはじき出して選んでいくというものである。偏ることなく公平にサンプルを選べば，母集団の性質をそのまま反映するだろうということぐらいは，数学が苦手な人でも直感的に理解できるだろう。

　この標本抽出の方法には，単純無作為抽出法と系統抽出法，多段抽出法としての確率比例抽出法と層化抽出法などいろいろなものがある（玉野，2008a）。さらに，サンプルを抽出した後の調査票の回収方法にも個別面接法，留置法，郵送法や，それぞれに対応した自記式回答，他記式回答，さらに最近ではWebを使った調査など，さまざまなやり方がある（森岡編著，2007；大谷他編著，2013）。それらは実際にサーベイ調査をやるときに必要になる細かな知識なので，とりあえず，ここではそれらの方法があることだけ知っておけばよいだろう。

　さらに，量的調査では母集団の性質を示す諸要因のことを「変数」と表現する場合が多い。調査票での各質問文に対する回答がそれぞれ変数と呼ばれ，例えば，年齢とか性別や特定の項目に対する意見などがそれぞれ変数と表現され，この変数の値や比率，さらには各変数間の相互関係を解明することが，すなわちサーベイ調査のデータ分析ということになる。サンプルの分析によって得られた変数の平均値や比率，さらには相関関係などが，母集団でも同じと言えるのかとか，関連があると言えるのかが，統計的な「検定」によって推定され，あるといったときに間違える確率が100回に1回以下とか，100回に5回以下と推定されるときに，「1％水準」で「有意差がある」とか，「5％水準」で「有意差がある」と表現されるのである。これ以上のことはサーベイ調査の方法について詳しく扱った別のテキストを参照してもらいたい（森岡編著，2007；大谷

他編著，2013）。本書ではむしろそれ以外の社会調査の方法が紹介されるので，サーベイ調査についての紹介は以上としておく。

(6)　重要なのはそれらの組み合わせ

　最後に言っておきたいのは，実はこれら3つないし4つの方法を，社会調査では常に組み合わせて真実に迫ろうとしていることである。どれかが特権的に優れた方法とは言えない。それぞれに長所，短所があるので，状況に応じて使い分けながら，全体像に迫っていくのである。「群盲象を評す」のごとく，さまざまな働きかけに対する多様な反応を参考にしながら，何とか全体像に迫ろうとするのが，社会調査の営みである。とかく量的調査が一般的と考えられがちだが，質問文と回答選択肢の設定がそもそも間違っていたら，その後の手続きがどんなに厳密であっても，得られた結果は決して社会の現実を的確に反映したものにはならない。質問文と回答選択肢が現実に照らして適切であるかどうかは，情報量と柔軟性に長けた聞き取り調査であらかじめ確かめておくしかない。逆に聞き取り調査ではどうしても一部の人にしか聞けないので，そこで得られた知見を的確な質問文と回答選択肢に表現して，統計的検定が可能な量的なサンプリング調査でその一般性を検討するのである。

　このような各方法の長所と短所，それに基づく組み合わせの仕方について，次節で詳しく検討していくことにしよう。

3　得意なことと苦手なこと

(1)　問いを大きくとらえる——まち歩きと参与観察法

　以上述べてきた社会調査のさまざまな方法を組み合わせる上で，おのおのの方法の特質をよく理解しておくことが重要である。ここでも実際の調査の手順にそって説明していこう。調査を進めていく過程とそこで用いる主な方法を，図1-1のようにまとめてみたので，これを見ながら読んでいくとよい。

　まず，最初によく使われる方法として，調査の対象となる地域や場所，集団，組織，団体などを直接訪れるという視察という方法がある。まち歩きや観察，

図1-1　社会調査のプロセスと方法

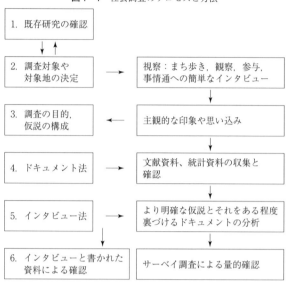

訪問，挨拶などは社会調査の第一歩である。場合によっては，調査対象者としばらく行動を共にさせていただく参与観察などの機会を持てる場合もあるかもしれない。そこでは調査について説明や挨拶をしなければならないこともあるが，対象者には特に連絡を取ることなく，ただ第三者としてながめてみるという場合もある。そこで重要なのは，まだ対象者を煩わせることなく，現場でだいたいの印象を感じ取ることである。これはあくまで印象であって，調査が進むにつれて裏切られていくもので，その過程が調査の醍醐味ではあるが，偏見でもいいので，最初に何らかの勝手な印象を感じて，覚えておくとよい。その印象から始めればいいのである。

(2)　だいたいの見通しを得る——インタビュー法
　場合によっては，最初の視察や挨拶の段階で，主だった方々にインタビューができることもある。このように社会調査の最初の段階で用いることが多いのが，聞き取り調査である。最初の段階では，事情通というか，調査の対象となる地域や人びとについて，よく知っていると思われる人に，挨拶がてらインタ

ビューをおこなうとよい。例えば，ある地域の調査をやるのなら，その地域の自治体の職員に話を聞くとか，会社や職場の調査をやるのなら，管理職の人や労働組合の人に話を聞かせてもらうというようなことである。地方新聞の記者や郷土史研究家の方などでもいいだろう。ここでも視察と同様に，その内容にあまりとらわれてもいけないが，最初に話を聞いた人からの印象は，調査のスタートラインとして重要なので，そこから一つ一つ検証していくという態度が有効である。意外と最初の段階で，前もってはあまり想定していなかったが，調べてみるべき課題に気がつくことも多い。

　インタビュー法の長所は，すでに述べたように目の前の相手に合わせて働きかけを調整できるという柔軟性と，情報量が豊富な点にある。短所は，たまたま会った人がそうだっただけで，どれだけ代表性と一般性があるかはわからない点である。そこで，インタビュー法は，少なくとも調査の最初の段階では，当事者にとって何が問題で，大まかにどんなことになっているかについての仮説を考える材料として活用するのが適切である。つまり，調査者ではなくて，当事者である対象者にとって，何が問題であるかを見きわめること，それについてのだいたいの見通しを考える上でのヒントを得ることが重要である。何が問題かを適切にとらえることが重要で，ゆめゆめ何かを確認できたと考えてはいけない方法が，インタビュー法なのである。ここで得た仮説や発想を，それとは別の第三者が納得してくれるより確実な方法で確認していくのが，社会調査の手順である。

　ジャーナリストやテレビのコメンテイターをつとめるような学者先生が，ちょっと現地に行ってきて，さっと話を聞いてきただけで，断定的な話をすることがよくあるが，それはそれでジャーナリズムという速報性が重要な世界では有効なことである。事実それらの最初の断定は，結果として意外と合っていることが多い。それはなぜかというと，インタビュー法というのは，かなりの精度で事の本質を理解するには有効な方法だからである。何より生身の人間が，本当に感じていることを目の前で語るのであるから，少なくともその人にとってはかなり真実に近いことなのである。もちろんその人が感じていることがすべてではないが，一面の真実であることに変わりはない。実際，社会調査にお

いても，初期の段階での聞き取り調査から感じたことが，最終的にも確かめられて調査の中心的なファインディングスになることは多い。調査者の主観的な印象では，最初の聞き取り調査ですべてはわかった気がしているのである。ただ，それはあくまで調査者個人の主観的な確信に過ぎないので，社会調査というのは，その後さまざまな方法でその仮説を検証していく過程であると考える必要がある。

(3)　少し確実に——ドキュメント法

　インタビュー法は得られる情報量が多く，かつその場で働きかけの仕方を調整できるので，得られた情報の適格性も信憑性も高い。主観的にはかなりの確信が持てるのである。しかしながら，それらはたまたま話を聞けた人についてのことなので，代表性や一般性に欠けることが問題であった。量的な検証が必要なのである。そこで聞き取り調査の事例をむやみに増やそうとする人がいるが，それは少なくとも効率という点で，あまり有効なものではない。最終的にはサーベイ調査による量的な確認が必要なのだが，もう少し簡便なやり方でこの代表性や一般性に近づくことのできる方法が，書かれた資料による確認である。いわゆるドキュメント法がそれである。聞き取りで得られた興味深い知見を同じように指摘している別の人の調査報告があれば，事例を増やしてある程度の代表性を補強できる可能性がある。自分で事例を増やしても，他人はあまり信用してくれないが，誰か別の人が同じような事実を指摘している資料が見つかると，第三者はかなり納得してくれるのである。さらに得られた知見が国勢調査や経済センサスなどの統計資料によって裏づけをとることができるようなものならば，かなりの一般性が確認できる。例えば，「この地域は都市化で人口が増えてから勤め人が多くなり，自治会に入る人も少なくなった」という証言などは，国勢調査の結果や自治会の加入率のデータなどで，きっちりと検証することができるだろう。サーベイ調査ほどではないにしても，うまくすれば，文書資料によって聞き取り調査の結果のある程度の一般性を補強することができるのである。

　このようにインタビュー法とドキュメント法は，うまく組み合わせることが

できれば，非常に有効である。さらにすでに述べたように，書かれた資料の場合は，書いた人がどのような理由で書き残したかがある程度確認できるので，いわゆる資料批判が可能となる。インタビューの場合，本人の記憶違いや勘違いをチェックすることはできないが，対応する書かれた資料が見つかれば，ある程度それが可能になる。インタビューだけでは確認できない点を補うことで，誰もが納得できるという意味での客観性に少しは近づくことができるのである。したがって，インタビューのなかで興味深い知見に気づいたとき，それを裏づける資料がないかを対象者に確認するのは，非常に有効なテクニックの一つである。「ああ，それなら会合の議事録があるよ」と言ってその場で持ってきてくれることもあるし，どこどこに行けばその資料があるという情報を提供してくれる場合もある。現在とは違って，対象者がそのように語ったというナラティブ（語り）のデータの意義があまり認められていなかった頃には，「人の話は当てにならないから，必ず裏づけとなる文書をもらって来い」というのが，聞き取り調査の鉄則であった。

(4) より「客観的に」——サーベイ調査

インタビュー法がその場でより的確な質問に切り換えることのできる柔軟性を持つのに対して，書かれた資料の場合はそうはいかない。書く人の事情で書かれることが決まってくるからである。それらの事情から書かれた内容の信頼性を幾分かは確かめることのできる資料批判を，ある程度客観的におこなうことができるようになるが，調査者が本当に知りたいことが書かれているか，確かめたいことにぴったりの統計資料があるかというと，どうしてもそうはいかないところがある。サーベイ調査はその点の困難を克服し，調査者が確かめたいことを質問文と回答選択肢にまとめて量的に測定し，統計的に代表性や一般性を確認できるという，代表性や一般性の確認という点では最も客観的な方法である。しかしながら，質問文と回答選択肢は標準化されたピンポイントなものにならざるを得ないので，的を射たものでないと使い物にならない。それゆえ量的調査には，「そんな一面的なデータを集めて人間の全体像がわかるわけがない」という質的調査擁護派からの批判が絶えなかった。しかしながらこれ

はかなり誤解に基づくもので，そもそもサーベイ調査は量的な代表性を求めて，内容的な豊富さを諦めた方法なのである。質的調査によって明らかにできた知見が，どの程度の量的な広がりを持っているかを確かめてみたいという段階で，活用すべき方法なのである。したがって，ピンポイントに絞り込んだ質問文と回答選択肢が，質的調査によって明らかにされた知見にうまく対応するものでなければならない。それが的確であるかどうかはインタビュー法などの他の方法で前もって見きわめられていなければならない。それゆえ質的調査は量的調査の予備調査として意味があると言われるわけで，それは決して方法として劣っているという意味ではない。両者は社会調査としてともに重要な方法であり，逆に言うとここにサーベイ調査だけではダメで，他の質的な方法を併用しなければならないことの根拠があるのである。

　ところで，サーベイ調査には大変矛盾した性質がある。サーベイ調査を一般性や代表性の確かめられる統計調査として実施しようと思えば，母集団を網羅した名簿が必要となる。それがないとランダム・サンプリングができないからである。全数調査ができないくらい大きな母集団なので統計調査をやるのに，そのためには母集団全体の名簿が必要になるというのは大きな矛盾である。したがって，やりたくても統計調査ができないという事情が生じることが多い。その場合にどうすればよいかというと，厳密な意味でのサンプリングはできていないが，ある程度の量的調査をおこなって，有意差検定まではできないが，量的な確認をするという場合や，仕方がないので質的な調査でなんとか量的な確認に近いことをするという場合がある。例えば，聞き取り調査の場合，「理論的飽和」といって，あるテーマについての聞き取りを関連する新しい話がもはや出なくなるまで続けるという方法がある（ベルトー，2003；グレイザー・ストラウス，1996）。それをもって当該のテーマについては，網羅的な確認ができたとみなすわけである。

　いずれにせよ，さまざまな方法をそれぞれの強みと弱みを理解した上で，相互に補い合うかたちで活用しながら全体像に迫っていくことが，求められる。最近ではそのような方法を「トライアンギュレーション」と言ったりするが（後藤，1996），そこに社会調査の専門性があるといってよいだろう。

4　本書で主に学ぶこと

(1)　問いを発見し，深めること

　現在，社会調査はあらゆる人にとって自らが関わる社会を理解し，そこで活動していくために不可欠な技術となっている。すでに述べたように，社会調査の営みはわれわれが日々普通に世界を理解し，それに関わっている営みと少しも違うところがない。しかし，ここで注意してほしいのは，社会調査は世界が客観的にどうであるかを明らかにしようとする方法ではあるが，実はそれをなぜ知る必要があるのかということの方が重要なのである。したがって，世界が客観的にどうであるかということよりも，それを知ることで，そこにどんな問題があり，自分はどうすればよいのかということを考えることの方が重要なのである。本書で社会調査について学ぶ人は，ぜひそのことを考えてほしい。何が問題で，どうすればよいのか，そこからはじめて自分はこの社会の何を知る必要があり，どう社会と関わればよいのかという実践的な答えが見えてくるのである。

(2)　とりあえず自分が主観的に納得すること

　そのためには，まずまち歩きや視察，インタビューなどをやってみるのがよいだろう。まずは現場を見た自分の印象から，あるいは当事者が考える問題や現実を感じ取りながら考えていくしかない。しかしまずは自分なりに，主観的でいいので，ここが問題で，現実はこうなっていて，それはこういう理由なのではないかという仮説を考えていくことである。最初は独りよがりでいいので，こうだという理解を自分なりに納得するかたちで整理することが重要である。それが調査の作業仮説となる。

(3)　誰もが納得できる客観的なものにすること

　そこから後は，それを誰もが納得できるという意味で客観的なものにしていくために，さまざまな社会調査の方法を活用して確認していくことである。も

ちろんその過程では最初の想定や仮説が崩れることもあるし，別の解釈へと移っていくことがあってよい。そうやって徐々に誰もが納得できる客観的で妥当な解釈に迫っていくのである。当然，その過程では自分1人ではなく，他の人の意見も聞きながら，共同作業で確認していくことが求められる。

(4)　社会に関わる社会調査

　そうやって社会を知り，問題を発見し，理由を明らかにするのが社会調査の目的である。そして，当然それによってならば自分はどうするのか，どう世界や社会に働きかけていくのかという，実践的に社会とどう関わるのかという局面が見えてくる。本書を学んで社会調査の方法を知ることで，そのような社会との関わりの接点を見いだしていってほしいのである。

（玉野和志）

推薦図書
玉野和志（2008）『実践社会調査入門』世界思想社。
　本章の内容をより詳しく知りたい方は，やはり入門的なものとしてお薦めする。
森岡清志編著（2007）『ガイドブック社会調査』［第2版］日本評論社。
大谷信介・木下栄二・後藤範章・小松洋編著（2013）『新・社会調査へのアプローチ
　　──論理と方法』ミネルヴァ書房。
　その上でもう少し専門的に社会調査を学んでみたい場合に，日本語で書かれた標準的なテキストとしてお薦めしたいものが，この2冊である。この2冊で社会調査については，だいたいの知識が網羅されているので，辞書的にも利用できる。
バビー，E.　渡辺聰子監訳（2003）『社会調査法＜1＞基礎と準備編』培風館。
──　渡辺聰子監訳（2005）『社会調査法＜2＞実施と分析編』培風館。
　英語圏で最も標準的なテキストで版を重ねているものの日本語訳である。

第2章

まち歩きから始めよう

　地域でのフィールドワークは，まずは，知りたい場所や現場に行くことから始まる。そこで，人びとの普段の暮らしをみて，お話を聞いて，関わって，書きとめて，許可をいただいて撮影し，文書や資料を集め，自分自身の問題関心や調査の問いに輪郭をつくる。そこで，本章では，社会調査の最初の一歩となる「まち歩き」を紹介する。まずは，実際に地域を歩いて，自分の五感を駆使して，見たり，聞いたり，感じたりすることから始めてみよう。

1　はじめに

　近年，社会問題として「子どもの貧困」に注目が集まっており，各種の統計データから子どもの貧困率の上昇が指摘されている（阿部，2010）。しかし，日本社会のなかでは，依然として，家庭の経済的理由で進学できない，習いごとができない，夏休みに遠方に遊びにいけない子どもたちに対して，それは親のせいだから，家族の問題だから仕方ないことだと諦めさせる雰囲気が蔓延している。そこには，子どもの「貧困」はどこか遠い国の話であって，日本では，能力と意欲さえあれば，誰でも相応の教育を受けられる社会であるから，あとは，親がしっかり子どもを育てればよいと考える社会の風潮がある。さらに，子どもの貧困問題の焦点化は，その背後にある親の労働問題や貧困問題という事実を棚上げにして論じられている。少なくとも，政府の政策課題としては子どもの貧困問題に取り組むならば，親の雇用問題などの社会構造そのものに目を向けた取り組みが必要だ。

　そのようななかで，子どもとその親が生活する地域社会では福祉・社会保障制度の脆弱さに対応するセーフティネットの活動が求められている。そこには，

地域のなかで子どもを見守り，育てることが大切であるという気づきと実践が
ある。具体的に，子どもたちの高校進学や大学進学を支援する無料の学習支援
教室の取り組みが全国で広がっている。2012年に最初に誕生した無料または低
額の食事を提供する「子ども食堂」は，10年後の2022年には，「地域食堂」，
「みんな食堂」として全国7,000カ所以上で開設されている。多くの子ども食堂
は，住宅地のなかで民家や集合住宅の1室を借りての活動であり，看板もなく
小さな張り紙が出ているような場所だったりする。そこには，子ども食堂が貧
困問題の最前線として注目されるなかで，その場所を必要とする子どもや家族
に対してSNSなどで中傷するような動きに対抗するための工夫がある。一方，
子ども食堂は「みんな食堂」として，小学校や公民館，教会，寺院などさまざ
まな場所で地域交流の拠点として各地に広がっている。子ども支援の活動は，
実際には子どもとその親を支援する活動であり，おなじく「子ども食堂」と称
しても地域の実情はさまざまである。社会のなかでの位置づけが違う。

　筆者が担当した大学2年生の社会学演習（フィールドワーク）では，ここ数年，
東京都荒川区の「あらかわ子ども応援ネットワーク」に参加している学習支援
教室や子ども食堂でのボランティア体験やインタビュー調査，フィールドワー
クを実施している。演習では，地域のなかで「貧困問題」に対してどのような
実践が生まれているのかを探求した。

　そこで，本章では，フィールドワークに入る最初の段階に実施するまち歩き
を取り上げながら，地域調査のはじめの一歩を紹介する。

2　まち歩きの準備

　2022年現在，荒川区では，子どもの居場所，子ども食堂と多世代交流食堂，
学習支援活動の3つのカテゴリーの活動を展開しているNPO団体と行政機関，
研究機関などが，子どもだけでなく，地域の多世代が集まり一緒に食事をした
り，学習をサポートしたり，不登校の子ども達をサポートしたり，シングルマ
ザーを応援したりする「あらかわ子ども応援ネットワーク」という活動の輪が
広がっている。活動のキーワードは，「三者三様の支援を」「1人の子ども，多

表2-1　まち歩き・チェックシート

```
1　分担を決める
□地図係　　　　地図とルートに沿ってメンバーを引率する
□撮影係　　　　気になる場所，施設の写真を撮る
□記録係　　　　気になることをすべてメモする
□名刺作成　　　メンバー共通の「名刺」を作成する
□報告資料作成　まち歩きの発表資料を作成する

2　注意事項
□歩き方　　　　グループで横にひろがらない歩き方をする
□おしゃべり　　大きな声でおしゃべりしながら歩かない
□写真撮影　　　建物の撮影など許可を求める
　　　　　　　　通行人がはいらないように周囲を確認して撮影する
　　　　　　　　もし，人物を撮影してしまった場合は，発表資料から削除する。後ろ向きは
　　　　　　　　OKとする

3　もし声をかけられたら
□説明　　　　　地域の人に声をかけられたら，まち歩きの目的を説明し，きちんと自己紹介
　　　　　　　　できるように名刺を持参する

4　その他
□連絡　　　　　まち歩きの当日，体調不良になった場合，遅刻する場合など，グループのメ
　　　　　　　　ンバーに事前に連絡する
□体調管理　　　街中を2時間以上歩くので，朝食をしっかりとるなど事前の体調管理をする
```

（出所）　筆者作成

くの大人」「地域社会で子どもを支える」である。[2]

　「さあ，グループのなかで，調べてみましょう」
　「えっと，子ども食堂，学習支援室，ほかの検索ワードだと……」
　「Googleマップで何も検索できません⁉」

　演習では，子ども食堂や学習支援教室の活動に参加する前に，まず，4，5人のグループをつくる。グループごとにテーマを設定し，そのテーマに関連した情報収集，統計資料や先行研究のレビューをおこなう。次に，研究目的，研究背景，仮説，調査方法，スケジュールをまとめた「調査計画書」を作成するためにまち歩きを実施する。まち歩きでは，検索エンジンで簡単に探すことができない場所や事前の資料収集ではわからない見知らぬ場所に出かけていき，

各自の五感を駆使する，歩いて，見て，聞いて，感じることをとおして，調査
地域について，自分たちの設定した調査テーマについて考えることを目的とし
ている。

　まち歩きでは，実際に地域に行く事前準備として，各グループのメンバーの
なかで「チェックシート」（役割分担や注意事項）を作成し確認する（表2-1）。

3　いざ，地域へ！

　フィールドワークの最初の一歩は調べたい現場に行くことから始まる。

　目的地の駅で降りてぶらぶら歩く。住宅地図を片手に小学校や公民館，教会
や福祉施設などの目印を探す。あるいは，気になる建物や看板の写真，落書き
の写真を撮ってみる。さらに，路地の主のような猫たちの後を追うように路地
裏を探検する。すると，まちの来歴が記された古い神社を見つけたり，歴史の
ある小学校が新たに福祉施設になっていたりする。地域の不動産屋の賃貸物件
の広告を覗くと，単身者向けのアパートが多い地域なのか，中古物件が多い地
域なのか，その町の輪郭を知ることができる。実際の地域に入ることで，まち
を歩くことで多くの発見があり，出会いがあるといえる。

　本章で紹介するまち歩きは，「発見型」「テーマ型」の2つのタイプである。
事前準備の段階で，明確なテーマが決まらないグループは，まずは，最初の段
階で，「発見型」まち歩きを実施する。その後，テーマが決まれば，また，地
域を歩けばいい。「発見型」まち歩きは，とにかく，歩いて，感じてみようと
いう行動型のまち歩きといえる。その際に，大事な点は，メンバー全員がス
マートフォンのGoogleマップの画面にくぎ付けになるのではなく，メンバー
のなかで一人が地図とルート係になり，他のメンバーは自由に歩きまわって，
自分の感覚に忠実に，気になる建物，何かを発見することに注意をはらうこと
だ。「発見型」まち歩きでは，まち歩きで発見した場所，出来事について，あ
とから，自分たちの知り得た情報，フィールドワークの知見を重ねて検証して
いく。

写真2-1　民家の子ども食堂

（出所）「社会学演習」学生作成資料より

(1)　子ども食堂

　写真2-1は，実際に学生たちが「発見型」まち歩きの最中に発見した子ど
も食堂である。後日，改めて，フィールドワークで聞くと，運営者が空き家に
なった実家を子ども食堂に開放したことを教えてもらった。現在の活動は配食
が中心であるが，新型コロナウイルス感染症拡大前の2019年までは，月に数回
紙芝居や手品など各種イベントを開催しており，食事の提供だけでなく学習支
援の場であり，地域住民の集まる場にもなっていたという。四方をマンション
に囲まれた民家が地域の居場所として小さな灯りとなっていることを知る。
　一方，「テーマ型」まち歩きを実践したグループは，予め地図上で地域の子
どもに関わる建物，施設をマーキングして，実際にどのような地域で，どのよ
うな活動があるのか，子どもたちの放課後の居場所，子ども食堂，学習支援教
室，ふれあい館などを探してメモをしっかり取りながら歩いた。写真2-2は
ふれあい館のフードドライブである。

(2)　フードドライブ

　まち歩きの最中に，地域のふれあい館前でフードドライブのフラグを見つけ
た学生たちは，さっそく，ふれあい館の受付に見学を申し込んだ。また，担当者

写真2-2　西尾久ふれあい館の
フードドライブ

注：フードドライブは家庭で使われずに
眠っている食品を持ち寄り，食料の確
保が困難な団体や個人などに提供する
活動。
（出所）「社会学演習」学生作成資料よ
り

の方へのインタビューをとおして，ふれ
あい館が幼児のためのプレイルームや学
童保育，広い体育館まであり，子どもだ
けでなく，曜日ごとに多様な活動があり，
あらゆる世代の区民が交流できる地域コ
ミュニティの場であることがわかった。

　そして地域住民の集まるふれあい館の
正面玄関前で風になびく黄色のフラグに，
地域の子ども食堂などに寄せられる食料
品を集めるだけでなく，地域の人にフー
ドドライブの存在を知らせる役割がある
ことに気づく（写真2-2）。

　そこで，以下では，演習に参加した学
生たちの「発見型」まち歩き「テーマ
型」まち歩きの2つのまち歩きの具体例
を紹介する。

4　「発見型」まち歩き

(1)　路地裏の選挙ポスター

　先述のように，「発見型」まち歩きとは，フィールドに関わる前にとりあえ
ず「現場」に行き，そこで自分たちのテーマに関連する事柄を見つけて来よう
というまち歩きのスタイルである。ここでいう「現場」は，文化人類学者の小
田博志が指摘するように，「人びとが何かを実際におこなっている場」，「ある
事がらが実際に起きている場」を指す（小田，2010）。

　荒川区でのフィールドワークに参加した「発見型」まち歩きのグループは，
あらかじめのテーマやルートを決めずに，南千住駅から歩き始めて，ぶらぶら
しながら地域を探索した。南千住駅の再開発エリアから外れた木造住宅の密集
地域や簡易宿泊所が数件並ぶ古い町並みの区域に歩みを進めていった。そこで，

表２-２　まち歩き１回目のグループ・メンバーの感想

荒川区（南千住駅周辺）を歩いて気づいたこと
・人が少なく，高齢者が多かった ・駅前は栄えていた印象 ・古い住居が多かった ・マンションが少なかった ・選挙ポスターが多かった

写真２-３　選挙ポスター

（出所）「社会学演習」学生作成資料より

民家の立ち並ぶ路地裏で７月の都議会議員選挙の選挙ポスターを発見した（**写真２-３**）。

(2)　まち歩きからレポート作成へ

　学生たちは，まち歩きの知見から選挙ポスターに注目した。そこで，各政党の選挙ポスターの掲示場所，地域性，各政党の選挙公約と地域性の関連などを調べた。具体的に，まち歩きをした時期が，2021年７月の都議会議員選挙の時期と重なったため，都議会議員選挙の立候補者及び議席獲得議員の所属政党とポスター数の相関を調べることにした。

　地域の特徴を把握するために，総務省『令和２年度課税標準額段階別所得割額等に関する調査』より，所得水準第１位の港区と18位の荒川区とを比較した。また，両区の所得状況を比較すると，平均年収は港区は荒川区の３倍である（総務省統計局，2021）[3]。

　また，荒川区のひとり親世帯は2005年に7,981世帯であったが，2015年には8,637世帯に増加している（国勢調査，2005，2015）[4]。内訳は母子家庭が7,344世帯で父子家庭が1,293世帯であった。港区のひとり親世帯は荒川区の８分の１の1,039世帯である。内訳は母子世帯が999世帯で，父子世帯は40世帯である（国勢調査，2015）[5]。この２区のデータから荒川区は経済的に厳しい世帯が多いことがわかる。そこで，荒川区は港区よりも，「子ども支援を公約とする政党が支持されている地域」ではないかと考えた。

　具体的に，政党候補の支持状況をみると，港区都議選における候補者は自民，

共産，公明，都民ファースト，立憲，維新，諸派から1人ずつ，無所属から2人である。定員は2名で，自民，都民ファの順で当選した。現職議員は自民党が11人，みなと政策会議が10人，公明党が5人で，これ以外の政党は3人以下であった(6)。一方の荒川区の都議選における候補者は自民，共産，公明，諸派，無所属，都民ファから1人ずつ立候補している。定員は2名で，公明，都民ファの順で当選した。調査時の現職議員は，自民党が港区同様11人，公明党が6人，共産党も6人で，これ以外の政党は3人以下である(7)。荒川区は自民党に加え，公明党，共産党が支持を受けていることがわかった。

　以上の知見を踏まえて，2度目のまち歩きを実施し，荒川区南千住エリアの掲示ポスター数を再調査した。調査したポスターの総数は77枚で，政党ごとに分類した（表2-3）。

表2-3　荒川区南千住におけるポスター掲示政党数

順位	1位	2位	3位	4位	5位	6位	7位	8位	
政党名	公明	自民	共産	立憲	維新	幸福実現	れいわ	都民ファ	その他/無所属
ポスター数	23	21	11	10	4	4	2	1	1

（出所）「社会学演習」学生作成資料より

　表2-3をみると，選挙ポスターの掲示数が最も多かったのは公明党であった。次が2枚差で自民党である。これは荒川区の現職議員上位2政党と合致する。民家の選挙ポスターの掲示数の多さは，自民党・公明党の支持層が荒川区に多いという結果の裏づけとなった。しかし，今回2021年の都議選で2番目に当選したのは都民ファーストであったため，一概にポスターが選挙結果を左右するとは言い切れないのも重要な点である。しかし，まち歩きでは，掲示ポスター数1位，議席数2位の公明党の顔写真なしの子ども関連の公約を書いたポスターが民家に多く掲示されていたことがわかった（写真2-4）。以上のことから，荒川区は，"子ども支援を公約とする政党"，つまり公明党を支持している人が多い地域であると考えた。

　また，今回のまち歩きで選挙ポスターを集計するなかで，選挙ポスターの掲示場所に傾向があることに気づいた。まず，自民党の選挙ポスターは比較的駅

写真2-4　公明党　選挙ポスター例

（出所）「社会学演習」学生作成資料より

前など繁華街や人通りの多い場所，街並みが比較的綺麗な場所に集中的に掲載されていた。逆に裏路地や古い民家には公明党，共産党のポスターが圧倒的に多かった。(8) これらの政党は地域の自営業層や労働者などが政党の支持基盤であり，地域内の組織票が大きいといえる。(9)

　以上は，まち歩き➡選挙ポスターの発見➡選挙公約➡地域の特徴の流れで調べた知見をとおして，個人レポートを作成し，地域のフィールドに入っていった例である。

5　「テーマ型」まち歩き

　次に紹介する「テーマ型」まち歩きは，あらかじめ歩く先の目的やルート，テーマを決めて歩くまち歩きを指す。

　ここで紹介する「テーマ型」まち歩きを実践したグループは，まち歩きのルートを決める段階で，地域のなかで子どもに関わる現場を見つけることを目的に，「教育・学習関連」「エスニック・コミュニティ」「子ども支援」のテーマとルートを設定して歩いた。降り立った駅を南北に向かって歩き，発見した建物，場所について，知り得た情報を整理した。具体的に地域の特徴について，後日，検索エンジンを使って調べたり，区役所のHPにアクセスしたりすることで，歩いた場所，見つけた建物や活動団体についての情報を整理して，自分たちの「研究計画書」を作成し，その後，地域でのフィールドワークに入った。

図2-1　三河島駅・北方面

（出所）「社会学演習」学生作成資料より

表2-4　駅の北側を歩いたグループの感想

- 駅に降りた瞬間から子どもたちの声が聞こえ，公園では楽しそうに休日を過ごす親子が多かった。ベビーカーを押すお母さんや，子どもを抱いているお父さんなどを見かけるなかで，安心して子どもを育てる環境や福祉施設を整備している様子が伺えた。また，さまざまな文化の施設や外国語表記も確認でき，多文化共生が生活レベルで実現している地域であることがわかった。
- 外国人向けの施設や飲食店が多く，さまざまな国にルーツを持つ人びとが共生していることがわかった。また，住宅街や路地には多数のポスターが張られており，町内会活動など活発な印象をもった。

　まず，最初に，起点となる JR 三河島駅を北側に歩き進め，「教育・学習に関連する施設」をテーマに，峡田小学校→三河島保育園→荒川生涯学習センターのルートで歩いた。次に，「公園・児童遊園」を目印に，真土小思い出広場→前沼児童遊園→荒川三丁目公園とルートを定めた。次に「エスニック・コミュニティ」をテーマに，宣教教会→ムエタイジム→日本語学校→韓国食材店のルートを歩いた（図2-1，表2-4）。

　次のルートとして，三河島駅を南方面に歩くなかで，「教育・学習関連」のテーマの建物を目印に，第三日暮里小学校→夕やけこやけ保育園→真成幼稚園→かんかんもり保育園のルートを歩き，「エスニック・コミュニティ」の

図2-2 三河島駅・南方面

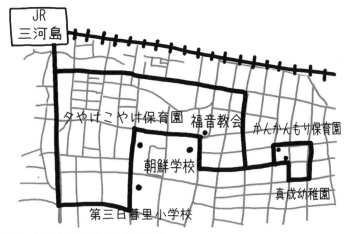

(出所) 「社会学演習」学生作成資料より

表2-5 駅の南側を歩いたグループの感想

- 大通りはきれいな建物が多く，人通りや交通量もあったが，一歩，路地に入ると道幅は狭く，古い建物やシャッターの閉まった店も多くあったのでその差に驚いた。駅から少し歩くと古くからあるような建物もあり，再開発された地域とそうでない地域の違いが見えた。
- ひっそりとした駅だったが，大通りは道幅が広く，歩道と車道が分けられ，道なりにお店も立ち並んでいたため，区画整理が十分に行き届いているのを確認できた。また，教会や宗教法人施設だけでなく，外国から来た人たちが経営している食堂や食材店が点在しているなど，多様な人びとが共に暮らしている環境が整っている地域だと感じた。

テーマでは，東京朝鮮第一初中級学校→大韓イエス教東京福音教会のルートを歩き，「子ども支援」のテーマでは，先述の子ども食堂を見つけた。歩くなかで，地域の再開発エリアとその他の地域の違いに気づき，また，朝鮮学校の「ウリハッキョ（わたしたちの学校）応援バザー」の垂れ幕から高校無償化問題[10]に目を向けることになる。さらに，東京福音教会の日曜礼拝や食堂を見学させてもらう。町中に点在する昔ながらの韓国食材店，新規参入の食堂などのハングルの看板を見つけ，エスニック・コミュニティの存在を実感することになる（図2-2，表2-5）。

　後日，実際に地域の子ども食堂のボランティア活動に参加した学生たちは，そこで，日本人家族だけでなく，中国人や韓国人の子どもや親たちと出会う。当初おぼろげだった「子ども支援」の現場と「エスニック・コミュニティ」というテーマが交差する「現場」に立ち会うことで，社会学の基礎知識ではうまくは説明できない，気になる何かを感じ取る。エスニック・コミュニティというときに，何らかの境界や線引きがあるのではなく，そこにまぎれもなく地域の人びとの営みがあり，生活の歴史があることに気づく。

　この気づきは，ケン・プラマーが指摘するように，常に社会学の実践的な学びが，自らの「問い」に対してどのような「視点」を持ち，どのような「方法」で接近するかに関わる気づきといえる。

　フィールドワークをはじめとする社会学の実践は，まずは，わたしたちが生きている経験的世界についての認識を深めるために，注意深く見ること，注意深く聞くこと，そして批判的に考えることをとおして，人びとの生活により深く関わることを可能とする。なぜならば，社会学そのものが，わたしたちの世界をさまざまな方法で観察し，その多様性や複雑性を理解するものであり，しっかり見て，耳を傾け，話をして，そして感じるという感覚を研ぎ澄ますことで，社会と関わることを求めるからである（プラマー，2021）。

6　はじめの一歩，その先に

　地域（フィールド）に入る「はじめの一歩」では誰もが「素人」である。多くの学生が，「現場」（フィールド）に足を踏み入れる初日には，緊張し，ときには失敗しながら，そして学んでいく。「素人」のわたしたちにとって，まち歩きは，その地域で暮らす人びとと出会う最初の機会であるだけでなく，社会について考える「はじめの一歩」であることを教えてくれる。

　最後に，筆者自身の「はじめの一歩」を紹介しよう。

　筆者のはじめの一歩は，東京の隅田川沿い（台東区側）のテント村でのまち歩きであった。90年代半ばから大都市部を中心に公園や河川敷にテント生活をする野宿者が急増していた。バブル崩壊後の産業構造の変化や都市再開発のな

かで，高齢化した日雇い労働者や不安定な働き方をしている層が増えだした時期であった。建設現場の仕事，引越しアルバイト，警備員など日々の仕事があっても，ビジネスホテルに建て替えられ値上げした簡易宿泊所代，アパート代を払えるほどの仕事に就けない人たちが公園や河川敷にテントを張って生活していた。当時，大学院生だった筆者は，野宿者支援の団体メンバーと一緒に無料診療所のパンフレットや炊き出し情報を紹介する目的で山谷周辺の駅や公園，河川敷を歩いていた。山谷地域から隅田川沿いを歩いて，隅田川を挟んだ墨田区側の桜橋，吾妻橋付近のテント村に出かけていき，のちにインタビュー調査に協力してもらった。山谷周辺の野宿者はピーク時には1,000人以上になっていた。ブルーシートのテント村は住む人の工夫があった。「清掃日」（東京都，旧首都高速道路公団，警察などが合同で実施する月1回の撤去作業）のたびに，テントはきれいに解体され，見回りが終われば素早く立て直す作業が繰り返されるため，テントの構造はいたってコンパクトで機能的であった。

　テント村が広がる河川敷では犬を連れて散歩する人とテント村の住民が犬談議で盛り上がっていたり，「ちょっと，コーヒー飲んでいきなさいよ」と声をかけてくれる夫婦者がいたりした。浅草界隈でアクセサリーを売る人のテントは付属品が並んだ小さな工房でもあった。元料理人のテントの壁には大小のフライパンが並んでいて，生活感の溢れるテントが建ち並んでいた。当時の筆者の「はじめの一歩」は住宅地図を片手に目的やルートを決めた，まち歩きとは少し違っていた。川沿いの遊歩道をブルーシートのテントを目指して歩き，ときどき立ち止まって，声をかけ，お茶を御馳走になり，当初の支援団体の活動を紹介する目的から離れて，ただ見て，ただおしゃべりして，ときどきノートを書いては怒鳴られた。調査の「素人」だったからできたこと，できなかったことがたくさんあった。考えたこと，考えられなかったこともたくさんあったといえる。例えば，当時，野宿者の多くは日雇い労働者，男性だったが，それでも，夫婦でテント生活している人たち，女性一人で野宿生活している人がいた。なぜ，彼女たちはそこにいるのだろうか？　という素朴な疑問からテント村におけるジェンダー問題をどう考えるべきかという「問い」が生まれていった（文 2022）。

　また，数年後，今度は名古屋の夜回り団体の活動に参加したことをきっかけ
に，白川公園で廃品回収をして生活する野宿者に中村区を案内してもらう機会
があった。夜10時に白川公園に集合し，自転車で走る野宿者のあとを，学生と
ジャージ姿で追いかけながら，中村区の地域の特徴を教えてもらった。マン
ションが建ち並ぶ商業エリアでは，金曜日の晩は会社から缶ビールなど空き缶
が不法投棄されていることを。お屋敷町といわれる山手エリアでは，ゴミ出し
の手伝いで知り合った家のお手伝いさんが勝手口の外にお弁当をそっと置いて
くれることを。町会や子ども会の新聞回収場には手を出してはいけないなどの
廃品回収のルールがあることを。それは廃品回収をとおしてのまちの探索で
あったといえる。大都市で野宿生活をする人びとと一緒に歩くことは，かれら
の住む町そのものを紹介してもらうことを意味していた。まさに，まち歩きは
地域社会を知るための「はじめの一歩」であった。

　本章を読んで，ぜひまち歩きからフィールドへと足を運び，見て，聞いて，
感じて，考えて，そして，自分自身を社会へひらく方法を磨いてほしい。

（文貞實）

注
(1)　認定NPO法人全国こども食堂支援センター・むすびえHPより　https://musubie.
　　org/（2022年12月1日閲覧）
(2)　あらかわ子ども応援ネットワークHP（AKON）　http://www.kodomo-network.
　　com/（2023年1月10日閲覧）
(3)　総務省統計局（2021）「統計でみる市区町村のすがた」　https://www.stat.go.jp/
　　data/s-sugata/index.html（2021年7月16日閲覧）
(4)　e-Stat 政府統計「国勢調査2005」　https://www.stat.go.jp/data/kokusei/2005
　　（2021年7月16日閲覧）
(5)　e-Stat 政府統計「国勢調査2015」　https://www.stat.go.jp/data/kokusei/2015
　　（2021年7月16日閲覧）
(6)　港区議会公式HP（2021）「議員名簿」より　https://www.gikai.city.minato.tokyo.
　　jp/category/3-3-0-0.html（2021年7月16日閲覧）
(7)　荒川区公式HP，2021，「荒川区議会議員全議員名簿」より　https://www.city.
　　arakawa.tokyo.jp/a053/gikaisenkyo/kugikai/mebo-zengiin.html（2021年7月16日閲
　　覧）
(8)　他の地域においても，自民党，民主党などのポスター掲示が駅前，繁華街など人

コラム▶▶名刺を持ってまちに出よう

　社会調査では調査相手とのファーストインプレッションはとても大切である。最初の出会いでは，調査に協力していただく相手に対して，きちんとした自己紹介や調査の説明をすることが求められる。その際，名刺を持っていたら安心できる。例えば，まち歩き中に，地域住民に「何をしているの？」と聞かれたときや，気になる施設や団体に事前の約束なしに見学を依頼する場合，きちんと名刺を差し出して見学の趣旨を説明することができる。相手に安心してもらえる。また，調査協力の依頼状を出して，アポイントをとって，フィールドワークやインタビュー調査の日程を決めたにもかかわらず，急な変更がある場合，連絡先を書いた名刺を渡しておくことで対応が可能となる。

　具体的に名刺の表には「大学名，学部学科名，学年，氏名，大学の住所，メールアドレス」，裏面には「趣味や得意なことなどの情報」を書き入れることで，最初の自己紹介のとき，お互いの緊張がほぐれ，共通の話題が生まれる。

○○大学　社会学部　社会学科2年

まちなか　あゆみ
町中　　歩

〒000-0001　東京都○○1-2-3
○○大学
e-mail address: xxxxx @XXX.ac.jp

私について：元気

趣味：スケボー、ギター

好きなこと：動くこと

荒川区の小学校が企画した「防災まち歩き」に参加した中国からの留学生は，まち歩きの当日，アニメのキャラクターのTシャツで参加し，名刺の趣味欄にアニメ大好きと書いたので，企画に参加した子どもたちに大人気だった。かれ自身もまち歩きの楽しみを知ることになった。だから，みなさんも名刺を持ってまちに出よう！　地域にはたくさんの出会いが待っている。

通りの多い地域に集中掲載されるのに対して，公明党の選挙ポスター掲示は民家に集中しており，支持母体の創価学会との関連性が指摘されている（佐々木，2005）。

(9)　公明党が自民党と連立政権に参加するなかで，大都市部の零細自営業者，労働者を中心に組織化された学会員の活動が高齢化などで衰えていた地域社会を活性化し，地域社会で重要な役割を担うようになっていった点が指摘されている（玉野，2008b）。

(10)　2010年4月の民主党政権時代に導入された高校授業料無償化では朝鮮学校もその対象となっていた。その後2012年の自民・公明連立政権に交代後，当時の下村博文文部科学大臣が朝鮮学校を無償化の対象としない方針を表明し，それを受けて翌年に文科省が省令を改正し，朝鮮学校は対象から除外されることになった（田中，2013）。現在，無償化除外の対象となった朝鮮学校に所属した生徒らが，東京，愛知，大阪，広島，福岡で訴訟を起こし，これまで広島地裁判決，大阪地裁判決，東京地裁判決が出されている。広島と東京の地裁判決は，それぞれ原告の主張を退けたのに対し，大阪地裁判決は原告の主張を認め，国側の措置の違法性を指摘している。

推薦図書

手書き地図推進委員会編著（2019）『地元を再発見する！　手書き地図のつくり方』学芸出版社。

　手書き地図のワークショップを通して，地域住民が地域を再発見する取り組みを紹介している。

山中速人（2009）『ビデオカメラで考えよう――映像フィールドワークの発想』七つ森書館。

　まち歩きは自分自身の目や耳がフィールドを探求する道具になるが，本書では，ビデオカメラを道具として活用する社会調査の可能性を紹介している。

ゲール，J.・スヴァア，B.　鈴木俊治・高松誠治・武田重昭・中島直人訳（2016）『パブリックライフ学入門』鹿島出版会。

　本書は，「見て，まなぶ」をモットーに，まち中を歩き回り，パブリックスペースを注意深く観察するさまざまな非参与的な観察法を紹介している。

第3章

参与観察法

　参与観察法はどのようにしておこなえばいいだろう。そんな疑問を持っている人たちに向けて，本章では，参与観察法の基本的な考え方，目的，特質等を解説し，これまでにおこなわれた調査を事例に具体的な参与観察調査の現場への「入り方」について紹介する。さらに，記録方法，調査者としての振る舞い方や注意点など調査現場での行動の仕方，そして調査実施後におこなう成果公開に際しての注意点についても説明する。

1　参与観察法の位置づけと目的

　これまでの章で扱ってきたフィールドワーク（まち歩き），インタビュー法，ドキュメント法など社会調査の他の技法と比べたとき，参与観察法は何が異なるのだろうか。さらに，社会調査のなかでの参与観察法の位置づけはどのようなものだろうか。

　フィールドワーク，インタビュー法，ドキュメント法等は社会調査の質的な技法に分類され，これらの技法はいずれも質的なデータの取得を目的としている。そして，得られた質的データの分析は仮説の「発見」のためにおこなわれる。一般的な社会調査のプロセスに沿って見れば，ここで発見された仮説は，より多くの対象者（サンプル）に対して調査票調査等をおこない統計的な分析をおこなうことで検証される。むろん，より多くの対象者へのアプローチと量的なデータの取得，それにともなう統計的な分析が困難な場合も少なくない。そうした場合は，参与観察法やその他の質的な調査法によって得られた質的データ，および既存の統計データ等を総合的に検討しながら仮説の検証を進める。

　一般的に，参与観察法は仮説検証に関する一連のプロセスの初期の段階に位置づけられる場合が多い。それは，すでに述べたように，参与観察法が質的データの取得を目的としていること，質的調査の大きな役割が仮説の発見であることによる。これらのことをまず押さえておきたい。

　このことは，あなたの問題関心や知識習得の程度とも関連してくる。あるトピックについて関心を持ち，資料やデータを収集し調べてみた，そのトピックについて詳しく知っている人に話を聞いてみた，という過程を経ると，自分の疑問，問題関心が少しずつ絞られてくる。しかし，まだ自分が気づいていないこと，資料では調べきれていないことがあるかもしれない。このように，さらに詳しく知りたいとき，さらに視野を広げて知りたいときに自ら調査対象の人びとと同じ場所，時間，行動をともにすることで新しい発見や気づき，加えて新たな疑問が得られるだろう。それが参与観察法への入り口である。

　なお，今日，参与観察法，フィールドワークは広く多分野で用いられている調査手法だが，もともとは人類学で中心的におこなわれていた。人類学では，数日，1週間という程度ではなく，何年も現地に入って調査をおこなうことが一般的であり，参与観察法も現地に住み込む場合が大半だ。これに対して，社会学では調査期間が数週間程度であったり，必ずしも現地に住み込んで対象者と生活をともにしなくともボランティア等として現地の活動に参加するなかでデータを収集するようなことも参与観察法に含んでいる。このように，今日では学問分野によって「参与観察法」「フィールドワーク」が指す具体的な手法や内容が必ずしも同一ではないことも覚えておこう。

2　技法とデータの特質

　では，参与観察法は実際にどのようにおこなうものだろうか。

　参与観察法は，調査者自身が調査対象集団や組織，地域等の現場に入り，そのメンバー（準メンバー）となって生活をともにし，一定期間をメンバーと一緒に過ごすなかで多角的な視野に基づいて観察する調査方法である。このことからもわかるように，一般には現場の人びとと一定の人間関係を築いてからお

こなうもので，主に1人で実施する。調査対象のトピックやそれに関わる状況にもよるが，多くの場合，長期間滞在するか，もしくは何度も繰り返し訪問することがデータ習得のためには望ましい。

　つまり，文字通り，参与しながら観察する調査方法を指すのだが，何を調査対象とし，どのような立場で，どのように参与し，どのように観察するかは調査対象および調査者の状況によって異なってくる。その意味でも，非常に自由度が高いと同時に，ワンショットサーベイ（単発の調査）では把握しきれない，体系的な情報を得ることができる調査方法である。一方で，調査者の経験や技法にも大きく左右されやすい。また，長期にわたる調査が必要なこと，調査対象者（インフォーマント）との信頼関係（ラポール）の構築がなされた上で調査を実施する必要がある。

　次に，参与観察法で得られるデータについて考えてみよう。インタビュー調査では，調査対象者は質問された事柄に対して回答する。このとき，調査対象者が答えたくないこと，覚えていないこと，自覚していないこと等については，当然ながら，言及されない。これに対して，参与観察法は調査対象者と長期にわたってともに過ごし，共同作業等もおこなう過程で，相手の無意識の言動，周囲の人びととの関係性等を観察する。このため，相手が答えたくないこと，覚えていないこと，自覚していないことがたとえ相手の口から発話されなくとも，それらを含む相手の意向について，そのときの相手の言動やそれに関連する事柄も含めて，体系的に把握することが可能となる。

　このときに，思い起こしてほしいのは，普段あなたは周囲の人びととの言語的，非言語的なコミュニケーションを通じてどのような情報を得ているか，ということだ。例えば，ある人が特定の話題に不自然に言及しようとしないそぶりを繰り返し見たとき，あなたはその人が「わたしはこのことについて話したくない」と口に出さなくとも，何らかの理由でその話題を避けているだろうと推測するだろう。逆に，ある人が何度も繰り返し特定の話題に言及する様子を見たときは，その人が「わたしはこのことが忘れられない」と言わなくても，その人が何らかの理由でそのことに強いこだわりがあるのだろうとあなたは察するだろう。

こうしたタイプのコミュニケーション，つまり言外のコミュニケーションは日常的に繰り返しおこなわれているものだが，社会調査としてとらえると，実はこの言外のコミュニケーションにはとても多くの情報が詰まっている。しかし，言外であるから言語化されていない。それを言語化できる情報として収集することは参与観察調査が持つ大きな役割や意義の一つなのだ。

3　参与観察調査のテーマの決め方，
対象者の決め方と「入り方」

　ここまで読み，もしもあなたが「参与観察法で調査してみたいテーマ」が何か思いついたのであれば，それが参与観察法の利点を活かせるテーマ，現実的に参与観察が実施可能なテーマおよび対象者（集団）であるかどうか，を考えよう。参与観察調査には調査対象となる集団や組織，地域等が必要だ。当然ながら，「調べたいこと＝調べられること」ではない。どのような立場で，どのようにして参与観察をおこなうか，参与観察実施のために依頼が必要か等を確認する必要がある。

　参与観察，特に「参与に重点を置いた参与観察」は時間がかかる。また，ラポール構築等も欠かせない。「参与観察法で調査してみたいテーマ」が具体的に決まってきたら，まずは候補のテーマ，対象候補の人びとや組織について調べてみよう。また，それらを対象にしたこれまでの調査結果や研究成果についても調べ，内容を把握しよう。さらに参与観察の実施に対象者・対象団体等の許可や申請手続き等が必要かどうか，確認しよう。そこにどのようにアクセスし，参与（参加）するか，が最初のステップとして重要になる。

　以下では，難易度の低いものから対象へのアクセスと参与について見ていこう。

(1)　すでにメンバーとなっているところでおこなう
　まず，あなた自身がすでに特定の集団や組織，地域のメンバーとなっていることを思い出してほしい。そこでは一定程度の人間関係，信頼関係がすでに築

かれていることだろう。さらに，当然ながらその集団や組織，地域のなかにあなたが存在していても，誰も不思議には思わない。なぜならば，それらにメンバーとしていることがあなたの日常だからだ。

　普段の生活のなかでは特段意識することもないかもしれないが，あなたが生活する場のすべてが現代社会の一部であり，あなたが接する他の人との関わりのすべてが現代の社会関係の一部である。そのなかで，気になること，不思議に思うこと，疑問を感じることに着目し，そのことに関連する事柄やデータを文献等を調べ，知識を深めると同時に，これまでに解明されていること，まだ解明されていないことを確認しよう。そして，自分の身近な社会集団である，所属するサークルや部活，アルバイト先，自分が暮らす地域等を思い浮かべたとき，どのような疑問や関心が思い浮かぶだろうか。その疑問や関心をより深めていくことでより具体的な参与観察調査のテーマにつなげることができるだろう。

　すでに自分がメンバーになっている場所で参与観察調査をおこなうことのメリットは，先に述べた通り，参加のハードルがきわめて低いことである。すでにメンバーになっており，ラポールも構築されている。その集団に関する知識も持っている。

　一方で，これらのことはデメリットにもなり得ることに留意が必要だ。これまで同じように仲間，同僚であったあなたが急に参与観察調査を始め，自分たちを「観察対象」とし始めたことに周囲は戸惑うかもしれず，そのことによってあなたへの接し方や振る舞いがそれまでとは変わってしまうかもしれない。場合によっては，いったんできてしまった人間関係の亀裂が参与観察調査の終了後も回復しないかもしれない。

　参与観察調査の後も続く関係だからこそ「親しい仲にも礼儀あり」を忘れずに対応したい。具体的には，参与観察調査の目的や用途，実施期間や方法等を仲間，同僚らに伝えるとともに，サークルの部長，アルバイト先の上司等にあたる人がいる場合はその人の許可も取ろう。ただし，無意識の言動を観察したい場合は，参与観察調査をおこなうことを事前の告知が対象者の言動に影響し，本来得たかったデータが取得できないという事態に陥る恐れがある。その場合

は，まずは部長，上司等にあたる人に伝え，その集団内のどこまでの範囲の人
びとに参与観察調査実施について告知するかを相談しよう。

　もともと自分が所属している場・社会集団のなかで参与観察をおこなう場合，
参与観察の開始は比較的容易だが，一方で対象者との過度な距離の近さ
（「オーバーラポール」。第 5 節参照）も課題となる。もともと親密な関係であるか
らこそ，対象者のプライバシー保護，調査実施にともなう関係変化に注意，配
慮が必要だ。

(2)　誰でも参加できるところでおこなう

　次にハードルが低いのは，ボランティアやアルバイトなど応募すれば比較的
誰でも受け入れてくれる場所（集団，組織等）でおこなうというものである（む
ろん，応募しても断られる場合もある）。

　例えば，アリス・ゴッフマンは学生時代，大学（社会学部）の課題で社会生
活を観察しフィールドノートをとることを指示されたことから，調査を目的と
して映画専門のビデオレンタル店，大学内のカフェテリアのそれぞれでアルバ
イトをおこなおうとスタッフ募集に応募した。結果，前者では不採用となり，
後者では採用されたことから，カフェテリアのアルバイト従業員として働きな
がら観察調査をおこなった（ゴッフマン，2021）。

　アルバイトと同様に，一般に誰にでも参加機会が開かれているのがボラン
ティアである。大学生が参与観察調査を目的に市民団体等でボランティア活動
に参加することはたびたびおこなわれている。わたし自身も大学院生のときに，
調査研究を目的として外国人支援団体でボランティア活動を始めたことが，研
究の最初の一歩となった（山本，2008）。ただし，わたしの場合はゴッフマンと
は異なり，最初の段階では外国人支援団体での観察を目的とはしておらず（そ
もそも当時はまだ参与観察調査をはじめとする社会調査についてまったく学んでいな
かった），外国人労働者に関する情報全般を得るためという，非常に漠然とし
た動機でボランティアに参加したのだった。その後，ボランティア活動を通じ
て団体スタッフらと人間関係，ラポールを築き，十数人の外国人労働者を紹介
してもらいインタビュー調査をおこなうと同時に，ボランティア活動のなかで

見聞きした出来事を通じて，日本人の支援者・ボランティアと外国人労働者との関係についても関心を抱くようになった。

　ボランティアの場合，アルバイトとは異なり，不採用になることは少なく，その意味では参与観察調査がよりしやすいと言えるだろう。しかし，だからこそ気をつけなくてはいけないこともある。人手が少ない団体・組織等ではボランティアの立場でも日常作業のなかで個人情報を含むセンシティブ情報に容易にアクセスできてしまうことも少なくない。また，アルバイトの場合は，内容や状況によっては労働契約上（雇用契約上）の守秘義務違反とされることもある。

　参与観察調査は調査対象との距離が近く，接する時間も長いため，個別の事象についてより深く，かつ包括的に知ることができる。そのため，結果的にセンシティブ情報，対象となる個人や集団が外部に知られたくないと思っている情報を得る機会も自ずと増す。そのため，データの入手だけでなく，入手データの扱い，分析結果の公開についても細心の注意が必要となる。この点については第7節で説明する。

　なお，公共空間ないしはそれに近い場所での参与観察調査は，そこに誰がいても違和感を持たれないという利点がある一方で，長時間の滞在やうろつきが調査対象者や周囲から不審に思われることもあるので，気をつけよう。

⑶　**参加を申し込む**

　以上のいずれも該当しない場合は，参加を申し込むことになるが，この場合も「紹介を得て参加する方法」と「紹介を得ずに参加を申し込む方法」の2つがある。

　例えば，W・F・ホワイトは「コーナーヴィル」というスラムでのコミュニティ研究を希望していたが，コーナーヴィルに伝手がなく，最初のアプローチで苦労していたときに，セツルメント・ハウスのソーシャルワーカーからドックを紹介された。そのドックが後見人となり仲間の青年たちに紹介してくれたことで，ホワイトは参与観察調査が可能となった（ホワイト，2000）。このドックの存在は「ゲートキーパー」と呼ばれるものである。対象の社会集団や地域

における中心的な存在であったり，多くの人びとを知っている人物が調査に協力してくれることになった場合，その人物を通じて調査対象にアプローチすることでラポール形成が容易になり，参与観察調査の実施もスムーズになる。特に，メンバーシップが一定程度確立し，あまり外部に対して開かれていない集団，誰でも参加できるわけではない集団を対象とする場合は，ゲートキーパーが後見人となってくれることが長期にわたって安定的に参与観察調査を実施することの重要な要素となる。

　一方，そうしたゲートキーパーが見つからない場合もある。そのような時は，正面から参加（および参与観察調査実施）を申し込むしかない。先に述べたような閉鎖性の高い集団の場合，それはなかなか容易ではないことも多い。

　打越正行は，暴走族少年らを対象にした調査のため，正面からかれらに声をかけたが，断られた。次に，別の団体に声をかけ，別の場所に移動して話そうとなった際にバイクの移動を頼まれ，対応しようとしたところ，そのバイクが盗難車であったために，警察の取り調べを受ける羽目になった。しかし，この経験（失敗）が結果的に暴走族少年らとの間にラポールを築くきっかけとなった（打越，2016）。

　正面から参加を申し込むということは，調査者と調査対象者・集団との間にそれまでつながりがなかったということでもあり，年代・職業・階層等の社会的属性が異なる場合も少なくない。10歳代が中心の暴走族少年らに対して20歳代後半であった打越は，先述したような「失敗」を通じて「なにも知らない人」とみなされ，「パシリ」として扱われる（振る舞う）ことを通じて，暴走族少年らから「同類の仲間ではないが，一定の役割を持って自分たちの間に存在する者」としてみなされるようになり，そのことで参与観察調査が可能となる（打越，2016）。

　このように「紹介を得ずに参加を申し込む」場合，特に調査対象集団内部の閉鎖性が高く，調査者・被調査者の間の年代や社会階層等に大きな相違が見られる場合は，最初のアプローチの時点で被調査者から警戒されることを想定して準備した方がいいだろう。また，どの程度本気で来ているのか，「試される」ようなこともあるかもしれない（意図的な「すっぽかし」等）。調査実施期間にも

よるが，もともと他者性が高い（自分たちとは異なる存在と認識されやすい）と調査対象者からみなされる傾向にある場合は，あくまでも「メンバー」ではなく「準メンバー」ないしはそれに類する立ち位置に留まることになりがちである。しかし，「準メンバー」等の立ち位置からの観察も大きな意義を持つ。参与観察の結果と調査者の立ち位置は大きく関連しているため，調査者は自らの立ち位置とその変遷にも気を配りながら，自らの位置から観察し得たことを丁寧に記録することが大事である。

4　フィールドノートの取り方

　参与観察調査の目的は観察し，その結果をデータとして記録することである。では，参与観察調査で得られた情報はどのように記録すればいいだろうか。参与観察調査で得た情報を文字として記録したものをフィールドノート（ノーツ）と呼ぶ。大きく以下の 4 つに大別できる（佐藤，2002）。

① 　出来事が起こっている最中にメモ帳等に書き込んだメモ（現場メモ）
② 　一日（あるいは数日）のあいだの観察や考察をまとめて清書した記録（清書版フィールドノート）
③ 　聞き取りの記録（インタビューの最中に取ったメモおよび録音を起こした記録等）
④ 　調査の最中につけた日記

(1)　現場メモの作成
①すべてを記録しよう

　①（現場メモ）は調査が進行している最中の記録である。意識してほしいことは，その日に起こった事柄の一から十まですべてを書く，ということだ。むろん，人によって注目する点は異なるし，その場に居合わせていても見落としていることもあるだろう。だからこそ，自分は何に興味があり，現場に何を見に行くのか，についてより自覚的になる必要がある。できるならば同じ調査グ

ループの仲間など複数で一緒に調査に行き，それぞれの記録を照らし合わせてみよう。そうすると，自分が見ていなかったこと，気づいていなかったことが何だったのか，気づくことができる。

　また，人数や回数，個数など調査現場のなかでは積極的に「数」を数え，記録しよう。「これは必要ないだろう」と自分で判断するのではなく，その場で目・耳に入ったもの，情報はとにかくすべて書き残し，記録しよう。それが調査テーマの分析において重要かどうか判断するのは分析するときであり，調査の最中ではない。繰り返しになるが，調査の最中には気づかないことや記録漏れも生じるので，足りない情報は後から調べて補足しよう。

　②どうやってメモを取るか

　調査者がどのような立ち位置で対象の人びと・集団の行動・活動に参与しているか，によってその場でどのくらい記録を取ることが可能かどうかは異なってくる。その場で他の人びとも同じようにメモを取っている状況であれば，調査者が同じように振る舞っていても目立つことはない。しかし，そうではない場合，1人だけメモを書いている姿は周囲から見て不思議に思われたり，場合によっては違和感や懸念を持たれることにもつながる。対象者からの警戒心を防ぐために，なるべく人目につかないところでメモを書くといった方法も考えられるが，一方で「隠れて書いている」という後ろめたさが生じたり，対象者とのラポール形成にも悪影響を及ぼしかねない。

　対処法の一つとして，スマートフォンのテキスト機能を用いたメモ記録がある。現代では多くの人びとがスマートフォンを所有し，常に画面を覗いている姿は珍しくないことから，ごく短時間の行為であれば周囲も違和感を持たないだろう。同様に，短いものであればスマートフォンを用いて音声記録でメモを取ることも有効だ。

　一方，現場では記録を取らず，帰宅する際に書く，現場を離れて書くといった方法もある。また，他の記録を取るさいに一緒に観察メモを記すという方法もある。そもそも一部の例外を除き，メモを取る行為自体がその場で期待されている行動ではないことに留意しよう。逆に言えば，メモやノートを取ることが期待されるような役割，立場に自分を置くことができれば（記録係等），記録

を取る作業自体を自然におこなえるし，何よりも記録作業にともなう心理的圧迫や緊張感を軽減できるだろう。

　さらに，最初から調査の目的を調査対象者に説明し，メモを取ることの了解を得るといった方法もある。メモだけでなく調査そのものへの理解や対象者の関心が得られ，対象者からより深い話，役立つ情報等を得ることができるかもしれない。

　記録を取る際に意識しておきたいことは，視覚的な記憶，聴覚的な記憶のどちらを自分はより得意としているか，ということだ。前者が得意な人，あるいはあまり苦労しない人は，逆に聴覚的な記憶にあたるもの，つまり相手の話した内容やその順番を意識して現場で記録するようにするとよい。逆に，後者が得意な人，あるいはあまり苦労しない人は，視覚的な記憶にあたるもの，つまり情景や人の服装・そぶり等について意識して記録するとよい。

(2)　清書版フィールドノートの作成

　そして，以上の現場メモをもとに，時系列に沿って②（清書版フィールドノート）を作成する。清書としてまとめる際に気をつけることは，(1) 年月日と時間，(2) そこで生じた出来事の基本的な文脈（流れ），(3) 5W1H（When いつ，Where どこで，Who だれが，What なにを，Why なぜ，How どのように）を後で誰が見てもわかるように記載することだ。その瞬間はまだ記憶が鮮明なため，わざわざ書き残さなくてもいいと思ってしまうようなことも時間が経過するとすっかり忘れてしまう，あるいは部分的にしか覚えていないものだ。「未来の自分は他人」と考え，誰が読んでも理解できるように具体的かつ丁寧な記述で記録を残すことを心がけよう。

　誰が読んでも理解できるためには，まず客観的な表現が肝要だ。他の人にもわかるような表現を用いる必要がある。時間が経過した後でも，その記述を見れば当時の現場の状況が再現できるような記録を目指そう。具体的には，主観でとらえがちなもの（暑い，寒い，多い，少ない等）は数や量で記録する，相手の表情，服装，そぶり等から得た印象はできるだけ具体的に，必要に応じて固有名詞（商品名やブランド名等）も使って表現しよう。

(3)　その他の記録

　その他，③（聞き取りの記録）や④（調査の最中につけた日記）も参与観察調査の重要な記録だ。特に，調査の最中に日記を自分のために書くことを勧めたい。参与観察調査は，言うなれば異文化での経験だ。驚き，発見，恐れ，違和感といった当初の自分の反応から次第にそれに慣れていく様子，調査現場での対象者とのやり取りや人間関係上の問題，自分の迷いや疑問等も書き残しておくことで，当時の自分の思考を後から振り返ることができる。

　また，文字としてだけでなく写真や動画で残すことも有効だ。撮影した写真や動画を後から見返して内容を確認することに加えて，その時は「ごく当たり前」に感じられるような光景を撮影しておくことも，記録を残す，という意味では大きな意義がある。

　そして，自分の考えや発見したことを文字で書き残すことは単に記録という意味だけではなく，自分の思考の整理にもなる。近年は写真，映像など文字以外のメディアを多用したフィールドワーク，社会調査も増えているし，機材等の面からもそうした記録が容易に実施できるようになってきた。しかし，写真，映像等による記録を分析データとして用いる際も，そこに何が写っているのか，そこで何がおこなわれているのか，に関する説明は文字で記載し，そこで記録されたテキストデータを用いて分析はおこなわれる。いくら写真・動画等の記録がしやすくなったとはいえ，参与観察調査の結果は文章，テキストを用いて分析し，説明することを忘れてはならない。

　さらに，組織・団体を対象におこなう社会調査の場合は対象組織・団体の事務所に実際に行ってみてわかることもある。どのような報告書・リーフレットがあるのか，どのようなポスターが張ってあるのか，といったことから得られる情報も多い。

5　調査現場での振る舞い方と注意点

　参与観察調査は，「参与」「観察」という，本来目的の異なる2つの行為を同時に並行して実施する調査法であり，多くの場合，調査が進行するにつれて

「参与」「観察」の割合は少しずつ変化していく。だからこそ「自分はどのような立ち位置で対象者たちのなか（調査現場の社会）にいるのか」「自分のその立ち位置を対象者たちはどのように受け取っているのか」ということを調査の最中に常に意識しておきたい。これは，第3節で紹介した「入り方」とも関わることである。

　このことと関連して，調査実施中の交際範囲や振る舞い方にも注意が必要だ。まず，「誰と誰に，どのようなルートで話をとおしておけばいいのか」を確認しながら調査を進めることが望ましい。このとき，第3節で触れたゲートキーパーを介して調査現場に入っている場合は，その人に確認すればよい。

　ただし，特定の人たちとのみ親しくなることで，調査対象に対するものの見方が一面的にならないよう心がけたい。よく陥りがちなミスとしては，最初に親しくなった人たちと多くの時間を過ごしてしまうことで，結果的に交際範囲が狭められてしまい，調査の対象が広がらない，といったものが挙げられる。ゲートキーパー等に失礼にならないよう配慮しながら，現場での交際範囲を広げていくよう心がけることで対処できる。

　また，対象者と親しくなりすぎて，価値観やものの見方まで同一化してしまう状態を「オーバーラポール」と言うが，参与観察調査においてこのような状態は望ましいものではない。調査者は決して「調査対象の代弁者」ではないことを常に忘れずにいよう。「参与」「観察」のどちらの極にも偏りすぎないスタンスが重要だ。もしも，本来の自分のそれとは大きく異なる社会環境で参与観察調査を始めたことによってもともと自分が所属していた集団（大学やゼミ等）での居心地が極端に悪くなってしまった場合は，まずオーバーラポールを疑ってみよう。

　オーバーラポールへの対処法をいくつか紹介しよう。まず，第4節で紹介した日記である。特に，詳細なフィールドノートをつけることは現場での「外部者」「調査者」という自らの視点を再確認することにつながり，オーバーラポールを防ぐ手立てともなる。また，これも第4節で紹介したが，フィールドノートとしての目的とは別に，純粋に自分の感想，印象を日記に素直につづることもストレス対処の面で効果的だと言える。

6　アクション・リサーチ

　参与観察調査をはじめとする社会調査は，相手（対象者）から求められてお
こなうものではなく，調査者自らの興味関心に基づいて調査対象地に赴くもの
である。しかし，近年は調査対象（地域，人びと，自治体等）から依頼・要請さ
れて，特定の課題解決のための情報・データを収集するためにおこなわれる社
会調査もある。このように対象に関与する社会調査は広く「アクション・リ
サーチ」と呼ばれる。しかし，複数の異なる学問分野で同じアクション・リ
サーチという語が用いられる一方，その定義が学問分野によって異なる場合も
多い。

　さらに，近年は社会調査に対する社会のまなざしや期待も変わりつつある。
本来，社会調査の目的は「実態を把握する」ことに主眼が置かれ，調査者が関
与したことで調査対象（地域，人びと）にできるだけ変化が生じないようにす
ること，調査者はできるだけ中立的な立ち位置を保つことが望ましいとされて
きた。しかし，研究者・調査者が調査だけおこなってその場を立ち去るのでは
なく，さまざまなかたちでの現場社会への関わりが求められる機会，それに応
じる場面（ときには積極的に関与する場面）も増えてきた。調査テーマ，調査対
象の特性，調査者と調査対象との関係性等にもよるため一概には言えないが，
社会情勢や社会意識の変化によって，自分たちの欲しいデータだけを一方的に
集めて用が済めば立ち去るという調査者の態度は，収奪的なもの，場合によっ
ては植民地主義的なものとして批判を向けられるようになっている。このこと
は，調査者の調査対象への関与のあり方や立ち位置が時として批判的な目線か
ら検証され，意見されることにもつながっている（第6章を参照）。

　一方で，今日の日本の状況に即して言えば，社会の高齢化，既存の地域組織
（町内会・自治会等）の担い手不足が進む一方で，実践的に地域社会に関わる大
学の授業も増えている。そうしたなかで，地域社会に存在する課題に大学生が
授業やゼミ活動を通じて関わり，実践的に地域の諸活動（祭りやイベント，ワー
クショップ等）に参加し，それらを通じて対象者とのラポールを形成し，社会

調査を実施する機会も多く見られる。

　従来は，社会調査実施によって調査対象（地）をできるだけ変えてはならない，と繰り返し言われてきた。むろん，大きく変えることは慎むべきだが，調査者という人間（たち）が関わることで，それ以前の調査対象（地）には存在しなかった何かしらの新たな変化が大なり小なり生じることは当然のことだ。そのことを踏まえた上で，調査者は本来の自分の目的（調査）を常に確認しつつ，可能な範囲で対象者からの期待や依頼に協力し，対象社会の益となる行為に関与しても，それは本来目的としていた調査の支障にはならないだろう。そのことによって調査者が関与する以前と比較すると何がしかの変化が生じたかもしれないが，その変化をいかに評価し，観察や分析の対象に含めるかどうか，についても調査者は自らの責任で判断することが必要だ。

7　公開に際しての注意点

　ここまで読んで「難しそうだ」「自分には無理かもしれない」とやる気が挫けそうになっている読者もいるかもしれない。しかし，社会学における参与観察法の範囲は広いので，まずは無理のないところから始めてみるのもいいだろう。

　そして，参与観察調査を通じて収集したデータを分析し，調査結果をまとめたら，次は成果の公開だ。ここで注意，配慮しなくてはならないことも多いので，最後まで気を抜かずに進めよう。参与観察調査をはじめとした社会調査の目的はデータを集めることだけではない。成果報告をまとめ，お礼を添えて対象者等に送付するまでが社会調査なのだと心しよう。

　では，成果公開に際しては，具体的に何をどのように気をつければいいだろうか。

　参与観察調査は，対象者との関係が近くなる機会の多い調査法であるため，自ずと個人のプライバシーやあまり知られたくないと感じている情報，広く知られることで個人に不利益が生じると思われる情報（センシティブ情報）の取り扱い機会も多くなる。

　そのため，個人のプライバシーに関わる情報の取り扱いには十分に注意，配慮が必要だ。いわば，成果公開によって対象者に生じうる人間関係や生活等への影響についても社会調査は責任を有していると言える。自分の配慮不足で，お世話になった対象者に不快な思いや不利益を生じさせないよう，最後まで責任を持って対処しよう。

　例えば，対象者に関する情報のうち，名前を仮名やイニシャルで表すといった工夫が挙げられるが，もちろんいくら仮名にしても当事者に近しい人にはわかってしまう場合もある。地名を詳しく書かない，場合によっては分析内容に関わらない範囲で対象者の背景に加工（メイキング）をする，といった工夫も考えられるが，まずは公開に関する対象者本人の意向を確認しよう。同様に，組織・団体名についても必要に応じて仮名，イニシャルで記載するといった方法もある。ただし，誰でも知っている政治家や会社経営者，有名人など明らかに著名な場合は，この限りではない。

　質的社会調査は一定のラポールが形成されていれば，多くの場合，調査現場で問題やトラブルが生じることは少ない。最も問題やトラブルが生じやすいのは，公開のタイミングである。何をどのように公開するつもりなのかを事前に対象者等に伝え，それに関する意向を聞くことで，発生するかもしれない多くのトラブルは未然に防ぐことができる。また，事前に確認することで，事実関係に関する間違い等も確認することができる。

　一方で，自分が発見したこと，分析・指摘したい事柄が，相手にとって「都合の悪いこと」や「耳が痛いこと」であった場合は，どうすればいいだろうか。また，自分が取得したデータと相手のこれまでの発言，公的な発言との間にギャップを発見した場合はどうだろうか。これらに関して相手から公開を望まない，認めない，と言われるかもしれない。残念ながらそうした事態も十分起こりうる。そうなった場合，あなたはどう対応すればいいと考えるだろうか。

　研究成果や発見の重要性に関するあなたの真摯な説明を受けて相手の態度は変わるかもしれないし，変わらないかもしれない。非公開を望むという相手の意向が変わらなかった場合，残念だがその言葉に従おう。他人の人生に大きな不利益を与えたり，尊厳を踏み躙られたと感じさせる権利は社会調査にもあな

たにもない。ただし，そのような場合は決して腐らず，ぜひ物事を長期的に見てほしい。今すぐ公開できなくとも，いつか公開できるタイミングが来るかもしれない。そのタイミングを待つ間，ぜひ繰り返しデータを見直すことでより深いレベルの分析につなげてほしい。そうして「熟成」させることで，研究の成果をあなた個人や対象者の周辺だけでなくより広い社会に貢献可能なものへと変えていくことができるはずだ。

（山本薫子）

推薦図書

岸政彦・石岡丈昇・丸山里美著（2016）『質的社会調査の方法——他者の合理性の理解社会学』有斐閣。
　長く社会調査をおこなってきた社会学者が調査の実践，課題，分析に至る考え方を丁寧に紹介。
佐藤郁哉（2002）『フィールドワークの技法——問いを育てる，仮説をきたえる』新曜社。
　記録の具体的な方法，仮説の立て方・考え方についてわかりやすく解説。
新原道信編著（2022）『人間と社会のうごきをとらえる　フィールドワーク入門』ミネルヴァ書房。
　フィールドワークの事例を幅広く紹介。特にコロナ禍での社会調査にも言及。
ホワイト，W. F.　奥田道大・有里典三訳（2000年）『ストリート・コーナー・ソサエティ』有斐閣。
　失敗談も含めて率直に綴られている参与観察法の調査過程は必読。参与観察法を用いた社会調査の古典。

コラム▶▶調査と支援活動

　「社会問題」に関わるテーマについて社会調査をおこなおうとする場合，調査対象の人びとや課題に対する支援活動に自分も手伝いやボランティアとして参加することは，対象らとの距離を縮め，ラポール形成を容易にすると同時に，現場のリアルな情報を得ることができる有効な手段の一つである。

　わたし自身は，横浜・寿町で就労・生活する外国人労働者に関する社会調査を開始する際に，外国人支援団体にボランティアとして参加したし，その後も寿町では炊き出し等の活動にボランティアとして参加しながら社会調査を続けている。バンクーバーの低所得地域，DTES地区でも社会調査の一環として地域住民らに対する支援活動にボランティアとして参加したこともある（第6章）。これらに加えて，2011年の福島第一原発事故による周辺地域の住民の避難（いわゆる原発避難）に関する社会調査の過程でも，避難者たちによる互助活動の手伝いをするなど避難者支援に部分的に関わってきた。

　支援者の1人としても調査現場に関わることは社会調査実施上のメリットも大きい一方，支援者として長く，深くコミットすればするほど，自分の行動が社会調査なのか支援活動なのか，その境界が曖昧になりかねない。本来は社会調査のために来ているのに現場では支援者としての役割を期待され続ける，というジレンマも生じかねない。しかし，どんなときもフィールドノートを取ることは続け，調査者の視点は忘れずにいよう。もしも，「支援者として関わるだけで社会調査が実施できていない」と不安に感じたら，現場への関わり方，過ごし方をいったん見直す時期だと考えよう。

　一般に，特定の「社会問題」がマスコミ報道で大きく扱われ続け，世間の注目を浴び続けることはない。報道が減り，世間の関心が薄れてもその問題はなくならない。冷めやすい世間がその問題を忘れてしまったときでも，調査者という立場で継続的にその現場に関わり続けることの意義や大切さは大きい。

　同時に，世間では「社会問題」とは必ずしもみなされていないが，当人たちは問題に直面し，生活や暮らしが脅かされている状況も多々ある。わかりやすく見えるものだけが「社会問題」ではない。むしろ，ともすれば複雑でわかりにくい，見えにくいものが実際は問題でもある場合も多い。調査者として繰り返し現地に行くことで，現地の住民たちですら問題と認識していないようなことも「社会問題」として見えてくることもある。

第4章

インタビュー法

　インタビュー，すなわちお話を聞く，および会話をする，という振る舞いは，みなさんも日常的におこなっていることであろう。それを社会を知るための方法として意味のあるものにするためには，さまざまな技法（コツや考えるべきこと）があることをここでは示す。インタビュー法は質的調査法のなかでも基本的な手法であり，多くの人が利用しやすいので，その特徴や方法についてイメージを膨らませつつ，学んでいこう。

1　お話を聞くこと・語ること

　みなさんは，昨日，誰とどんな会話のやりとりをおこなっただろうか？　わたしたちは日々，お互いに話をし，わからないことがあったら聞いて，答えて，また話を続けて，と会話をしている。自分のことや伝えたいことを人に語るのも，また，経験や気持ちを聞いて相手のことがわかるようになるのも，基本的には会話を通じてである。人との会話自体はごくありふれた，日常的におこなっていることである。また，改めて会話をしつつお話を聞くインタビューも，一般の人への街頭インタビューや著名人へのインタビュー記事など，あらゆるところで目にするので，おなじみだろう。ジェイムズ・ホルスタインらは，わたしたちは「インタビュー社会」と呼ばれるような社会に暮らしており，多くの専門家たちはインタビューを「世界の窓」とみなしているという（ホルスタイン他，2004）。

　では，会話をしながら話を聞くようなインタビューは，誰にでも簡単にできることなのだろうか？　社会調査におけるインタビューは一見すると日常的な会話の延長のようにもみえるため，とにかく誰かに話を聞きに行けば，とお手

軽に思われがちである。しかし聞き取りの内容が薄く，せっかくの貴重なお話が分析に生かしにくい，ということがままある。

　話を聞くことは誰にでもできる。しかしその方法を適切に学べば，より有意味なデータとして扱うことが可能になり，新たな解釈や発見につながったり，聞き手と語り手の双方の満足につながったり，また実践に対しての有効な知識をもたらしたりすることが期待できる。

　本章では，そのインタビューの方法について学ぼう。質的調査とは主に質的データを扱う調査のことであり，質的データには数量的なデータ以外のあらゆるものが含まれうる。口述による語りというかたちでデータを取得するインタビュー法にはどのような特徴があり，どのようにおこなうのだろうか。以下では，第2節でインタビュー法とは何か，その概要をまとめたのちに，インタビュー法の一つである生活史法について紹介する。第3節ではインタビューのかたちについて，その形式や構造化の考え方を示す。第4節ではインタビューのやり方について流れを追って紹介し，実際のインタビューをするイメージを膨らませてみたい。

　なお，インタビューは「聞き取り」や「ヒヤリング」とも称される。ほぼ同じ内容を示すが，ここでは一般的によく用いられる「インタビュー」の用語を用いることにする。

2　インタビュー法とは何か

(1)　インタビュー法の特徴や考え方

　インタビューは一般的には，ある人が別の人から情報を引き出すような目的を持ったやりとりのことを指す。調査者すなわちインタビューをする側をインタビューアー（interviewer），される側の調査協力者をインタビューイー（interviewee）と呼ぶことがある。そこで得られる口述のデータ（語り）は，第一次資料（ファーストハンドのデータ）として，調査者の価値のあるオリジナルなデータとなる。

　インタビュー法に限らず，質的調査には人びとの経験について，その内面に

掘り下げて内在的に理解し，行為の意味を知ることができるという強みがある。そして，さまざまな側面がどのように関連して全体を作っているのか，多次元的に把握することができる。また，他者を理解するのに有効である。質的調査のプロセスは，自分がなじんできた社会や文化とは異なるそれと接触し，理解していく作業となる。

　こうした質的調査のなかで，口述によるインタビュー調査にはいろいろな強みや特徴，限界がある。まずは，繰り返しではあるが，話し手の主観的意味が把握できることは重要である。アレッサンドロ・ポルテッリは，一般的な歴史研究が書かれた資料等から起こった出来事に注目しがちなことに対して，「口述資料は人々が何をしたかだけではなく，何をしたかったのか，何をしていると思っていたのか，何をしたと今思っているのかについてわたしたちに教えてくれる」（ポルテッリ，2016）として，その意味の把握ができることが一番の特徴であるという。

　例えば表4-1をみてほしい。後ほど詳述するが，インタビューの録音を文字に起こしたものをトランスクリプトと呼ぶ。このトランスクリプトは地方出身の女性の仕事の経験を聞いている部分で，1986年のいわゆる労働者派遣法の施行から派遣労働が爆発的に増え，バブル経済崩壊の不況を経て，2000年代半ばの好景気のころの転職経験が語られている。大手企業での事務派遣の仕事から，外資系企業での正社員の仕事へ転職したという語りであるが，仕事へのモチベーション低下やパートナーとの関係性への理解，空間の雰囲気の良さ，上司がコーヒーを出してくれることへの好印象など，彼女なりの意味づけが語られていることがわかるだろう。

　また，直接の会話を介しない自伝や自分史，日記などの質的データと比べると，インタビューは自分の知りたいことをダイレクトに相手に聞くことができ，また，過去および現代のことにしろ，時空間を飛び越えて情報を得ることができる。それは現在の地点から振り返った過去の情報であるという限定はあるものの，貴重な情報となる。

　その際，インタビュー調査による語りのデータは，より深く掘り下げて聞いたり，自分の経験を交えたりして，その場で調査者と協力者のやり取りのなか

表4-1　インタビュー例

142. Y：最初に派遣のお仕事されてて，今の会社に来られた経緯ってどんなのなんですか？
143. S：派遣なんですけど，そこなんかだと3年いるじゃないですか，3年いて，けっこう派遣で働いてる人すごく多いんですね。下手したら10年，長い人で。10年以上働いてる人もいるくらい，働きやすい環境ではあるんですけど。10年いてもそんなに年収って変わらないんですよ。それを考えた上で，仕事していく上であんまりモチベーション上がらなくなって，ラクでいいんですけど，だんだん，仕事に若干モチベーションを保てなくなったのと，わたしは結婚したら別に仕事しないつもりだったんですけど，結婚する相手が働かないといけない相手だったので，あれ，もしかしたらわたし，一生働かないといけないのかもって。ほんとに。本当ですよ。わたしは専業主婦になるような人ではなかったんだと思って，意外とそんなに仕事が嫌いじゃないこともわかって，じゃあ探そうと。いいタイミングで…転職したかなって。日本の景気的にも。2006年くらい，ちょうど上ってきたくらいで，すごい景気もよかった。
144. Y：あれですよね，戦後最大の好景気って言われてた。
145. S：その時期で，ちょうどその，30代，わたしたち世代が氷河期で採らなかったから，企業が欲しがってる，穴埋めのいい世代だったんですね。で，どうやって就職活動をしたかといえば，転職紹介業を通して，いろんな会社を回って，そのあとは普通にインターネットとかを見て。今の会社は，本当にたまたま。今の会社，会社名も知らないし＊＊＊＊，収益的にもどうなのかっていうのも説明されても一瞬わかんなかった。
146. Y：そこにお決めになったのも決め手があった？
147. S：決め手としては，外資だったので年俸制だったんですけど，事務としては年俸が少しいいかなっていうのもあったんですけど，あとは定時で帰れるよ，とか言われてたし，ま，今は全然違うんですけど。あとはオフィスの雰囲気が，スペース，一人ひとりの空間がすごく広いんです。デスクも140くらいですね。パーテーションがあって，フロア自体がものすごく綺麗な広々とした空間で。面接に行っても，人事の担当の人が，男性の方がコーヒーとか出してくれる感じも，いいなって。普通なんか女の子がアシスタントみたいな子がお茶を出してくれるんですけど，そこはその人事部長というかその人が出してくれる感じとか，すごく。面接してくれた女性の上司もすごい素敵な人で，いいなぁって。
148. Y：そういうのが大事ですよねえ，ふふふ（笑）。
149. S：会社って言うか，面接をしてる相手って安心。あと年収。

注：「Y」は調査者，「S」は調査協力者，「＊＊＊＊」は判別不能を，「笑」は笑いがあったことを示す。左の数字は冒頭から会話が入れ替わるごとに振ることで，データの判別をつけやすくしている。
（出所）筆者のインタビュー調査のトランスクリプトより一部加工の上，抜粋

で生み出されるものである（第1章も参照）。スタイナー・クヴァールによると，インタビューとは，文字通りインター・ビューであって，共通に関心をもつテーマについて会話する2人の間（インター）の，まなざし／見解（ビュー）の交換であるという（クヴァール, 2016）。ふだん思い起こすことも考えることもなかったようなことを触発されて語ることもあるし，感情が深まることもある。

ただし，それゆえに倫理的な諸問題に，より配慮する必要があることはいうまでもない。

　これまでの章でも紹介されたように，フィールドワークおよび参与観察のなかで，大なり小なりインタビュー法は常に用いられるものであり，それらと切り分けて考えられるものでは決してない。後述するように，改めて椅子に座って対面で質問をしていくようなフォーマルな形式のインタビューもあれば，活動中の雑談のような，かなりインフォーマルなインタビューもありえる。しかし対象の一員になって深く関わる参与観察法と比べると，インタビュー法は基本的に協力者とのかかわりをその聞き取りの時間と場所の間だけに限定することができる。それは調査のしやすさにもつながるが，同時に情報量にはおのずと限界が生じる（第3章も参照）。

　しかしそれについては，一回きりのインタビューである必要もなく，繰り返しておこなうことで情報や関係性は深まりえるだろう。また，調査協力者との関係性のなかで密接な参与は難しい場合もあり，また参与が期待されているとも限らないので，改めて場を限定したインタビューが適切な場合もある。研究目的と対象の性格，および自分自身の状況にも応じて最も適切な方法を選ぶか，もしくは複数の方法を用いて対象にアプローチしたいものだ。

(2)　生活史法について

　インタビューにはさまざまな方法があるが，その代表的なものとして生活史法（ライフヒストリー法，ライフストーリー法）について少々紹介しておこう。個人の生活史は貴重な質的データであり，個人的記録（パーソナルドキュメント）の一つでもある。生活史の意味は多様であるが，「個人の一生の記録，あるいは個人の生活の過去から現在にいたる記録」（谷，2008）ととらえておくとよいだろう。具体的には，口述史（オーラルヒストリー），自伝（オートグラフィー，自分史），伝記（バイオグラフィー），日記，ナラティブ[1]など，さまざまな形態のものが含まれる。端的にいえば，生活史は人びとのつらなる人生の詳細な歴史である。そこには，大きな人生のイベントや出来事だけではなく，その時々の感情や意見，人や集団とのかかわりなどの多くの要素が含まれる。

　そのなかで口述史は，1人1人の対象者に時間をかけてインタビューをおこない，データを収集するような代表的な方法の一つである。個人の人生を聞く，といわれると，あまりにも人それぞれ過ぎて，そんな個人的な語りが科学的な分析の対象になるのか，それを歴史＝ヒストリーとしてとらえてよいのか，と思う人もいるかもしれないが，その語りからはさまざまな社会の姿がみえてくる。口述史は長らく社会科学の分野でも有意味なデータとして扱われ，また活発に議論もされてきた。

　生活史法が科学的手法として注目されるようになったのは1920年代のアメリカのシカゴ大学での都市研究が契機であるが，日本において生活史（ライフヒストリー），とりわけ口述史の方法が定着したのは1970年代後後半ごろ，中野卓による『口述の生活史』(1977) の刊行が大きい。主に「奥のオバァサン」の長い語りで構成される本書は，個人の人生経験を日本の近代の歴史そのものとしてとらえて記述されている。そこで語られたことは何かしらの現実を反映しているということが前提である。

　しかし後年になると，語りをそのように現実を反映している「事実」としてとらえるのではなく，調査者と調査協力者とのやりとりのなかで構築されるものであるという考え方が注目されるようになった。とくに桜井厚はそれまでの「ライフヒストリー」のとらえ方を「実証主義」アプローチとして批判した。そして後者を，「ライフストーリー」（個人が歩んできた自分の人生についての個人の語るストーリー）と呼び，「対話的構築主義」アプローチとして，その重要性を説いた（桜井, 2002；桜井他編, 2015）。同じように，調査者だけでなく，調査協力者自身もインタビューというアクティブな相互行為に参加しており，両方とも語りの共同制作者であることを強調する「アクティヴ・インタビュー」の考え方もある（ホルンスタイン他, 2004）。

　では，語られたことをなんらかの「事実」として扱うことは本当にできないのだろうか。岸政彦は，対話的構築主義アプローチが生活史の語りを事実と切り離してとらえることを強く批判し，語りと実在（事実）は完全に分離できるものではないことを指摘している（岸, 2018）。

　近年もさまざまな作品が発表され，再び生活史法に注目が集まっている（岸

編，2022：文，2022ほか）。こうした語りを中心に据えた作品は比較的に平易で読みやすいので，関心のありそうなテーマのものから手に取ってみるとよいだろう。

3　さまざまなインタビューのかたち

(1)　どのような形式でおこなうか？

　さて，インタビュー法の特徴について把握した上で，ここからは具体的にインタビューを実施するイメージを持ちつつ，そのかたち——形式と構造について押さえよう。

　一般的にインタビューと聞くと，質問をする人と答える人が机をはさんで椅子に座って1対1で対面している様子，もしくは街頭インタビューなどのような誰かがマイクを向けられている様子などが頭に浮かぶのではないだろうか。しかし学術的に用いられるインタビューにはさまざまな形式がある。

　まず形式でいうと，そのイメージ通りの1対1の単独でのインタビューである。もちろん1対1といっても，学生へのインタビュー指導などでは，メインで質問する人と記録を取る人とで役割分担して2人1組で調査をしましょう，などと勧めることが多い。2人でおこなうと，それぞれ質問作業と記録作業に集中できること，質問の聞き逃しを補足してもらえたり，ちょっとした会話の空白を埋めてもらえたりなど，いろいろとメリットがある。ともかく，調査協力者が1人であるということが重要である。つまり，協力者以外の人に情報が洩れることなく，安心してインタビューに答えてもらえる。調査者も目の前の人の話に集中できるので，情報の把握や理解がしやすいのである。

　他方で，複数の対象者に同時に実施するグループ・インタビューもある。わたしたちの生活は大半が複数の人との関係性のなかで営まれており，より日常生活に近い文脈のなかで，グループの特性を生かしてデータを収集することのメリットがある。典型的には数人の調査協力者に集まってもらい，調査者の進行のもとで，質問をはさみつつ，あるテーマについて話をしてもらう，という形が多いだろう。調査者はよい進行係と聞き手になりつつも，控えめな参加者

に話を促したり，多角的な角度から光が当てられるように工夫したり，その場を運営していく必要がある。グループ・インタビューは協力者の緊張が軽減されたり，お互いの記憶を呼び覚ましたり，多角的な意見が出たりして，語りが膨らむメリットがある。しかし他方で，個人のプライバシーに深くかかわることは話に出にくいし，集まった人びととの力関係に内容が左右されてしまうこともある。目的と対象によってふさわしい形式を選びたい。

　そのほか，次に触れるように，参与観察のなかではかなりフリーな状況でのインフォーマルなインタビューもありえる。

(2)　どの程度，聞きたいことを先に想定するか？

　さらに，インタビューのかたちとしては，インタビューがおこなわれる場面およびその内容の骨格をどこまで固めておくか，ということも重要である。それはインタビューの構造化の程度として考えられる。構造化の程度を直線上に並べると，一方の端には質問紙調査のように完全に構造化されたインタビュー（structured interview）が位置し，その反対の極には，より自由な形式の非構造化インタビュー（non-structured interview）が位置する。類似したものとして，フォーマルインタビューとインフォーマルインタビューとして考える場合もある（佐藤，2002）。

　構造化されたインタビューでは，質問紙調査からイメージされるように質問項目や順番があらかじめ決まっており，質問の仕方（質問紙調査でいう質問文）も，すべての回答者が同じ条件の下で回答することが期待されるよう，標準化されたものとなる。それによって，調査者の聞きたいことに効率的に回答がなされ，また比較的多くの人に協力を得やすいというメリットがあるだろう（第1章も参照）。

　しかし構造化インタビューは，調査協力者の日常生活の文脈や協力者の話したい文脈から切り離された，ある意味人工的な環境での聞き取りである。こうした構造化インタビューの限界から，質的調査におけるインタビューは完全に構造化されたインタビューよりも，構造化の程度をもう少し下げたかたちで実施されることも多く，これは「半構造化インタビュー（semi-structured interview）」

と呼ばれる。このタイプのインタビューでは，ある程度構造化された質問とゆるやかに構造化された質問をミックスしたり，質問に柔軟性を持たせたりする。例えば最低限の質問項目は決めておくが，その順番や細かい内容は自由であるような質問の仕方なども含まれる。大学生が卒業論文などでインタビュー調査をおこなう場合は，ある程度は質問項目を想定しておいた方がやりやすく，よく用いられる。

　非構造化インタビューは，質問者のコントロールや介入が少なくなる。相手が話したいことを自由に話してもらうようなフリーなインタビューも含まれる。さらにより構造化の程度が低い，インフォーマルなインタビューに近いものとして，佐藤郁哉は，「会話・対話・雑談におけるやりとり」や「問わず語り——それに対する受け応え」などを挙げている（佐藤, 2002）。参与観察のなかでおこなわれるこうしたインタビューは，一見するとささいなもののように思われるかもしれない。しかし，こうしたインタビューを通じて集められたデータを考察することで，その研究の問題設定を研ぎ澄ましたり方向転換したりすることが可能になり，また，その後の（半）構造化インタビューにおける質問項目の吟味にも役立つので，過小評価してはならないものだ。

4　インタビューの実際

(1)　事前に質問したいことを吟味する

　では，実際にどのようにインタビュー調査をおこなっていくのか，調査目的（リサーチクエスチョン）と対象者がある程度明確になったあとからデータ分析に入る手前までの本調査の部分の手順について，おおまかな流れにそって留意点を示していこう。想定しているのは，初学者のみなさんも実施しやすいであろう1対1，および1対2でおこなう半構造化インタビューである。

　まずは，調査協力者に対してどのような質問をしていくのか，質問項目の一覧である「インタビュー・ガイド」を作る。先に紹介した生活史のインタビューでは，まったくフリーで調査協力者の話したいことを聞くようなインタビューのやり方もあるが，初学者にはハードルが高く，質問内容は事前に吟味

表4-2　質問項目一覧の例

属　性	1	あなたの名前を教えてください。
	2	あなたが所属している大学・学部・学科を教えてください。
	3	あなたの学年と年齢を教えてください。
	4	あなたが所属しているサークルを教えてください。
	5	あなたがおこなっているアルバイト（お仕事）を教えてください。
	6	あなたは実家暮らしですか？　1人暮らしですか？　寮で暮らしていますか？
推し について	7	あなたにはどれだけ推しがいますか？
	8	その推しは誰ですか？
	9	（8について）その推しについてもう少し詳しく教えてください。
	10	その中でも最も推している人を教えてください。
	11	その人をいつから推していますか？
	12	それまでに誰か別の推しがいましたか？
	13	その推しは誰ですか？
	14	（13について）その推しについてもう少し詳しく教えてください。
	15	推し活としてどんなことをしていますか？
	16	推し活に毎月どれくらいの金額を使っていますか？
	17	あなたにとって推しとはどんなものですか？
オタク について	18	自分はオタクだと思いますか？
	19	あなたはオタクにどんなイメージを持っていますか？
	20	他のオタクについてどう思っていますか？
	21	あなたの推しを推している人たちにはどんな人が多いですか？
恋愛 について	22	現在，あなたに恋人はいますか？
	23	（22で「いない」と答えた場合）恋愛したい／恋人が欲しいと思いますか？
	24	あなたに推しがいることや，あなたがオタクであることが，恋愛に何か影響を与えていると思いますか？
	25	（24について）どんな影響があると思いますか？
	26	あなたにとって推しは恋愛対象となりますか？
	27	推しに対する気持ちと，恋愛感情に違いはありますか？
	28	（27について）どのように違いますか？

（出所）　筆者の授業での学生作成の資料より一部修正の上，抜粋

しておいた方がよい。例えば，**表4-2**は「オタクイメージの変化と推し活の恋愛への影響」というテーマの調査をおこなうために，大学生が作成したものである。この調査では最低限の質問内容はこのように整理しているが，実際のインタビューは相手の話に合わせて膨らませてもよいような半構造化インタビューが想定されている。

　こうした質問を考えるときに，具体的な質問の仕方について，焦点を絞った質問にするか，より自由な形式の質問にするか，という点は意識しておくべきことである。例えば表のなかで，12番の「それまでに誰か別の推しがいましたか？」という質問は，「はい，いました」「いいえ，いませんでした」とイエスかノーで答えるような質問になっている。これはイエス・ノー質問（yes-no question）と呼ばれる[2]。これは強く焦点を絞った質問であり，回答を明確にするメリットがあるが，質的データとしては限定的な答えとなってしまう。また，対象者が単純に「はい」とも「いいえ」とも言い切れないようなもやもやした心情や複雑な思いを抱いていたとしても，イエス・ノー質問で尋ねられると，そうした複雑な思いは回答から切り捨てられてしまいがちである。

　それに対して，17番の「あなたにとって推しとはどんなものですか？」という質問は，オープンエンドな質問（open-ended question）と呼ばれる。こうした尋ね方をすると，より詳細で相手の自由度の高い回答が期待できる。つまり，質問のゴールが回答者に開かれているのである。このように「〜についてどう思われますか？」「そう考えるのはどうしてですか？」などの質問に対する相手の回答の自由度は高いのである。さらに，「そう思ったきっかけになるようなエピソードや具体的な出来事があったら教えてください」などのように，具体的なエピソードとして場面や状況を思い出してもらって自由に語ってもらうことも有効である[3]。そう感じた，および考える理由が具体的な行動や場面をともなうことで，説得力をもつのである。

　もちろん，この表からもわかるように実際にはどちらも用いられるのが普通であり，最初にオープンエンドな質問で相手の回答をひととおり聞いてから，その回答に合わせて，より焦点を絞った質問も交えていく，という手順もよく利用されるものである。

　また，質問の順番も意外と大切である。インタビューの始まりは調査協力者も緊張しているものなので，相手が話しやすいと思われることから聞いていった方がよい。また，インタビューでは現在のこと，過去の経験，未来の希望，のようにいくつかの時点を想定して聞くことが多いが，一般的に進行形のことであるから，現在のことが最も話しやすい。まずは現在の状況を聞いてから過去にさかのぼり，最後に未来のことに関して聞く，という流れがよいだろう。

　そのほか，欠かせない準備物としては調査の「依頼状」がある。インタビュー調査に限らず，誰かに調査協力を得たいときに，調査の概要や意義を簡潔に伝えるための文章である。内容は，自己紹介（名前や所属など），調査の目的や意義，調査方法や主な質問項目，調査の場所やおおよその所要時間，調査倫理を厳守することの記載，日付，自分の名前や連絡先，などが入っているとよいだろう。電子メールなどで送る場合も同様である。相手にとっては調査協力をするかどうかの大きな判断材料になるし，実際にインタビューをするときにも参照できるので，きちんと作成しておきたい。

　そのほか，調査によっては「同意書」を準備する場合もある。もちろん依頼状等も参照してもらい，調査協力者の同意を経て調査は実施されるわけであるが，それを同意書に署名をもらうかたちで書面（およびファイル）にて残す。同意書は調査対象者が必要な説明を受けた上で調査協力をすることを示す文書で，その必要事項や日付け，署名欄からなる。必要に応じて準備したい。

(2)　実際にお話を聞く

　調査は協力者との事前のやりとりで，待ち合わせの時間と場所が決められるだろう。そして実際にお会いしてインタビューがスタートするわけであるが，もちろん自己紹介等をした上で，依頼状ですでに伝えていることであったとしても，調査の目的や意義などを改めて説明する必要がある。そして調査倫理に関する事項――例えば，話したくないことは話す必要はないこと，調査途中であっても調査を拒否してもよいこと，プライバシーを順守することや公表の予定など――を伝える。調査への同意書に署名してもらう必要がある場合は，このときにお願いするのがよいだろう。併せて，話のメモを取ることや録音の許

可，および写真等を撮る場合は，その許可もきちんともらおう。

　なお，録音については，相手にとっては声がそのまま残ることになり，負担に感じられることではある。しかし調査する側としては，語りを正確に記録できること，そのときには重視しておらず聞き流していた事項に後で気づいて分析ができることなどからメリットが大きい。決して無理強いしてはならないし，その保存・管理にも十分に気をつける必要があるが，可能であれば録音させてもらった方がよいだろう。

　最初は質問項目一覧などを手元において，ある程度は参照しながらインタビューを進めた方がやりやすいが，あまり頼りすぎると，こちらの聞きたいことを優先しすぎて，調査協力者が話しにくくなることもある。また，インタビュー調査における発見はこちらの想定から外れたところにあったりもするので，目の前の相手の話にきちんと耳を傾けよう。慣れてきたら質問項目は頭に入れてしまって，相手との会話の流れに沿って適宜順番も変えて質問を繰り出せるようになるとよいだろう。

　インタビューの最中には「知ったかぶり」をせずに，相手を先生として，「教えてもらう」という謙虚な態度で臨みたい。とくに，耳慣れない言葉や行動の話があった場合は，聞き流さずに，その意味や内容を確認した方がよい。単純に一般用語を調査者が知らないだけの場合もあるが，その対象集団のなかの独特の用語や振る舞いであり，協力者は当たり前のこととして何気なく語っていても，実はそれが対象を理解する上での重要なキーである場合もあるからだ。

　また，お話をうかがいながら，適宜ノートなどに簡単なメモをとっていこう。録音をしていたとしても，それをその場で聞き返すことは当然できないので，メモがあればその場で話の整理ができ，全体像を把握したり，次の質問と関連づけたり，聞き洩らしのチェックもできる。もちろん協力者の様子もよく見ながら，話しづらそうだったり難しい様子がうかがえたりする場合は，途中であってもインタビューを中止する勇気も必要である。

　そのほか，先のクヴァールは「すぐれたインタビューアーであるための条件」として，「幅広い知識」「構成力」「明瞭さ」「礼儀正しさ」「感受性の高さ」

「開かれた態度」「舵取りの力」「批判力」「記憶力」「解釈力」を指摘をしている（クヴァール，2016）。そんなスーパーマンにはなれない，と思うかもしれないが，それは経験と学びである程度は身についていくものだ。

　インタビューがひと通り終わったら，丁寧にお礼を述べる。手土産などを渡すのはこのタイミングがよいだろう。時間を割いて貴重なお話を聞かせてくださった協力者に礼を尽くそう。

（3）　インタビューの後で

　インタビューが一通り終わったら，たとえ録音していたとしても，インタビューの際にとったメモは放置せず，できるだけ当日のうちに記憶をたどって付加的な情報を書き込んでおこう。気づいたことや考えたこと，よくわからないけれどなんだか気になること，なども書きこんでおくと，のちの分析に役に立つことがある。また，協力者の個人情報（連絡先）やインタビューの記録（調査日，時間，場所，録音時間），最終的な論文・報告書の送付希望の有無などの項目で，協力者ごとに一覧を作成していくとよい。インタビューの数が増えてきても，きちんと協力者の確認や作業の管理ができるように整理しておこう。

　その後，分析をおこなうために，録音データのトランスクリプト（Transcript）を作成する。トランスクリプトはその音声を一定のルールに従って文字起こし（テキスト化）したものであり，その作業はトランスクリプションと呼ばれる。実際の分析はこの語りをテキスト化したデータを使っておこなうのである。このトランスクリプトを作成する際には，その形式についてルールをあらかじめ決めておく。「会話分析」などのように，会話のやりとりの緻密な分析をおこなう場合は厳密なルールに沿って整理されるが，一般的にはもう少しゆるやかなルールのもとに起こす場合が多い（先の**表4-1**も参照）。

　この作業は慣れてくると録音時間の3倍くらいの時間で進められるようであるが，初めて作業に取り組む人には，声が小さかったり知らない単語があったりしてうまく聞き取れず，おそろしく根気のいる作業と感じるだろう。しかし，文字起こしの作業を通じて調査協力者の声にじっくり向き合うことで，緊張状態にあった調査の最中には気にも留めなかったことに改めて気づかされたり，

考えが深まったりすることも少なくない。また，自分の質問ややりとりの至らなさを反省し，次のインタビューのときにいかによりよい質問をするかを考える機会にもなる。

　近年は音声データを自動的に文字化するソフトウェアなども発達してきており，便利な道具は適宜利用するとよいだろう。ただし，完璧な会話の再現はできないし，その応答が肯定形なのか疑問形なのか，笑いながらの話なのかシリアスな話なのか，などの細部は文字だけではわからない。必ず自分で録音を再度聞き直し，修正・補足を入れていく作業をおこなう必要がある。

　調査の目的や対象などによってケースバイケースではあるが，トランスクリプトが完成したら，事実誤認の有無や公表不可の部分の確認などのために，調査協力者にチェックをお願いする場合もある。作成したトランスクリプト全体のチェックをお願いする場合もあるが，それはなかなかに相手の負担になることでもあるので，レポートや論文などで実際に公表する部分をピックアップして確認してもらう場合も多い。またそこまでしないとしても，調査協力者へは調査が終わってからできるだけ早いうちに，電子メールやハガキなどを利用して，なんらかの謝意を伝えるようにしたい。

　いきなりすぐれたインタビューアーになることはできないし，相手との相性もある。何度インタビューの経験を重ねても，ああすればよかった，こうすればよかったと反省は尽きないものだ。あとでいろいろと感じる課題は次の機会に生かすということで，少しずつよりよいものにしていこう。

（山口恵子）

注
(1)　ナラティブとは，物語や語り，話を意味する。ナラティブ・インタビューは，話す内容を指示せず，どの順で何をどのように話すのかをすべて相手にゆだねることが多い。看護学や心理学などの臨床領域でも利用されており，近年では「オープンダイアローグ（開かれた対話）」と呼ばれるような，参加者がそれぞれの物語を持ち寄ってオープンに語り，理解を深めるようなセラピー的な実践としても活用されている（野口，2018）。
(2)　このイエス・ノー質問は，クローズドな質問（closed question）とも呼ばれる。
(3)　こうした具体的なエピソードに注目したインタビュー方法はエピソード・インタ

コラム▶▶沈黙への恐怖に打ち勝つ

　インタビュー中の沈黙はたいそう気まずい。数秒であっても，調査協力者は
まだ何か話を続けたくて考えているのか，それとも次の質問に移っていいのか，
まさか何か気に障って怒らせたのか，などと，短い間にいろいろな考えが頭を
グルグルまわる。スムーズなやり取りにならないことが申し訳ない気持ちにも
なる。筆者が若い頃に実施したインタビューのトランスクリプトを見直すと，
明らかに矢継ぎ早に質問をしていて，そうすると相手の回答も短くなりがちで
一問一答で進んでいるものが多くて，反省しきりである。当時は沈黙に耐えら
れず，待てなかったのだと思う。

　初学者の場合は，事前に質問項目をよく練ってインタビュー・ガイドを作っ
ておかないと，協力者を前にして何を質問していいかわからなくて，あるいは
話が広がらなくて，沈黙が続いた，などということが起こる。準備不足が招く
沈黙も確かにあり，それはきちんと準備をすれば対処できる。

　他方で，意味のある沈黙もある。調査協力者のペースは質問者のペースとは
違い，考えをめぐらすための時間が必要なことが多い。沈黙を恐れて矢継ぎ早
に質問を投げかけるのではなく，相手の話をじっくり待つこともときに必要な
ことをぜひ覚えておいてほしい。人はそんなに自分の経験を要領よく思い出し
て言葉にできるものではなく，ときに逡巡し，立ち止まり，前の話を翻したり
しながら，語りは進むものだ。

ビューと呼ばれる。エピソード・インタビューは，ナラティブ・インタビューと半
構造化インタビューの両方の長所を活かそうとする（フリック，2011）。具体的な
エピソードのまとまりから，具体的な事情や状況に結びついた主観的経験を捉える
手法である。事前にいくつかの質問は用意していき，その状況について語ってもら
うように促していく。

推薦図書

上間陽子（2017）『裸足で逃げる──沖縄の夜の街の少女たち』太田出版。
　　丹念なインタビューから沖縄の少女たちのリアリティにせまる。
プラマー，K.　桜井厚・好井裕明・小林多寿子訳（1998）『セクシュアル・ストーリー
　　の時代──語りのポリティクス』新曜社。
　　ライフストーリー論を大きく展開させた名著。セクシュアリティについて考えたい

人にも。

山口富子編（2023）『インタビュー調査法入門——質的調査実習の工夫と実践』ミネ
ルヴァ書房。
　インタビュー法に特化した実践的な入門書であり，巻末のワークシートなどは指導
者にも役に立つだろう。

第5章

ドキュメント法／資料分析／二次分析

　本章では，社会調査の方法として最もよく用いられるドキュメント法ないし資料分析について解説する。文献や統計データなどの文書資料は，とりわけ調査を始めようという段階で，下調べ的に活用する場合が多い。視察や現地調査をやる前にやっておくべきことでもある。書かれたものを資料として用いる方法は，社会調査のみならず，広く用いられている。それゆえかえってそれについて解説したテキストは少ない。ここではごく一般的なやり方に加えて，最近のネットを活用した方法についてもふれてみたい。全体的な構図を示すと，**表5-1**のようになる。

表5-1　ドキュメント法の全体像

文書資料	文献資料	統計資料
インターネットで検索──資料歩き→現物を確認 図書館で探索──司書の活用，空間的な一望性 〈聞き取り調査で収集〉 規約，議事録，チラシ 答申，法令，条例 日記，手紙（パーソナル・ドキュメント）	既存研究，事業報告書，議会議事録	e-Stat 自治体の統計書，統計年鑑 国勢調査 経済センサス 労働力調査 就業構造基本調査 サーベイ調査の二次分析 （JGSS, SSJDA, NFRJ）

1　書かれた資料で調べる

(1)　文書資料，文献資料，統計資料

　ここでいうドキュメント法とは，何らかのかたちで文字に書かれた資料全般を対象とする分析を意味する。便宜上，広い意味での文書資料＝書かれた資料については，次の3つのものを区別しておきたい。一つはせまい意味での「文

書資料」で，特に冊子の形にはなっていない資料である。議事録や規約，ちょっとしたメモや日記などがそれである。これに対して冊子になっている資料を「文献資料」としておく。いわゆる参考文献などもそうで，調査のテーマと課題を設定する上で参照する既存研究などもこれに当たる。文献資料のうちで，いわゆる統計データについて掲載したものを特に「統計資料」としておく。統計資料は厳密に言うと，官庁統計など第三者が行った統計調査の結果をまとめた文献資料ということになる。国勢調査や経済センサスなど，統計法に基づき政府が定期的におこなっていて，きわめて有用なものが多い。内閣府がよくおこなう世論調査の報告書などもそれである。

(2)　図書館で探す

　基本的に，ドキュメント法は書かれた資料を探索するところから始まり，書かれた内容について何らかの分析をおこなうことを意味する。したがって，まずは書かれた資料をどうやって見つけるかが問題である。その古典的な方法が図書館を利用することで，主に文献資料を探すという方法である。かつては「社会調査は図書館から始まる」と言われたものである（竹中，2007）。

(3)　インターネットで探す

　ところが，最近は，図書館に行くこともなく，大量の書かれた資料を探すことができるようになった。それがインターネットを利用する方法である。インターネットがこの世に普及してから，それなりの年月が経ったので，今では大概のことがネットによって確認できるようになっている。普通に生活していく上での情報入手ならば，それでよいが，社会調査の方法となると，いくつか考えなければならないことが出てくる。そこで，ここではそれについて詳しく検討してみたい。

2　インターネットでできること

(1)　書かれた資料の「視察」＝「資料歩き」

　まず，大前提としてインターネットで資料を探すのは，現地でただ見て回るという視察と同じようなものであると考えておくのがよい。視察はまずは現地の雰囲気を知ることが目的で，まだ何も確かなことはわかっておらず，何となくこうかなという仮説の卵のようなものを見いだすのが目的である。インターネットで資料をあさるのも，まずはそのようなことで，「まち歩き」ならぬ，「資料歩き」と考えておくとよい。そこで見つけたものをさらに精査することが大事なのであって，探すこと自体は視察と同様，全体的な様子見に過ぎないと考えた方がよい。したがって，まずインターネットで当たりをつけた上で，その後は，むしろ古典的に図書館に通い詰めるというのが正解なのである。図書館にはインターネットには代えがたい利点がある。その点にも随時ふれながらインターネットの効用について述べていきたい。

(2)　信頼できるものとできないもの

　なぜことさら図書館で現物の資料を確認する必要があるかというと，インターネットで見つけた書かれた資料は，そもそも信頼できるかどうかもわからないものが多く，社会調査として何か確かな根拠にしようとするならば，それなりの検討が必要なのである。いわゆる書かれた資料に関する資料批判と同じである。ここではそのいくつかの例を簡単に紹介しておきたい。

　まず，ウィキペディアでもそうだし，個人のブログなどは余計そうであるが，ウェブサイトに掲載されていることを，そのまま根拠資料として利用することは，原則としてできないと考えた方がよい。もちろん，調査対象となっている小さな団体の設置目的や活動方針がウェブサイト上でしか確認できないという場合はこの限りではないが，一般的な言明や事実については，必ずそこで参照されている文献資料などの根拠資料を別途当たって確認すべきである。したがってインターネットはむしろ参考資料を探す道具と割り切った方がよい。

ネットでだけ確認できたことを根拠資料にするには，慎重な判断が必要である。原則できないと思って，裏をとる努力をすべきなのである。その点では，インタビューでだけ聞いた事実の扱いと似ている。

　他方，政府や自治体の公式ホームページでは，最近ではかなりの程度，答申や報告などの文書資料，国勢調査などの統計資料が，直接ダウンロードできるようになっている。大変便利ではあるが，一つ気をつけてほしいのは，答申の文書など，役所で直接確認すると付いてくるような表書きや裏書きが省かれていることが多いということである。統計資料の場合も，統計の取り方についての詳細な解説部分は含まれていない。これらの点は非常に重要である場合が多いので，やはり別途確認する必要がある。国勢調査や経済センサスの報告書を図書館で直接開いてみて，最初の部分にかなり長大に含まれている調査に関する説明書きに，一度は目をとおしておく必要がある。例えば，経済センサスでいうところの事業所の従業員数には非正規の従業員も含まれているかどうかなど，案外知らないことが多いのである。

(3)　図書館とインターネットの違い

　そうやってインターネットでの資料歩きを入口にして，より確かな根拠資料を求めて図書館に行ってみると，別の意味で世界が広がっていく。図書館というところは，実際に関連する資料がずらっと本棚に並んでいる。特定の資料を探して本棚をながめていくのだが，このように関連する資料が空間的に一望できるということが，ネットとは決定的に違うところである。ネットにも関連のリンクがついている場合があるが，図書館で実際に目にできる関連資料の豊富さには到底及ばない。その過程で興味深い資料が見つかり，調査の幅が一気に広がっていくことも多いのである。

(4)　注意すべきこと——何してたんだっけ

　関連する資料が空間的に一望できる図書館とは違って，インターネットで資料を探すときに，別途気をつけなければならないのは，ネット上でリンクをクリックすると，一挙にどこに飛ばされているのかわからなくなるという点があ

る。そのため，調べていることに関連するあれやこれやの情報に気を取られて，何をしているのかがわからなくなってしまうことがある。図書館の場合は見える範囲に限定されていて，かつある程度関連のあるものだけが並んでいるので，それほど混乱することはないが，ネットの場合はどこに飛んでいるのかがわかりにくい。それゆえいつの間にかある方向の資料ばかりに誘導されてしまうという危険もある（樋口他，2019）。もともとリンクはそのような目的で設定されているのであって，図書館のように一般的な分類規則にしたがって並べられているわけではない。したがって，ネットを利用するときには，自分が何のために資料を探していたのか，常にそこに戻って余計なところに深入りしないように意識して努めることが求められる。

3　図書館でできること

(1)　司書さんの活用法

　インターネットとは違って，直接足を運ぶ手間はかかるが，図書館こそがドキュメント資料の宝庫であることは，今でも変わらない。すでに述べたが，一連の文献資料をその場で一望できることは，それ自体ネットでは実感できない情報である。さらに，図書館には司書さんという専門家がいて，お願いすれば，さまざまな資料を検索してくれる。いわゆるレファレンスサービスと呼ばれるものである。研究者としては，本当は自分で探すべきところではあるが，一度利用してみてはどうだろうか。学生がまだ資料検索に慣れていない段階では，司書さんにいわば丸投げしてみるのも悪くない。「○○について調べたいのですが，基本的にどんな資料があるのでしょうか」とお願いすると，「こんなのがありますから見てみてはどうですか」と返ってくる。このときにそれをどうやって検索したかも含めて教えてもらうとよい。そうすると，次からは司書さんの手を煩わせることなく，自分で必要な文献資料を探すことができるようになる。図書館司書はいわば専門職の人なので，聞かないと結果しか教えてくれないので，少しねばっていろいろ教えてもらうとよい。

(2) 公共図書館，地域の図書館，役所の資料コーナー，地元の古書店

　一般的な図書館とは異なるが，とりわけ地域調査の場合は，図書館と同じように役に立つ場所が存在している。公共図書館の郷土史コーナーなどもそうだが，役所の資料コーナーや，地元のちょっと大きめの本屋の特設コーナーなども，掘り出し物が見つかることが多い。同様に，地元の古本屋は地元でしか見つからない資料を探すには，それ自体楽しい場所である。視察のついでや，何か用事があって現地を訪ねたときに，立ち寄ってみるとよい。

(3) 統計資料や新聞資料，文献資料の閲覧と検索

　図書館にも定番として存在するが，今ではインターネットで自由に検索・入手できる資料も多くなっている。官庁統計などの統計資料や，各種新聞社の記事資料など，かつては図書館で探すのが通例だったが，今ではすべてネットで検索可能になっている。もちろん自由に閲覧するためには，所属する機関の図書館が契約をしてくれていないといけない場合も多いが，多くの図書館はそのようなネットワークに加入しているだろう。前節で紹介すべきことだったが，例えば，官庁統計資料については「e-Stat」というウェブサイトがあって，ここからあらゆる公的統計調査の結果が，検索・入手できるようになっている[1]（詳細はP91〜）。このウェブサイト上で統計データを用いた社会地図まで作れるようになっていて，大変便利なものなので，一度のぞいてみるといいだろう。その他，新聞記事や百科事典的なものも，かつては図書館にあったものが電子化されて，自由に閲覧できるようになっている。「日経テレコン」「朝日新聞クロスサーチ」「ヨミダス歴史館」や「ブリタニカ・オンライン・ジャパン」などである。それらの利用の仕方についての情報も，すべて図書館がその利用方法の一部として案内をしているので，確認してみるとよいだろう。

　大学に入学すると，図書館の利用方法について案内をされることが多いと思うが，今では単なる図書館内の利用だけでなく，図書館があらゆる情報のネットワークを利用する窓口にもなっているので，重要な案内を聞き逃さないようにした方がよい。「リブナビ」などの図書館利用ガイドや一般的な蔵書検索システムである「OPAC」だけでなく，「CiNii（サイニィ）」「J-STAGE」「Web of

Science」「EBSCO」などの聞き慣れない単語が出てきたら，注意しておくと
よい。図書館は現在でも，インターネットの世界も含めて，書かれた資料の入
口であり，宝庫なのである。

4　文献資料で調べる

(1)　既存研究の確認

　図書館やインターネットで探した冊子となっている文献資料を利用するに当
たって，基本的なことを確認しておきたい。研究書などの文献資料を使用する
ことは，一般的には既存研究の確認と言われるものである。普通の研究の基本
的なスタイルであるが，これも広い意味では社会調査の手法の一つと考えてい
いだろう。自分が調べようとしていることについて，すでに何が知られている
かを最初に確認しておかないと，自分では大発見と思っても，そんなこととっ
くの昔に知られていたということも多いのである。だいたい社会調査ではすで
に知られていることを実地で確認できたということを体験することが大半で，
新しい発見など，そう簡単に出合えるものではない。既存の文献資料を確認す
ることは，その意味で何が問題であり，何を明らかにする意味があるかを見き
わめる上で重要である。当事者へのインタビューが当事者にとって解明すべき
問題がどこにあるかを知る機会であるとしたら，文献資料の探索は世間や研究
者にとって何が問題かを知る作業なのである。

(2)　自分で確認すべきこと

　文献資料についても，資料批判は必要である。学術研究の場合は，当該の学
会での一般的な評価に基づけばよいが，分野が違っていたり，筆者についてよ
くわからない場合は，それなりの慎重な見きわめが必要である。もちろん書か
れた資料における資料批判の基本的な原則——誰が，何のために，書き残した
のかを確認すること——は当然として，わたしが昔やってしまった失敗につい
て，恥ずかしながら書いておこう。地域調査などをやっていると郷土史家が残
した文献資料などが，ことのほか参考になる場合がある。ただしこういう本の，

例えば年代の表記などは必ずしも正確とは限らない場合があることに注意すべきである。歴史の本なのだから，ここに書いてある年代は正しいんだろうと思って確認せずに書いてしまうと，細かな点で間違っていることがある。年代や法律の細かな条文などについては，自分でちゃんと確認すべきなのである。学術文献として名の通っているものについても，念のため，確認するに越したことはない。大手の出版社ならやってくれる校閲に当たる作業だが，最終的に公表する際には注意すべきことなのである。

5　各種統計資料

(1)　国勢調査と経済センサス

　統計資料とは，いわば誰かがやったサーベイ調査の結果をまとめた書かれた資料で，代表的なものとしては国や地方自治体が実施する官庁統計とか，公的統計と呼ばれるものがある。これらの多くは統計法という法律に基づき，個人の意見ではなく，事実について確認したものである。社会調査において最もよく利用されるものとして，例えば「国勢調査」と「経済センサス」がある。

　国勢調査は国内の人および世帯の実態を把握して，もろもろの行政施策の基礎資料とすることを目的に国がおこなっている代表的な調査である。近代以降，どこの国でもおこなわれるようになったもので，日本の場合，第1回の国勢調査は大正9（1920）年におこなわれている。それ以降，5年おきにおこなわれているので，西暦でちょうど切りのよい年に実施されている。1人暮らしの人は，自宅に国勢調査の調査員が直接訪ねてきたということがあるかもしれない。国内に常住しているすべての人や世帯を対象とする全数調査である。外国人やホームレスの人びとも対象である。この「常住している」ということの意味についても，細かな規定があるので，一度自分で確認してみるとよいだろう。調査項目については，世帯単位で各構成員の性別，年齢，続柄，配偶関係，国籍，居住年数，5年前居住地，職業，事業所，従業上の地位，職種，従業地および通学地などで，毎回ではなく10年ごとに調査される項目もあるので，これも何かの機会に確認してほしい。国勢調査をもとに年齢別人口構成や職業構成など

も集計できるようになっていて，都道府県ごとの集計や地域メッシュごとの集計など，報告書も多様な形態で公刊されているので，一度図書館で実物を見てみるとよいだろう。

　国勢調査が人や世帯に対する全数調査であるのに対して，経済センサスは事業所に関する全数調査である。かつては事業所統計と呼ばれていたが，ある時期に別の調査と統合されて，現在の経済センサスになっている。そのため基礎調査と活動調査に分かれていて，少し複雑な形態となっている。かつての事業所統計は3年おきであったり，基礎調査は5年おきで，活動調査は4年おきだったりと，実施年度についても複雑な経緯をへているが，概ね5年おきにはデータがあると考えてよい。基礎調査はすべての事業所を対象に，業種，従業員数，開設時期，資本金の額等を確認し，国や地域の産業構造を明らかにすることを目的としている。基礎調査ではすべての事業所の所在を確認するので，その他各種の統計調査の母集団情報を整備する役割も担っている。他方，活動調査の方は売上金額や費用などの経理項目なども確認し，国および地域における経済活動の実情をとらえる調査になっている。社会調査の場合は，基礎調査のデータを扱うことが多いだろう。

　ここで一つだけ注意を促しておきたい。国勢調査の職業分類や経済センサスの業種の分類を用いて，特定の地域の産業構造を明らかにしようとすることがあるが，国勢調査と経済センサスでは調査対象が異なることに注意すべきである。国勢調査は人が単位なので，特定の地域に住んでいる人がどのような職業に就いているかが集計されている。つまり，その人が必ずしもその地域で働いているかどうかはわからない。厳密に地域の産業構造を明らかにしようとするならば，事業所を単位とした経済センサスを使うべきなのである。しかしながら，こちらは必ずしもその地域に住んでいる人がそこで働いているとは限らないわけである。国勢調査と経済センサスは国や地域の人と事業所の集合的な特徴を知る上で基本的な統計資料であるが，明らかにしたいこととの関連で，適切に使用すべきであることは，他の社会調査の方法と同様なのである。

⑵　労働力調査と就業構造基本調査

　他に労働力状態について知ることのできる公的統計として労働力調査がある。これは国が全国を単位に毎月，少しずつ対象地区を入れ替えながらおこなっている標本調査である。いわゆる失業率などは，この統計によって割り出されている。気をつけなければならないのは，労働力調査はあくまで全国を単位にしている標本調査なので，都道府県などの範囲だけを切り取って集計をおこなっても，代表性を確保できない。都道府県の状況を知るためにおこなわれているのは，就業構造基本調査で，こちらは都道府県を単位にした標本調査なので，都道府県の状況について知りたいときは，こちらを利用しなければならないわけである。ここでも，慎重に利用すべきデータを選ぶ必要がある。

⑶　その他さまざまな調査報告，調査データの二次分析

　その他にもさまざまな統計調査がおこなわれていて，利用することができる。網羅的には前述した「e-Stat」に集約されているので，一度見てみるとよいだろう。事実を調査した統計調査に対して，個人の意見を調べる世論調査や社会調査についても，内閣府などがよく実施していて，書かれた資料としての報告書がまとめられていたり，ネット上で確認したりすることができるので，こちらも参照するとよいだろう。

　その他，統計資料としては特殊な扱いになるが，サーベイ調査の個票データが公開されていて，二次分析ができるという場合がある。国内の代表的な社会調査だけでなく，諸外国でそれぞれおこなわれている社会調査のデータなども，かなり利用できるようになっている。例えば，GSS（General Social Survey）と呼ばれる一般社会調査は世界各国でおこなわれて，そのデータアーカイブが公開されており，その日本版が大阪商業大学のJGSSである。その他，東京大学社会科学研究所のSSJDA（Social Science Japan Date Archive）や日本家族社会学会の「全国家族調査（NFRJ）プロジェクト」などの試みがある。

⑷　自治体の統計書，統計年鑑，e-Stat

　以上例示したのは，社会調査でよく用いられるものであるが，とりあえず全

図 5 - 1　e-Stat のウェブサイト

体的な状況を統計資料で知りたいというときに便利なのが，各自治体が発行している統計書や統計年鑑などである。それらの内容は，ここで紹介した公的統計を都道府県などの範囲で切り取って，表やグラフなどにまとめたものである。必ず元のデータに戻るべきという原則はインターネットで探すときと同じだが，とりあえずどんなものが利用できるかを知る上では便利なものである。ネット上でいえば，「e-Stat」（図 5 - 1）がそのような役割のものと考えることもできる。視察から始めて徐々に適切な方法で確かなことを確認していく社会調査全体のプロセスと同様に，統計資料についても，このような要約的なものから探っていって，最終的には元となる調査の細かなデータの処理の仕方を図書館の実物で確認し，適切に使用していくという手順が重要なのである。

6　狭い意味での文書資料

(1)　手紙や日記，チラシやポスター

　最後に狭い意味での文書資料について述べておきたい。これは個人が書き記したあらゆる書かれた資料を意味していて，特に冊子の形態を取っていないものである。手紙や日記，チラシやポスターなど，ありとあらゆるものが資料となりうる。特に行事やイベント，反対運動などの出来事の詳しい経緯を知ると

きには，このような書かれた資料を集めることが非常に重要な調査の作業になる。

(2) 会議資料や議事録，規約，事業報告

　団体や組織の内実を知りたいときや，組織的な決定や自治体の政策決定がどのような検討を経て決められていったかを知りたいときには，議事録や答申，会議の資料などを集めることが基本となる。調査対象である団体がどのような組織なのかを知るためには規約集などが役に立つだろうし，その活動内容を知るためには年次報告や事業報告書が参考になる。最近ではこのような資料もネットで確認できたり，ネット上に示したものがすべてですと言われたりすることも多くなっている。

(3) 答申，法令，条例

　行政の政策などについて確認するためには，審議会の答申や報告書，法令や条例を確認する必要がある。それらの政策がおこなわれた背景を知るには，首長が年度初めの議会でおこなう施政方針演説の内容を，議会の議事録で確認するのがよい。必要に応じて，議会の議事録を詳しく検討することも意外と実りの多い作業である。ここでも最近はかなりの程度ネットで公開されているが，省かれている重要な部分があることについては，すでに述べたとおりである。

(4) 聞き取りの際に入手する

　第1章で触れておいたが，文書資料は聞き取り調査をしている際に集めるというのが，実は基本的で有効な方法である。インタビューで興味深いことを聞いたときに，「それについて書いてある資料はありますか」とたずねると，意外と対象者はその場で探しにいってくれたり，これこれに書いてあるよと教えてくれたりするものである。そのような資料をその場でお借りして，すぐにコピーをとってお返ししたり，教えてもらった資料を忘れないうちに確認したりしておくことが重要である。そうしてインタビューの内容を文書資料で確認するということが，社会調査では重要な作業なのである。「この辺りは○○年頃

から人口が増えてね」といったような聞き取り内容を，統計調査で裏づけるということもできる。

(5)　プライバシーへの配慮と共同的な検討の必要

さて，最後に日記や手紙などのパーソナル・ドキュメントと呼ばれる資料はきわめてプライベートなものなので，いうまでもなくプライバシーへの配慮が必要であることを断っておきたい。お借りしてコピーするまではいいが，発表の際には必ず本人の了承を得る必要がある。個人情報に当たる記述のある資料については，細心の注意が必要である。個人が同定できるような部分については，記述を削除したり，若干変更したりすることも必要である。それでもどうしても身近な人にはわかってしまうので，前もって本人の了承を得ておく必要がある。

さらに，文書資料に関する資料批判やその信頼性を見きわめるためには，複数の人の目でチェックすることが有効である。特に客観的な基準があるわけではないので，どうしても世間一般や専門家からみて妥当な判断であるかという評価をしていくしかないところがある。したがって，可能ならば複数の目で共同的な検討をしていくことが望ましいのである。

いずれにせよ，ドキュメント法は探索や収集のコストが比較的低く，広い用途に活用できる，社会調査にとっては最も基本的な方法なのである。

（玉野和志）

注
(1)　https://www.e-stat.go.jp　図 5 - 1 参照
(2)　地域メッシュデータとは，国勢調査などのデータを日本全国を 1 km四方などの区画に区切った地域ごとに集計したデータで，社会地図を描く際に使用するものである。

推薦図書
ウェッブ，S.・ウェッブ，B.　川喜多喬訳（1982）『社会調査の方法』東京大学出版会。
　　ウェッブ夫妻の古典的な社会調査のテキストである。サーベイ調査が一般化する前の社会調査論なので，資料や統計の扱いについても詳しい説明がある。現在でもか

えって参考になる部分が多いだろう。

メリアム，S. B.　堀薫夫・久保真人・成島美弥訳（2004）『質的調査法入門――教育における調査法とケース・スタディ』ミネルヴァ書房。

　書かれた資料の分析に関しても詳しい説明のある唯一といってもよい社会調査のテキストである。参考になることが多いだろう。

第Ⅱ部

社会を発見する

第6章

「社会問題」にかかわる社会調査

　本章では，「社会問題」をテーマとした社会調査の考え方や留意点について紹介する。対象の事象を一面的に見るのではなく，時間経過にともなう事象の変遷や立場の違いによる視点・意見の相違等にも気を配る必要がある。また，その事象に関して議論や対立が生じている場合の調査者の立ち位置，オーバーラポールにも注意が必要だ。さらに，調査公害を排してより社会にひらかれた社会調査を実施するための取り組みについても紹介する。

1　「社会問題」を調査テーマに選ぶということ

　いま社会調査をおこなっているあなた，あるいはこれから社会調査を始めようと思っているあなたは，どのようにして調査テーマを決めただろうか。また，何を参考にしてその調査テーマを決めただろうか。
　本章に続く第7章は地方社会，第8章は貧困，第9章は移民にかかわるテーマを扱った社会調査についてそれぞれ論じている。わたしたちは日々さまざまな媒体を通じて幅広いニュースに接している。詳しく知っているものもあれば，必ずしもそうでないものもある。そうしたニュースや情報の洪水のなかで日々，わたしたちは暮らし，知らず知らずのうちに影響を受けている。だから，自分だけの問題関心に基づいて調査テーマを決めた，と自分で思っていたとしても，多くの場合，実際はニュース報道，世間の話題，先行研究などすでに社会で扱われてきたトピックを扱うことになる。一般に，ニュース報道では社会に対して報道する一定の価値があるとみなされたものが扱われることから，それを通じて調査テーマに出合った場合，すでに「社会問題」とされているものを選んだことにもなる。

　すでに社会調査を始めたあなたは，どのようにして自分がそのテーマに関心を持ったのか，最初に知ったきっかけは何だったのか，思い出してみよう。そして，それがニュース報道等であった場合，そこでの切り口，伝え方はどのようなものであったか，についても思い起こしてみよう。

　覚えておいてほしいことは，そのテーマ，「問題」は時間の経過とともに変化すること，そしてそれらに調査者として関わることで自分の見方や考えも変化していくかもしれない，ということだ。そして，当然ながら，あなたがそのテーマ，「問題」を発見し，その時点での状況を調査した後もその事象は続いていく。もしも長期にそのテーマ，「問題」に関わることができるなら，ぜひ経年的変化も確認しよう。

2　「社会問題」に対する見方とその変化

(1)　「社会問題」の扱われ方を知ろう

　現在の社会の見方，価値観では「問題」とみなされていることも，時代や状況，国・地域が変われば，当然ながら認識が異なる場合も多い。かつては「しつけ」と呼ばれ，比較的黙認されることも多かった行為が，現在では子どもへの暴力，虐待として批判的にみなされ，それを防止するための制度も設けられている。また，誰も「問題」だと認識していなかったことが，実害を被っている人びとからの申し立て（クレーミング）によって初めて「問題」として認識され，徐々にその認識が普及していくことで「社会問題」化されていく。[1]

　逆に，以前は「問題」「異常」として扱われた事象が現在では広く受け入れられるようになったり，「問題」の切り口（それに関する何を問題とみなすか）が変化したものもある（同性愛，異人種間結婚等）。また，実態が明らかになっておらず忌避や嫌悪，迫害の対象であったものが，科学的な基準に基づいて実態が把握され，名称等がつけられることで社会の認識が進み，以前と比較すれば受け入れられやすくなることも多い（精神疾患，発達障がい，感染症等）。ただし，名称がつけられ，基準や区分が設けられること（制度化）は，多くの場合，基準や区分の狭間に置かれてしまう人を生み出し，そのことがまた新たな「問

題」につながることもある（いわゆる「知的障がいグレーゾーン」[(2)]等）。

　したがって，調査テーマが決まり，それに関する基礎的な情報を把握したら，その次に，そのテーマ，トピックが先行研究や各種メディア等でこれまでどのように語られてきたのか，どのように広く社会で認識されてきたのか，についても把握しよう。それはそのテーマ，トピックが「社会問題」としてどのように扱われてきたか，を知る作業でもある。さらに，そのテーマ，トピックに関わる制度についても調べてみよう。

　その上で，テーマ，トピックに対するあなたの現段階での考えをまとめてみよう。何を問題だと思っているのか，何が改善されれば良いと思っているのか，改善のための方策は誰によって担われるべきだと思っているのか。社会調査を進めていく上で，あなたの見方や考えは変わっていくかもしれないし，変わってもまったく構わない。まずは現段階で自分がどのような見方，立場にあるのか，を自ら把握しておくことは社会調査を実施する上でも，また調査計画を立てる上でも重要な一歩となる。

(2)　自分なりの「見方」を発見しよう

　調査テーマを決め，調査対象を定めて社会調査を開始し，フィールドワークやインタビュー調査等をおこなう過程で，あなたの頭には戸惑いがよぎる瞬間があるかもしれない。「こんなはずではなかった」と感じる場面に出くわすかもしれない。しかし，それらの経験を戸惑いや驚きのまま，受け入れよう。

　社会調査，特に質的社会調査の実施過程では当初の想定とは異なる結果に遭遇することも十分に起こりうるので，そのことを前提に調査を進めよう。より「真実」に近いのはあなたの予想ではなく実際に見聞きしたことの方であることを忘れず，自分の予想にとって都合の悪いことを見聞きしても，それから目や耳を背けず，そのことを冷静に受け止めよう。

　このような経験を経て，当初の見方が変わってくることも十分にある。そうなった場合，最初に参考にした先行研究やメディア報道，社会に流通しているものとは異なる見方にあなたは気づくかもしれない。もしもこれまでに気づかなかった見方や視角について意識したら，ぜひそのことを「望ましいこと」と

して受け止めてほしい。先行研究やメディア報道等を通じて広く普及している
ものとは異なる見方，場合によっては正反対の見方をしてしまって本当に良い
のだろうか，と不安になる必要はない。むしろ，これまでになかった新しい見
方に気づいたことは，あなたの調査研究のオリジナリティにつながる可能性も
ある。自分が何に気づいたのか，それはこれまでの見方と何が違うのか。その
ことをしっかり把握するためにも，調査現場で丁寧に記録を取ると同時に，そ
れらを繰り返し見返し，よく考えてみよう。

　ただし，これまで言われているものとは異なる見方に気づいた場合，それが
否定的なものであった場合は，自分自身の偏見や嫌悪，無意識の差別意識が関
係していないか，よく考えてみよう。場合によっては，もともとの認識自体に
歪みがあったという可能性もある。

　例えば，日本で暮らす難民はたびたび「出身国での迫害や内戦から逃れてき
た可哀想な人たち」「助けてあげるべき人たち」という同情の文脈で語られるが，
そこでは「何もできない人たち」という無力さも暗にイメージされている。し
かし，実際には，出身国から逃げ，遠路を渡って日本までやって来られたとい
うことから見ても，決して無力な人びとではない。また，多くの場合，出身国
で中流層以上の人びとが難民として海外に逃れ，そのなかには複数言語の語学
力や専門的技術・知識を有している人びとも少なくない。そうした客観的な認
識が希薄で，「助けられる存在」「可哀想な人たち」とだけ見てしまっていると，
実際に出会った難民たちが「自分が思っていたほど弱そうではない」「自分が
思っていたよりもいろいろな能力を持っている」という当たり前のことを，場
合によっては「したたかさ」等のマイナスのイメージで捉えてしまいかねない。

　一般的に，十分に安心できる環境にいる場合を除き，初対面のあまりよく知
らない相手には人は本心を明かすことはあまりない。むしろ，自分をよく印象
づけるため，あるいは強い（弱くない）存在として印象づけるために，実際
りはやや過剰な（「盛った」）話をする場合もある。それをそのまま真に受けて
「実は困っていないのに支援してもらっている」などとみなすことも，事実の
把握という意味では正しくない。

　場合によっては，これまで「社会問題」とみなされてきた事柄や人びとは必

ずしも「問題」なのではなく，その人たちを「問題」とみなす構造の存在にあなたは気づくかもしれない。その場合，その構造はどのようなものか，いつからその構造があるのか，なぜそうした構造がつくられたのか，どのような仕組みでその構造が維持されてきたのかなどについて考えることは重要だ。そこでの思考やそのためのリサーチ等を通じて，これまであまり言及されてこなかった新たな視点や気づきを獲得できるかもしれないし，そのことがあなたの調査研究上の発見やオリジナリティにつながるかもしれない。

(3)　「見方」の変化を意識しよう

　参与観察法を実施するなどして長期にわたって対象者・調査現場に関わるなかで，調査者であるあなたの立ち位置も徐々に変化するかもしれないし，そのことによってあなた自身の見方も変化していくだろう。あるいは，気づいたときにはすでに調査開始前と比べて見方が変わっているかもしれない。特に対象者・調査現場に頻繁に接しているとそうした変化は意外に気づきにくいものだ。いったん，調査現場を離れてデータを整理等するなかで変化に気づく場合も多い。したがって，変化によって自分の見方がどのように変わってきたのか，そこで気づいたことは何か，といった事柄について自分で記録したフィールドノート等を見ながら改めて考えてみることは，重要な気づきを得るためのチャンスだとも言える。その場合，見方がなぜ変わったのか，という問いへの答えを自分なりに考えることも必要だ。

　丸山里美は，女性ホームレスを対象にしたフィールドワークのデータを整理する過程で重要な気づきを得たという。また，データの矛盾（対象者が相手によって語る内容を変えていること等）に気づくとともに，これまで先行研究で説明されてきたことに照らし合わせてその気づきを考えたとき，新たな問いにつながり，そのことは自身の問題意識を明確化する上で非常に有益であったと述べている（丸山，2016）。

　往々にして，質的社会調査は，調査を進めながらテーマの焦点を絞り，問いを再構成する，つまり走りながら考えるタイプの調査となる。したがって，当初の予想（仮説）に必ずしも縛られることなく，先行研究等でこれまで言われ

てきたこととは異なる見方，視覚に自分が気づいたとき，それをさらに掘り下げて考えていくことで独自の発見へとつなげることができるはずだ。そして，そのことは「社会問題」に対するより現実に即した事実の把握や適切な認識ともなる。

3 時代の情勢によって「社会問題」は変わっていく

(1) 「社会問題」に対する思い込みと失敗

わたし自身のこれまでの調査研究を振り返ってみると，当初こうだろうと予想していた事柄が実際はそうではないことに気づいたり，時間経過にともなう情勢変化によってそこでの「社会問題」が変わっていったり，という経験があった。

わたしは大学院修士課程のときに，外国人労働者について知りたいと思いある外国人支援団体を訪れ，学生ボランティアとして活動に参加しながら参与観察調査，インタビュー調査をおこなった。1997年の当時であったので，増加傾向にあったとはいえ，現在よりも日本で暮らす外国人住民，外国人労働者の人数は少なく，わたしは支援団体に関わるまで書籍や論文を通じてしか日本で暮らす外国人労働者について知らなかった。そのため，外国人労働者に対する「思い込み」は少なからずあり，調査の過程でそのことに少しずつ気づいていくこととなった。

外国人支援団体が所在する地域（日雇い労働者の街，「寄せ場」として知られた横浜・寿町（以下「寿町」））には大勢の外国人労働者たちが暮らしていたので，わたしはその外国人たちにとって支援団体はよく知られた，信頼のできる存在なのだろうと思っていたが，まったくそうではなく，団体の名称を知らない者が大半だった。

また，寿町では非正規で就労・滞在する外国人が多かったことから，わたしは外国人労働者は困り事が多くありながらも自分たちでは解決できず，非常に脆弱な立場に置かれているに違いない，という思い込みを持っていた。しかし，支援団体の外国人ボランティアスタッフを通じて紹介してもらい，インタ

ビューをした外国人労働者たちは，いずれも現役の労働者として建設現場等で働く人びとで，在留期限が切れていたり，就労資格がない等の状況に置かれてはいたが，その時点では健康で，一定程度の収入もあり，出身国の家族に仕送りをする立場（頼られ，助ける側）でもあった。そうした人びとにわたしは「何か困っていることはありませんか」「困ったことがあったときはどうしますか」といった質問をしたが，「特に今は困ったことはない」「もし困ったことがあれば同胞に相談する」という回答ばかりが続いた。考えてみれば当たり前の回答だが，当時のわたしは「非正規の外国人労働者は困っているはず」「外国人労働者は支援団体を頼りにしているはず」という思い込みばかりが先立ってしまい，それ以外の可能性について視野を広げて考えることが十分できなかった。

　今から考えれば，仲介者がいたとはいえ，非正規滞在の立場にあるかれらが初対面のわたしにどこまで本音で接しただろうか。就労や医療福祉制度に関する何らかの課題を少なからず抱えていた人もいたかもしれない。しかし，初対面で信頼できるかどうかもわからない相手にそうしたことは言わない場合の方が多いだろう。

　わたしは大学院博士課程入学まで社会学も社会調査法もまったく学んでおらず，完全な自己流でフィールドワークを始めてしまったため，失敗は数え切れない。それどころか，当時はそれが失敗であるとか方法が間違っていたということすら気づけず，後になってわかるというような状況であった。そもそも「困っている外国人労働者が抱えている問題を明らかにしよう」という思い込みで調査を始めたところ，実際に出会った人びとは大して困っていなかった（と回答した）という結果を得たが，当時はそれをどう扱っていいかわからず混乱もした。[3]

(2)　調査対象に関わる「社会問題」の変化

　そして，当初，わたしが外国人労働者問題に関心を持ってフィールドワークをおこなっていた寿町（写真6-1）はその後，徐々に変化していく。まず，非正規滞在者への取り締まりが厳しくなったことや景気のさらなる悪化によって寿町の外国人労働者は大幅に減少した。一方で，高齢者，生活保護受給者の割

合が急増し，寿町は簡易宿泊所に単身で暮らす高齢男性が中心の地域に変わった（山本，2013）。

写真6-1　横浜・寿町（2023年1月）

（出所）　筆者撮影

1950年代に日雇い労働者の街，「寄せ場」として形成された寿町は，当初，治安，労働問題（失業対策），公衆衛生等の観点から多くの「社会問題」を抱える地域，と行政からも社会からもみなされてきた。その後，「寄せ場」機能衰退にともなう日雇い労働者減少の一方で，高齢化，生活保護受給者増加が顕著となり，地域の課題は労働から福祉に変わった。そして，現在の寿町は疾病や障がい等を抱え，生活保護を受給しながら単身で簡易宿泊所に暮らす高齢者が中心の地域に変わり，行政や医療・介護等の福祉関連機関等が連携した地域づくり・福祉サービスの構築が課題となっている（山本，2022）。

このように，時間の経過，社会経済情勢の変化にともなって調査対象の人びと，団体，地域等は常に変化していく。また，当初「社会問題」としてみなされていた調査テーマが徐々にその問題性を希薄化させていったり，それまでにはなかった事象が現れ，新たな「社会問題」として位置づけられるといったことも起こりうる。長期にわたって社会調査を実施する場合，こうした変化の状況・過程とそこでの「社会問題」の扱われ方，語られ方をめぐる変化にも気をつけてデータ収集をしたい。特に，長い時間その調査現場に関われば自ずと対象者との関係性や関わり方にも変化が生じてくるし，アプローチの仕方も変わってくるだろう。場合によっては，現場の人びとから頼りにされ，調査者以上の関わりを求められるかもしれない。それは，現場をさらに深く知る一歩となるだろう。

さらに，現在，自分の目の前にある「社会問題」は以前はどのように取り扱

われてきたのだろうか，その扱いはどのように変遷してきたか，という視点も大事だ。そうしたことにも目を向け，自分が扱う調査テーマを長い時間軸のなかで捉えなおして見ると，そこにはまた新たな発見や気づきがあるだろう。

4　「社会問題」にかかわる社会調査の役割と限界

　第3節では，「社会問題」と思っていたことが実は（自分が想定していたような）「社会問題」ではなかった，というわたしの失敗談を紹介した。では，調査者は社会調査を通じて「社会問題」にどう関わることができるだろうか。

　社会調査の役割および社会調査ができることは，対象の実態を把握すること，対象に関して従来とは異なる見方・視点に気づくこと，調査対象の人びとのこれまで明らかにされてこなかったような考え方や価値観を知ること，それらを分析し結果を報告書等で公表することで社会に広く伝えること等である。逆に，社会調査だけではできないことの一つが「社会問題」そのものの解決だ。社会調査の成果が結果的にそこでの問題や状況の改善に役立つことはあるかもしれないが，当然ながら社会調査だけでは社会は変えられない。

　同時に，調査対象や調査テーマをめぐって利害関係が複雑である状況では，社会調査として調査現場に関わり，ある一方の側だけからしか話を聞かず，その主張だけに基づいた研究成果を示すことは調査現場の混乱や問題をより複雑にする恐れがある。調査者は，すでにそこに存在する問題を悪化させないように注意して行動，発言する必要がある。

　また，調査結果に基づいて「社会問題」の存在やその加害構造等について調査者・研究者が問題提起をおこなうこともある。[4]また，長く当事者らには疑念をもたれてきたが，客観的に根拠を示すことができなかった問題に関して，研究者が関わり社会調査がおこなわれることによって問題の所在および構造が明確化されることもある。[5]これは特に，人種・民族・出自・経済状況等に基づく差別的取り扱いやその結果としての社会経済的格差を「社会問題」としてクレーミングする際にたびたび用いられる手法だ。

　しかし，忘れてはならないのは，そのためにはあくまでも客観的，かつ科学

的に正確なデータを根拠として示した説明が必要だということだ。アリス・ゴッフマンは，米国・フィラデルフィアにおける黒人の低所得コミュニティでの長期にわたる参与観察調査をおこない，その結果から，警察の取り締まりや大量投獄を含む法執行機関の対応に内在する差別構造の存在とそれがより安定的な就職から黒人の若者たちを疎外し，貧困や刑罰化の再生産をもたらしていると指摘した（ゴッフマン，2021）。この指摘そのものは，長年にわたる米国での黒人差別とそれを維持し続けている差別構造の問題に切り込むもので，「おそらくそうした差別の構造があるのではないか」と薄々感じていた人たちは膝を打つ思いで共感しただろう。しかし，出版後しばらくしてから数多く指摘されたことは，ゴッフマンの主張に対する根拠の希薄さやデータ取り扱いの不正確さであった（Cohen, 2015; Forman Jr., 2014; Lewis-Kraus, 2016）。

　このことはラポールの問題，特にオーバーラポールとも大きく関係する。ゴッフマンは，「付録　方法論ノート」で，もともと対象者らとは人種，社会階層等が異なっていた自分がそれゆえに対象者らと行動をともにするなかで生活様式，生活習慣，嗜好のあらゆる面において対象者らとできるだけ同じような行動をとるよう心がけて実行した経緯を説明している。そして，その結果として本来自身が所属していたはずの社会集団（中流層の白人が多い大学院）に強い違和感を覚えると同時に知らず知らずのうちに対象者と同じような思考，言動をとってしまったことが述べられている（ゴッフマン，2021）。

　参与観察調査を通じて対象者の見方，生活世界を把握することは重要で，調査現場に入り込み，対象者と距離が近くなればそれだけ取得できるデータの密度も深まると同時に，心情的な共感等も生まれ，ものの見方や捉え方も同一化しやすい。これは往々にして表裏一体であるため，完全に避けることは難しい。しかし，対象者の代弁者となるために社会調査を実施しているわけではないことを常に思い出そう。対象者とは異なる観点，反対の立場からの観点でも物事を見るように心がけることでバランスが取りやすくなると同時に，双方の議論に欠けている根拠や論理性に気づくこともできる。そうした作業を重ねることで，調査者自身が主張しようとしている分析結果に何が足りないのか，何を補強すればいいか，自ずと見えてくるだろう。

5　当事者参加の社会調査の試み

(1)　「調査する側」「調査される側」の力関係の非対称性

　長い間，社会調査では，調査する側が特定の人びとにまつわる情報（とりわけプライバシーに関わる情報）を一方的に取得するだけで，その還元についてほとんど考慮されることがなかった。いつの時代もその時「社会問題」とみなされる事象は多くの人びとの関心を集め，たびたび社会調査のテーマとされてきた。つまり，特定の地域・社会集団等に多くの調査が集中してきたのであり，そこで指摘されるのが「調査公害」である。これは，社会調査を通じて対象者・対象地域やその関係者に不快な思いをさせ，迷惑をかけ，場合によっては実害を与える行為を指す。

　そうした調査公害の被害を被った側は「二度と社会調査に協力などするものか」と思っても，そのクレームや不満を広く社会に訴えることができる者ばかりではない。ここに「調査する側」「調査される側」の力関係の非対称性がある。

　こうした状況が長く続いてきた一方で，近年，繰り返し「社会問題」として扱われてきた側の意見に耳を傾けることの重要さに関する指摘やそのための実践がなされている。これに関わる海外の事例を次に紹介しよう。

(2)　当事者らによる倫理的な調査のためのマニフェスト作成

　わたしは，先に紹介した寿町に加えて，カナダ・バンクーバーの低所得地域 Downtown Eastside（DTES）（**写真6-2**）でも2012年から参与観察をおこなっている。[6] DTESは北米でも知られた低所得地域であり，これまで貧困，ホームレス問題，薬物等の依存症，ジェントリフィケーション等を課題とした多分野かつ多数の学術調査，メディア取材，映像製作，アート製作等の対象とされてきた。2010年～2018年にDTESを扱った英語の査読論文，学位論文，研究レポートは500本以上もあった（McKay, 2021）。

　調査等が集中する地域であることは，それらによる弊害，被害も多数生みだ

されることと同義であり，
長年，DTES の住民たち
は調査公害の被害を受けて
きた。その結果，多くの住
民が調査，調査者に対する
根強い不信感を持ち，「人
間として扱われない」「自
分たちに対する一方的な解
釈がなされ，その大半はス
テレオタイプの強化であり，
さらにその再生産がおこな

写真6-2　バンクーバーの DTES 地区（2015年8月）

（出所）　筆者撮影

われる」という批判をわたしもたびたび耳にした。こうした不信感の背景の一
つとして，DTES の住民やホームレスの多くを先住民が占めていること，先
住民に対する長年にわたる植民地主義的支配，差別的抑圧的政策のなかで学術
調査が一定の役割を担ってきた（加担してきた）ことが挙げられる。さらに，
現代においても常に調査，取材等の対象とされ続けてきた。

　こうした調査公害の問題に対応するため，地域内の公立コミュニティセン
ターの住民委員会は研究者等による調査等の計画に対して審査をおこなってい
る。このコミュニティセンターは地域の中心にあり，図書館が併設され，低価
格の食堂やラウンジ，会議室等を有すると同時に，地域住民を対象にしたイベ
ント，各地域団体の会議等も開催され，長年にわたって地域活動の中心的役割
を果たしてきた施設・機関である。住民委員会は，研究，映像制作等を目的と
した訪問者に対し，調査等の趣旨，期間，成果の公開方法，プライバシー保護
等について説明を求め，月1回の会議で住民委員の多数決で判断する。ただし，
これはあくまでもコミュニティセンター内での調査・撮影等の実施，コミュニ
ティセンターの外観が映像に含まれる場合が対象となる。

　これとは別に，同じ DTES の複数の住民支援団体，当事者団体が DTES で
の倫理的な調査のためのマニフェスト（声明）「リサーチ101」（写真6-3）を
2019年3月に策定し，地域独自の調査倫理委員会の制定を提言した（Boilevin,

写真 6-3　『リサーチ101』（2019年）

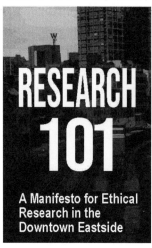

（出所）　Boilevin, L. et. al. *Research 101*

et.al, 2019）。この声明を策定するにあたり，バンクーバー市内および近隣にある州立の2大学の関係機関，関係者が協力し，2018年2〜4月に地域内で30以上の地域団体のメンバー，住民らが参加するワークショップが開催され，そこでの議論が声明に反映されている。

　以下に簡単に声明の内容を紹介する。まず，調査者に対して，自分たちのことを調べる前にあなた自身について開示してほしい，との要請がされる。これは，どこの誰であるか，ということに加え，調査の動機，センシティブなテーマに関する調査実施の知識や経験，調査期間や計画，倫理審査をすでに通っているかどうか，トラウマを抱えた調査対象者に対する具体的配慮（とりわけ調査過程での対応）等である。他に，調査課題に関する主義思想や世界観，助成金の有無，調査実施に関する連携先，調査結果の地域への還元方法，調査実施による調査者自身および対象地域が得る恩恵や利益，調査者が対象地域や社会において変化等をもたらすため実施する予定の行動等に関する説明も求められている。

　そしてこの声明は，調査公害防止の配慮が大学等の学術機関における倫理審査に欠けている点も指摘し，その上で地域の協力による調査実施を提言している。ここで重視されているのは，対象者を同等の立場の者として尊重し，調査と対象者の間の対等な関係をつくるという視点である。対象者が調査者の都合に合わせるのではなく，対象者の予定や都合に合わせて調査スケジュールが設定されること，対象者に正当な対価が支払われることなど調査者中心ではない調査計画・実施が求められている。そして，質問内容を対象者や地域の実情により即した適切なものとする作業や調査結果の検討作業に地域住民を加えることを通じて，調査者が自身に内在する偏見に気づくとともにそれの解消を通じて，より地域に開かれた社会調査の実施を目指すことが求められている。

　これは海外の事例だが，この声明で求められていることのなかには日本でも

実行可能なものもあるのではないだろうか。

6　加害者にも被害者にもならないために

　社会調査を実施することによって生じる問題やハラスメントについても事前によく理解し，自分が加害者にも被害者にもならないための対応が必要だ。第7章でも言及されているように，社会調査を通じた調査現場に対する搾取，「調査公害」はこれまでに多数起きている。序文で指摘されているように，調査対象者への倫理やプライバシーの遵守や安全確保には十分な配慮が求められる。

　同時に，社会調査の現場であなた自身がハラスメント等の被害者になる可能性があることも念頭に置き，それらを防ぐための注意や手立てを講じよう。社会調査に限らず，悪気はないが，異文化に対する無知ゆえに相手を傷つける，調査対象地でのマナーや振る舞い方がわからずに加害者になるといったことはたびたび起きている。まずは，調査対象の社会の価値観，マナーを把握しよう。それらのなかには，あなたのこれまでの「常識」とは異なるものもあるかもしれない。しかし，自分は社会調査のために現場を訪れている部外者であることを忘れず，調査対象地の価値観，マナーに反する言動はつつしもう。

　次に考えたいのが，ハラスメントについてだ。先に紹介した丸山里美は学部生時代，卒業論文執筆のために通っていた社会調査の現場でハラスメントに遭ったことを紹介している。このとき，丸山はそのことを誰にも相談できなかったという。しかし，その後，丸山は，支援活動の場において自分と同様の経験をした女性たちが他にもいること，その背景には「支援―被支援」関係におけるジェンダー構造のねじれ（「支援―被支援」関係では強者にある支援者が女性である場合は弱者になりうる）があることに気づく（丸山，2016）。

　人びとが集う場では常に何かしらの力関係が生じる。ハラスメントはそれを背景に生じることが多い。大学のキャンパスではいろいろな形態の力関係（例：教員―学生，先輩―後輩）が見られるが，社会調査の現場でもそれとはまた異なる力関係がある。同時に，ジェンダー，心身の障がい，日本語能力の違い

など一般的に日本社会で力関係の違いを生み出す差異もその場での関係性に影響を及ぼす可能性がある。ハラスメント状況は，場面・関係性によって異なってくる。自分が関わる社会調査の現場での力関係がどのようなものか，そのなかで自分はどのような立ち位置にいるのか（力関係という観点から，ハラスメントをより起こしやすいのか，より受けやすいのか）についても考え，把握しておけると良い。自分だけは大丈夫，と決して思わず，ハラスメントはどこででも起きると自覚しておこう。

　自分が被害者にならないための具体的な手立てとしては，調査者，調査対象者という関係性に応じた適切な距離を保つことがまず挙げられる。例えば，LINE 等の SNS の交換は避け，Ｅメールアドレスは個人のアカウントではなく大学のアカウントを伝えよう。自宅の住所や電話番号を教えることも控えよう。過度に防衛的になる必要はないが，あなたは社会調査のために現場を訪れているのであり，遊びに来たり，友だちをつくりに来たりしているわけではないことを常に意識しておこう。

　一方で，調査対象者やその周辺の人びとのなかには，「社会調査のなかでこちらの個人情報やプライバシーを聞いたのだから，そちらも自分のことを教えて当然だ」と考え，聞いてくる人もいるかもしれない。もしそうしたことに少しでも抵抗を感じる場合は指導教員に相談しよう。自分は何が嫌かをはっきり相手に意思表示することは大事だが，状況や関係性などから難しい場合は，遠慮せずに指導教員や現場あるいは周囲の信頼できる人に相談しよう。

　そして，「ハラスメントかもしれない」と気になることが少しでもあったときは我慢せず，指導教員や周囲に相談し，決して１人で抱え込むことがないようにしよう。場合によっては，「ハラスメントとみなしていいかどうか」迷うこともあるかもしれない。特にあなたが女性，性的少数者，ミックスルーツ，在日外国人等であったり，障がいを持っていたりする場合，あからさまな差別ではなくとも，自分の属性や外見等に関して気になることを言われる場面があるかもしれない。取り立てて「差別語」というわけではないが，言われた方はどこかもやもやした，嫌な気持ちが残る。それらは「マイクロアグレッション」である可能性がある。マイクロアグレッションとは無自覚の差別・偏見に

よる悪気のない発言によって相手を傷つけ，貶める行為を指し，褒め言葉のつもりの発言も含まれる。もしも，このような気にかかる経験があった場合も指導教員や周囲の信頼できる人に相談しよう。同時に，自分が調査対象者に対してマイクロアグレッションをおこなわないよう，調査対象の社会についてよく知り，注意して行動することも必要だ。

7 社会調査が目指すものとは

第4節で「社会調査だけでは社会は変えられない」と述べたが，そのことは，どうすればその「社会問題」を改善することができるのか，自分が実施する社会調査はそのために何ができるのか，という問いを放棄することと同義ではない。これらの問いは簡単に答えが出るものではないし，むしろ出すべきでもないだろう。

調査現場のことを一番知っているのはそこに暮らす人びとであることに留意した上で，かれらは自分たちに関わる何を知りたいと思っているのか，かれらにとっての「社会問題」とは何か，について調査を通じてよく知り，よく考えよう。そこでの思考の過程は，これは誰にとっての社会調査なのか，その「社会問題」の改善や解決のために社会調査は何ができるのか，という深い問いにつながっていく。そして，そのことは「社会問題」にかかわる社会調査およびそれに携わる調査者が目指すものへの気づきと発見をもたらすはずだ。

(山本薫子)

注
(1) 「社会問題」の構築については中河 (1999)，赤川 (2012)，ベスト (2020) 等を参照。
(2) 精神疾患，セクシュアリティ等に関する「社会問題」の構築やその歴史については，フーコー (2020)，赤川 (1999) 等を参照。
(3) 以上に関連するフィールドワークで直面した課題等については (山本, 2008) 参照。
(4) 公害問題に関する環境社会学の成果等を参照。
(5) 就職面接等で人種の相違が無意識に及ぼす評価の違い，警察等による人種プロ

ファイリングに関する米国等での研究成果を参照。

(6) 調査結果の一部は（山本，2014；2016）を参照。

(7) これは，カナダで長年先住民の子供を親から引き離して白人化させる政策がおこなわれてきたこと，そこで多数の子供が部族の文化や言語の喪失，暴力，性暴力を受けてきたことと関係している。そのようにして育った子供が成人した後に依存症，家庭内暴力，暴力行為につながり，その子供がまたトラウマを抱える，つまりトラウマが世代を超えて連鎖する，という理解がカナダでは広くなされている。

推薦図書

Boilevin, L. et. al. (2019), "Research 101: A Manifesto for Ethical Research in the Downtown Eastside". https://dx.doi.org/10.14288/1.0377565
カナダ・バンクーバの低所得地域 Downtown Eastside で活動する複数の住民支援団体，当事者団体が地区内での倫理的な調査のために作成したマニフェスト（声明）。

第7章

日本・世界の地方社会における調査と準備

　本章では，地方社会で調査をする際に準備しておくべきことや考えておくべきことを紹介する。大都市と地方の差がある一方で都市の調査をする際にも配慮しなければならないこともあわせて示している。スケジュールには余裕を持つこと，調査準備を十分におこなうこと，相手と時間を共有することの大切さ，調査設計における予断リスク回避など，当たり前のことのように見えるが，意外とわたしたちの思い込みや準備不足から失敗することも多い。ここでは北海道・青森県の町村やケニアのトゥルカナなどでの例をあげながら，地方社会で調査する際に留意しておく諸点について確認しよう。

1　はじめに

　多くの大人は若者が大好きだ。大人だけでなく，若者も若者が好きなのかもしれないし，若者は多くの人を魅了する。そのように感じたのは社会調査に携わるようになってからだ。例えば，地方国立大学である弘前大学の学生が企画した市民調査（量的調査）では調査票の有効回収率が5割を超えるのに対して，社会調査を専門とする研究者が企画しても3割程度しかなかったりする。研究者のインタビュー調査には渋い顔をする地域の人も大学生の頼みであれば応じてくれることがままある。

　わたしが関西から北東北，本州の北の果てに着任したのは20代の若者のときだった。親密性と関わるポピュラー文化の社会学を専門としており，人口の少ない周縁地域とみなされる青森県でどうやって調査をしたらよいのか，途方に暮れていた時期でもあった。社会学者のくせにおそろしいほど地元社会のことを知らなかった。一方で，当時は20代の若者であったがゆえに多くの方々の調

査協力を得ることが可能だった。青森県のいろいろな場所に出かけてゆき，そこに住む人たちとおしゃべりをしたり，お酒を呑んだりして，いろいろと教えてもらった。その頃，下北半島のある地域で出会った地域活性化の中心的役割を担う女性に言われたことを今でも覚えている。

「東京のような大都市や弘前のような地方都市から，多くの大学生がやってきて，地域活性化について卒業論文を書きたいからいろいろ教えてくれ，と言われて，教えてあげたりさまざまなものを見せてあげたりしたけど，その後，誰も連絡をくれた人はいないのよ」という。わたしは自分自身が指導した学生たちのことではないものの，「すみません」と口にした。社会調査では，結果報告（出来上がった論文やレポート，報告書など）やお礼（対面でのあいさつや心のこもったお手紙など）は重要だということを教えているはずなんですけど，と口ごもりながら，気まずい気持ちに耐えた。今思えば，未熟な若い研究者であるわたしに対するけん制だったのかもしれない。

　いったん社会調査を企画・実施するならば，時間や労力，そして場合によっては経済的なコストもかかる。とくに時間はとても重要である。約10年前の事例を紹介しよう。下北半島の佐井村で箭根森八幡宮例大祭の調査を，同僚である地域社会学者の平井太郎氏と一緒に，社会調査実習として数年間継続しておこなった。お祭りでは，神楽が舞われ，男性たちが女性の着物の下着である長襦袢を華やかにまとって歌を歌いながら山車を引く。「伝統的」には女人禁制の男性のみが参加を許される祭りである。しかし佐井村の人口は，社会調査実習を実施した頃（2013年）で約2,000人，現在（2023年）では2,000人を切ってしまった。人口減少により祭りを維持することが難しく，村では電源開発の企業に応援を頼むなどして何とか継続していた。当時の村の地縁組織にとって社会調査実習を受け入れることは，祭りを維持する上で必要なことのようであった。しかし大学生は男性のみではない。村側では不承不承ではあるが女子学生の参加も結果的に容認することになった。男子学生のみに手伝ってもらいたいというのが本音であっただろうが，大学の社会調査実習に依頼する以上，譲歩するよりほかなかったのだろう。

　その大祭の日，予定では学生たちが法被を着て参加することになっていた。

写真7-1 観察をする社会調査実習生

しかし当日になって急遽，地縁組織のメンバーから「学生たちが祭りの準備を手伝いにきてくれて，せっかくの祭りなのに法被じゃつまらないだろう」とそれぞれが持っている「襦袢」を学生たちに貸与していた。お祭りでは，男性がド派手に飾りをつけた「襦袢」を披露する。佐井村で「襦袢」を着ることを「もよる」というが，派手に衣装をもよった大学生たちは嬉しそうに山車の運行を手伝っていた。

　社会調査実習では，この祭りの調査のために大祭の丸3日間と前後1日ずつの5日間（4泊5日），またその準備のために6月頃に1泊2日で村を訪れ，その後も大祭までに何度か顔合わせなどをおこなった。弘前大学から佐井村までは，公共交通機関で6時間から7時間，車で行っても5時間はかかる。ある意味で弘前からは東京よりも遠い場所に位置している。また大祭では，準備などを含めて，ほぼ徹夜で祭りが続き，若い大学生であっても寝不足で体力的に厳しいお祭りである。またお酒も入り，喧嘩も頻繁に起こる。1年目は，村の人と大学生が喧嘩し，わたしも後日お詫びに行った。毎回，この実習の本調査の際には問題が起こった。概ね「村の人と（場合によっては学生同士で）喧嘩した」とか「泣いた」とか「蜂にさされた」とか「ハラスメントされた」とかいった問題の後始末に奔走してばかりの調査実習であった。

　青森県という同じ地域の文化であるにしても，社会調査実習という授業のなかで，わたしたちは異文化を経験していた。このような「ゆるくない（きつい）」地域活動にどっぷりと浸かってがんばる姿をみて，村の人たちはド派手な衣装をもよるという楽しみを大学生に与えてくれたといえる。

　佐井村との交流3年目の大祭の際，他の大学の大学生が1日だけ昼間の山車の運行を手伝うという名目で地域演習の授業で参加した。かれらは法被を借り

て運行についてまわった。引率していた教員が「弘前大学の学生はあの（かっこいい）衣装を着せてもらっているのに，なぜうちの学生は法被なのだ」と不機嫌になっていた。しかし村の人たちは，その教員を相手にしなかった。

　その他大学の授業に対して「たかが１日やってきて観光気分で表面的なものだけみて地域演習といえるのか」と個人的には感じたが，調査のコストパフォーマンスを考えるならば，それも仕方がないかもしれないとも思っていた。ただし調査者に対する村の人たちの対応はまったく違うのだから，どちらが良い調査が可能なのか，深い理解に到達できるのかは説明するまでもないだろう。

　祭りのような地域活動はそんなに「ゆるい」わけがない。困難な社会や現象を調査するのであれば，調査者にも相当の覚悟が必要である。社会調査をもとに研究するというのであれば，大学生も教員も両者ともに，時間も労力も金銭もかけて調査するということについて腹を決める必要がある。調査に協力してくれる人びとは，それ以上のものをわたしたちに与えてくれることに思いいたるならば，当然の心構えではないだろうか。本章は社会調査をする際に（心理的にも経済的にも）準備しておきたいことを紹介したい。

2　スケジュール──時間を充分にとること

　J・ロフランドとL・ロフランド（1997）は社会調査の方法について細かくまとめている。そのなかで意味のある情報を得るための対象と関わることの重要性を記述している。質的調査のハウツー本であるが，量的調査でも同じことがいえる。調査者を信頼してもらえなければ，良いデータは得ることはできない。

　「タイパ（タイムパフォーマンス）」という言葉が一般化しているが，人間との関係の良好さとタイパは反比例するというのが実感だ。研究に有用な情報を得たいのであれば，時間をかけて調査対象者と良好な関係性を構築するしかない。現在，社会学を専門とする研究者の量的調査の有効回収率が低いのも，大学教員が忙しくなりすぎて，時間を割いて対象となる社会との関係を構築しないからである。とくに20代や30代の若者調査では，郵送法だと約２割の回収率しか得られない。調査設計だけをおこなって，調査会社に調査票の回収をまかせる

方法はコストパフォーマン
スが良い。ただし回収率を
あげることは，信頼関係が
ない以上，難しいものであ
る。社会学者のなかには，
調査会社任せにはせず，自
らも調査票回収にまわると
いう強者がいる。かれらの
調査，いやそのようにして
回収されたデータは信頼で
きる。

写真7-2　大量に差し入れられたイカの腸をとる学生たち

　またわたし自身も北海道オホーツクでおこなった条件不利地域（教育や医療
などの社会的条件が不利な地域）における調査を設計した際，自身で調査票の回
収にまわった。その際，回答者から「郵送やネットなんかでお願いされてもよ
くわからないし協力できない。でもここまで大学の先生が直接来たからにはも
ちろん協力しますよ」と言われたこともある。

　先にも触れたが，調査の専門家がこの為体である一方で，地方の大学生が調
査を企画するならば，回収率が良い。弘前大学の社会調査実習において，ラン
ダムサンプリングによる訪問回収法でおこなった市民アンケート調査ももちろ
ん回収率が良かったが，郵送法で行った市民調査でも回収率が5割を超えてい
た。なぜなら，大学生が当該の地方社会で生活し，アルバイトなどで労力を提
供したり，店で買い物をしたり，カフェやレストランで消費するからである。
津軽，青森の社会では，弘前大学の大学生と地域社会との関係性が構築されて
いるのである。これが回収率にあらわれたのだ。

　もし質の良い調査データが欲しいのであれば，量的調査であろうと質的調査
であろうと調査者は対象となる社会に対して何かを差し出し，関係性を構築す
る必要がある。インタビュー調査や質的調査を手法とする場合は時にわかりや
すい。対象となるインフォーマントに対して，かけた時間に比例して良い情報
が得られる可能性が高まる。卒業論文執筆のための調査では，概ね半年程度は

写真 7 - 3　トゥルカナ・ロドワの街でインタビュー調査をする筆者

頻繁にインフォーマントに会いに行き，仕事を手伝ったり，家事を手伝ったり，何もしないでただぼーっと一緒にいることが重要となる。関係性が構築されたことの証となる仕事や家事を手伝わせてくれるまでにも時間がかかるが，何度も通えばいつかはドアが開く。この場合，最初が肝心であり，半年間の調査であっても最初の 2 週間は毎日通うとか，最初の 1 ヵ月間は定期的に週 3 日とか，詰めて実施すると良い。週 1 日とか月 1 日しか開催されない会合などであるならば，調査を休んではいけない。体調を万全な状態にしてその貴重な時間に挑む必要がある。

　そして，調査の後に別の予定を入れることも避けたほうが良い。調査対象者から食事や何か別の会合などに誘われたら確実に行けるようにしておくことも肝要である。そして何よりもフィールドノートを書くためには，調査の後，時間をとる必要がある。わたしがおこなった初めての観察調査は，ケニアの牧畜民であるトゥルカナが対象であった。テントや寝袋，水や食糧を持参して現地に入り，トゥルカナの家族とともに暮らし，観察調査をおこなった（写真 7 - 3）。毎晩，1 時間から 2 時間程度，テントにこもってフィールドノートを書いたが，情報をきちんと記せたかどうかは自信がない。たまたまケニアで一緒になった生態人類学者はフィールドノートを記すために，毎晩 4 時間は確保していると言っていた。

　わたしのフィールドノートを読み返すとまずは悪口やそのときの気分ばかりが書かれている。読めたものではないし，絶対に他人に見せたくない代物であ

る。しかし悪口を書き尽くした段階で，その日に観察されたさまざまな情報が記述されている。感情をコントロールすることに長けたフィールドワーカーであれば，このようなことはないのかもしれないが，おそらくそんな人は社会調査に興味を持たないのではないかと思われる。悪口をいったん吐き出した後に，観察した情報を充分に記述しておくためには4時間くらい必要なのかもしれない。このフィールドノートの後半部分をもとにフィールドノーツは作成されるのだから（第3章も参照）。

3　調査準備は十全に

　自身が所属しているわけではない社会で調査をする際には，さまざまな準備がいる。例えば，東京や弘前から条件不利地域社会にいきなり出向き，何の準備もなく調査をすることにはかなり問題がある。調査法の授業で習うノウハウではあるが，再度確認しておこう。

　まずやるべきことは，その社会がどのような場所にあるのか確かめることである。首都圏からのアクセスについて公共交通ではどのような手段があるのか，交通費はどの程度かかるのか，宿泊施設の有無などを調べておく必要がある。また人口はどれくらいか，生業は何か，産業構造はどうなっているのか，地域文化についても，すでに公表された情報をもとに勉強しておく必要がある。他の研究者がその地域で調査研究をしているようであれば，その論文や著書などを入手し，読んでおく必要がある。社会学ではあまり問題にはならないが，民俗学や歴史学といった隣接領域においてすでに対象地で調査がおこなわれている場合，勝手に調査をおこなうことで別の研究者の研究を荒らしてしまう危険性もある。もし先達がいるのであれば，調査地に入る前に連絡をとり，情報交換をしておくと問題を避けることができる。とくに条件不利地域のような地方の小さな社会の場合には重要な準備である。怠ると「研究者がよってたかって人びとの生活の邪魔をした」などの誹りを受けるような調査被害を生じさせ，社会学全体への悪い評価にもつながる。

　国内調査とは異なって，国外で調査をおこなう際に準備しておく必要がある

ことは，調査対象国から調査許可証を得ることである。日本国内で日本の大学生が地域調査を実施する際には，社会調査の専門家の指導を受けながらおこなえば良いが，国外調査はそうはいかない。社会データは，当該社会に所属する人びとに帰属する情報である。したがって外国人が調査をする際には，当該社会の許可が必要となる。また採取された学術データは，学術目的が第一であったとしても当該社会の人びとに役立てられるべきものでもある。また，開発途上国などの社会を調査する際には，搾取という問題にも配慮する必要がある。国家間で経済格差や社会格差がある以上，富める者が貧しい地域の社会情報を搾取することになってはならない。したがって，開発途上国などの調査許可を得るためには，現地の研究機関などへの学術データの提供や行政などへの調査報告の提出などを誓約することになる。

　先述したように，わたしは2006年から10年間，毎年2ヵ月程度，ケニアのトゥルカナ牧畜民のモバイルメディア利用調査を実施してきた。トゥルカナはケニア北部にあり，ウガンダとエチオピアと南スーダンとの国境あたりにある半砂漠地帯である。首都ナイロビから約800キロ離れており，世界的にみても最も条件不利である地域の一つである。とくにわたしの調査対象地であるカクマ周辺の地域に居住する一般的なトゥルカナの世帯には，水道や電気などのインフラ設備はなく，トイレやお風呂もない。干ばつが頻繁に発生し，飢餓で人が亡くなることもある。

　わたしのホストファミリーは地面の上に布などを敷いて眠る。日本人のわたしがフィールドワークをおこなうためには，生活のために最低でもテントを担いでいく必要があった。またトゥルカナでは，公用語のスワヒリ語や英語の使用は少なく，トゥルカナ語が主に使用されている。トゥルカナ語には独自の文字がない。アルファベットをあて字にすることがあるにはある。しかしそれも教会のトゥルカナ語辞書のようなもので稀に見る程度であった。トゥルカナでは公用語の識字率は当時で1割程度であり，ナイロビの9割を超える識字率と比べ，非常に低い識字率であった。2000年代初頭，このような条件不利地域であっても携帯電話の普及がはじまっていたので，わたしはその普及過程の調査に挑戦していた。

　2006年に初めて調査を開始した際に，調査許可証を取得するためにナイロビに滞在した。現在では，インターネットでの通信が発達したため，日本学術振興会ナイロビ研究連絡センターにサポートしてもらいつつ，ある程度まで日本にいながら書類提出の準備を進めることができるが，当時はナイロビに入ってから準備しなければならないことが多かった。

　国によって行政処理の効率はまったく異なる。当時のケニアでは，書類申請してから許可証を得られるまで概ね1週間必要であった。ケニアの文部科学省に許可証申請の書類を窓口で直接提出しなくてはならず，申請してから1週間後にまた許可証をもらいに行く必要があった。当時，受付をしてくれたケニア政府の行政職員に指示された日に授受に行くと「まだできていない」と言われ，その後日参し，何とか許可証を入手した。そのことをナイロビで知り合った日本人研究者に「1週間も10日も待つのは大変ですね」とこぼしたところ，1990年代までは1ヵ月から2ヵ月，調査許可証が出るまでナイロビにとどまり，待つのが普通だったのだと教えられた。

　ケニアで調査をしてみようと思い，調査設計をおこなった際，わたしは2週間の渡航予定を組んでいた。調査許可証をとるまでに1週間から10日間もかかるという想定がなかったのである。その予定について相談した先輩の研究者から「トゥルカナで調査するのであれば，最低3週間は必要。1ヵ月でも少ないくらいだ」と助言され，約2ヵ月弱の予定を組んでおいたので余裕を持って待つことができた。

　当時，わたしはトゥルカナに向かってナイロビから旅立つことができたが，ケニアとの国境周辺のウガンダで調査をしようとしていた人類学者はナイロビにとどまっていた。なぜなら，ウガンダの国内紛争が激化し，爆撃が続いていてフィールドに入れないということであった。トゥルカナでは爆撃のような極度の紛争はなかったが，レイディング（家畜の強奪）などの小規模な紛争はあちこちで生じており，銃撃音を聞くことは稀ではなかった。トゥルカナに向かう際にも，ケニア国内の情勢をナイロビや道中の街や村でしっかり集めて，リスク管理をおこないつつ調査地にアクセスする必要があった。橋が大水によって流されていたり，紛争が激化しているため，武装したボディガードを車に乗

写真7-4　トゥルカナで出会ったケニア国勢調査

せるよう途中の街で指示されたりすることなどもあった。また現地に向かう途中の村で足止めとなることも頻繁にあった。

　現在はケニアの新聞，「ネイション」などをインターネット上で読むことができる。しかし現地の確度の高い情報を収集するためには，在住の人びとから協力を得る必要がある。これは，海外で調査する際だけでなく，日本国内の地域社会で調査する際にもいえることである。調査対象の社会でフィールドワークをすることは，インタビューなどの質的調査をおこなうにしても量的調査をおこなうにしても必須要件である。地方社会に行くと，定時の村内放送や有線テレビ放送などがあったり，地域FMラジオが流れていたり，コミュニティのなかだけでまわる紙媒体の情報紙があったりする。これらの地域メディアが流している情報を持っているのと持っていないのとでは調査の質が大きく変わってくる。

　日本国内では，特別な調査でない限り，調査許可証を取得する必要はない。しかし条件不利地域や地方社会で調査をするのであれば，まず調査の相談に行政に行ってみることが必要である。市町村の概況に関する資料を販売してくれる場合もあるし，知りたいことをどこに行けば得られるのか等，インフォーマントのインフォーマントの役割を果たしてくれる。また，学生の調査であっても当該地域で実施されていることを行政に伝えておくことは対象社会にとって重要である。わたしは，行政に相談に行くと必ず「どこでお昼を食べるとおいしいですか？　おすすめのお店を教えてください」と最後に聞くことにしている。そしてそのお店でランチをとり，情報収集をする。

　3月に卒業を目指す大学4年生が卒業論文執筆のため，社会調査を手法として地域研究をおこなうのであれば，4年生の6月末までに上記の準備をおこな

い，7月にフィールドワークをおこない，8月と9月で本調査を実施し，10月に分析をして11月から執筆を始めるというイメージだろう。早めにとりかかるならば，3年生の夏休みにフィールドワークをおこなってもよいかもしれない。

4　お金ではなく素敵な時間を

　以上のような準備を経て調査ははじめられる。

　概ね，初調査でお会いするインフォーマントは，怪訝な顔をして現れる。調査者も不安を抱えて調査しているが，当然，協力してくださるインフォーマントの方々にも不安があるものなのである。この不安を取り除くのには，やはり共食が効果的だと思う。喫茶店でお茶をしたりケーキを食べたり，場合によっては，夕飯をとったりお酒を呑んだりすることでお互いの人柄がわかってくる。2020年春のパンデミックによって，このような行動に制限がかかりフィールドワークが難しくなった時期もあったが，できないときには代替手段をとりつつ時期を待ち，制限が解除されれば共食すればよいのである。

　共に食事をとることは，時間をかけているという意識を調査者とインフォーマントの両者にもたらす。よく知らない人と食事をする時間があれば，別のことに時間を使いたいと思うのは普通のことである。誰でも，仕事や家事，趣味や親しい人たちとの活動に限りある時間を費やしたいものである。研究者は多忙であることが多いので，情報だけ収集して，食事や無駄な雑談には時間を使いたくないと思っている調査者もいることは否めない。ましてインフォーマントは，情報提供をしたことによる見返りはほとんどなく，謝金が支払われる場合においても，その分だけの情報提供で済ませたいと感じるのではないだろうか。現代社会においては，両者ともに「タイパ」を気にする現状がある。これでは，複雑で深い情報を得ることはできない。

　経験的にいえば，雑談をして，美味しい食事とともに楽しい時間を過ごし，お互いを知ることで，相手の役に立ちたいという感情が共有されることが多い。また映画やドラマなどでも，信頼関係を構築するために昼食や夕食を共にするという社会関係的な戦略は多くみられるので，一般的な経験だといえる。時間

を共有することなく，経済的に調査効率を上げようとすることは表面的なデータしか得られないという結果を生みがちである。なぜなら金銭が介在する調査では，「支払われる（支払う）お金の分だけ」という意識を両者に与え，社会を理解するために協働する方向へと意識を向けにくくなるためである。

　ところで，首尾よく調査のための信頼が得られたとしても，調査者には，対象者との関係性を良好に築いたことにかかわる次なる試練が待っている。

　フィールド調査において，対象者との関係が良好であればあるほど，調査終了の引き際に難しい心理状況に陥ることがある。なぜそうなるかというと，フィールドに入ってすぐインフォーマントに調査説明する際に終了のあり方を説明しなかったり（できなかったり），想定以上に関係性が親密になったりすることで名残惜しくなってしまったりするからである。もう一つは，調査疲れからくる「調査を終了したい」という調査者側の意識が罪悪感を伴う心理状態になることによる。もちろん，時間に限りがあるため，対象となる社会との関わりが薄くなっていくことはあるが，生きている限り，薄く長く対象社会と付き合っていこう，という調査のあり方もある。数年に1回程度，調査地に連絡したり，挨拶したり，雑談をする，ご無沙汰を詫びながら年賀メッセージやチャットのやり取りをする，ということでも良い。学生時代の友人と同様，何年経っても会えばいろいろと話ができるという関係性をインフォーマントと継続していけるならば，それはとても幸福な関係であるだろう。時間の感覚を少し伸長することで，次のより良い社会調査にもつながるはずである。

5　社会調査の再帰的プロセス

　改めて確認するまでもないが，社会調査の目的の一つは社会を客観的に捉えることである。したがって予断を持って調査を設計すると失敗する。そのような失敗について，筆者の経験から以下，紹介していこう。わたしのような失敗を上手に避けて，読者のより良い調査設計の一助にしてほしい。

　人は見たいものしか見えないし，聞きたいものしか聞こえない傾向があることは否めない。そしてそのような傾向が強い研究者であるならば，より良い社

会調査を実施することが難しくなる。自分自身の仮説や主張が間違っているという可能性を想定できない調査者がおこなった研究では，目的に沿った調査を実施しておらず，問いに対して妥当するデータが得られていなかったり，プロトコルにしたがった調査がなされていても，得られたデータを都合よく解釈していたりする。それは，社会認識をゆがめ，社会の把握に関わる間違いを助長することにもつながる。このような悲劇を避けるためには，社会調査において常に修正をかけていくような再帰的プロセス（何度も反省し変化する過程）が重要となる。

　再帰的であるためには，いくつか対策がある。ここでは3つ紹介したい。1つ目は，さまざまな情報を組み合わせて解釈することである。2つ目は，チームで研究をすることである。3つ目は，調査を1度きりでやめないことである。

　社会調査を手段とする研究では，自然科学の実験などとは異なり，検証が難しい側面がある。人間相手では，同じ手順で同じ対象に調査をおこなったとしても，100％同じデータを採取することはできない。もちろん社会調査のなかにも検証可能な手法もある。例えば新聞や雑誌を利用した言説調査であれば，同じ手順で同じ調査をおこなえば，誰が調査しても得られるデータは同じである。一方で，人間を対象としている量的な意識調査や質的なライフヒストリー調査，インタビュー調査では無理なのだ。したがって社会調査のデータ分析においては調査者の独りよがりの解釈や間違った解釈の入り込む余地が大きくなる。この陥穽を避けるために調査のデータだけではなく，先行研究のモデルや結果，関連したテーマの異なる調査の成果などさまざまな視点から解釈の妥当性について検討がなされなければならない。

　このときに収集されるべき情報は先行研究の成果のみならず，新聞や雑誌などから得る言説やさまざまな統計データ，文芸作品や写真・映画，ネット情報や対面のおしゃべり等から得られる情報であり，節操のないものである。これらのさまざまなタイプの情報を組み合わせて構成し，解釈が妥当かどうかを吟味する必要がある。複数の情報を組み合わせながら，複数の解釈を検討することで妥当性が高まっていく。

　そして解釈を公表する前に専門を同じくする者が調査成果を評価・検討する

ピアレビュー（仲間の評価）にさらすことで再帰的に解釈を修正していくことができる。もちろん質的調査は1人で実施することが多い。観察調査にしても，インタビュー調査にしても1人でおこなうことを想定している。このような調査を1人で実施するにしても，その成果を公表するまでに，複数の目にさらす必要がある。近接の関心を持つ研究者や教員，仲間たちに調査データの解釈について意見をもらい議論を重ね，さらなる修正を重ねていくことが必須の作業となる。

　最後に，1回きりで調査をやめないことである。はじめておこなう調査はそれほどどうまくいかないものである。調査の設計に工夫を加えて，何度も修正をしていくことで社会の理解に近づくことができる。もちろん何度調査をおこなっても理解が完璧になるということはない。それでも少しずつ理解が深まる感覚を得ることはできる。そして完全に理解することができないがゆえに，調査を複数回実施してデータを積み上げ，解釈を変更していくことこそ，社会調査から社会を理解しようとする社会学者の態度だろうと思う。ここでわたしの経験から，社会調査の失敗の例を2つ披露しよう。

6　恋愛＝好きとは限らない

　地方社会における問題といえば過疎であり，人口減少である。もちろん，これは日本全体にとっても重大な関心事である。社会減に関わる人口移動もその要因だといわれることもあるが，より重要な要因は少子化であり，その背景には晩婚化や「草食化」がある。つまり，人口減少について把握しようとするならば，出産にいたるまでの恋愛行動や結婚行動，そして性行動について調査する必要がある。

　わたしが実施した恋愛に関する初期のアンケート調査のいくつかは失敗に終わったと思っている。なぜなら現代日本の恋愛に関して予断があったからだ。その予断とは「恋愛は情熱的に（もしくはロマンティックに）好きな人とするものだ」というものである。

　初期の調査において「あなたは恋愛交際をしていますか」という質問項目を

設定していた。わたしは浅はかにもこの項目にイエスと回答している人は，好きな人と恋愛をしているのだと予断を持っていた。しかし若者の生活に関わるインタビュー調査をおこなった結果，この仮定がまったく間違っていることがわかったのだ。

　高校生や大学生に恋愛に関するインタビュー調査を実施した結果，とくに進学校に通う高校生は「彼氏とか彼女とかいるやつは勉強ができない」とか「自分の行きたい大学に無事に合格したら恋愛をする」と語っていた。また大学1年生にインタビューした際にも似たような語りがあった。「やっと志望する大学に入って恋人を作ろうと思ってがんばっているけど，もう夏休みなってしまう。周囲の友人は付き合う人が出てきているのに自分にはいないから焦って探している」という。つまり，「好き」という感情が先にあって，告白し，うまくいけば恋愛交際をするわけではないのである。若者たちは，恋愛交際する環境が整ったところで，恋愛感情を持つことができそうな交際候補者を探し，告白し，恋愛交際をしているのだ。

　この結果をもとにわたしはアンケート調査の項目を修正した。まず恋愛交際の有無について質問し，その後に交際相手に対する情熱的な感情の有無を質問することにした。その結果，交際中の若者のうち情熱的な感情を持っている割合は4人に1人であった。もちろん，残りの3人が不誠実なわけではないことも同時に確認している。真面目に誠意を持って交際をしているということもわかったが，情熱的な感情を持っているわけではなかったのである。好きになった人と交際することも恋愛ではあるが，多くの日本の若者は「好きになれそうな人」と交際することも恋愛としている。これは，ワンショットサーベイという1度きりのアンケート調査で実施するような調査では得られなかった知見であった。

7　調査を知らない社会

　もう一つは，トゥルカナ社会においてモバイルメディア利用を調査していたときのことである。5年ほどトゥルカナに通い，少しずつ知人も増えてきた頃，

写真7-5　トゥルカナの小学校でアンケート調査を実施

わたしの調査地の近くにも小学校（のようなもの）ができた。牧畜民であるかれらの生活を量的に把握することはとても難しい。調査地のトゥルカナは，計算のみならず，読むことも書くこともほとんどできない人ばかりであり，日常的に移動が常であるので，定住していない人びとをサンプリングすることもできない。しかし小学校であれば，読み書きを習っているのだからアンケート調査ができるのではないか，と考えた。そこでアルファベットでトゥルカナ語を表現した調査票を作成し，実施した（写真7-5）。目的は，家族のなかで携帯電話を使用している人がどのくらいいるのか，また生徒たちの使用はあるのかどうか，ということであった。これに加えて，生徒たちの生活状況（毎日の朝食や勉強時間など）や進路希望や価値観などを項目として加えていた。

　調査の結果，携帯電話の利用はほぼ見られず，生活状況もよくわからなかった。進路や価値観などの質問もすべて無駄に終わった。なぜなら，アンケート調査をおこなったことのない生徒たちは何を答えてよいのかわからず，概ね，アンケート調査とはどんなものか説明してくれたトゥルカナの小学校教員が出した事例とまったく同じ答えを書いていたからである。生徒たちはアンケートをテストと同じものと考え，自分自身の状況や価値観などを書いたわけではなく，教員が示した「正しい答え」の事例をアンケートに記入していた。

　これとは別におこなったインタビュー調査では，さまざまなことを好きに話してくれるため，生活の状況や家族状況，メディア利用や将来の夢，現在抱えている悩みや困難などがわかった。しかしアンケートからはそのようなデータを得ることはできなかった。

　この試みはまったくの失敗に終わってしまったが，これによってわかったこ

とがある。先進国や文字が読める人びととのあいだでおこなわれているアンケート調査は、アンケートに答えるということが何であるのかということを理解している人たちの社会で可能な手法だということである。アンケートはインタビューと比較するならば、普遍的な手法の一つだという印象があるが、そうでもないといえる。アンケートも対象者が調査者の意図を読み、回答してほしいことをある程度想像しなければ成立しない。このような態度は調査が日常的におこなわれる社会において、そして調査結果をもとに政策決定などを含めた社会や組織の決定がなされる社会において醸成されたものではないだろうか。

　ケニアのような外国の社会だからこのような失敗となったわけではないことも付け加えておきたい。日本国内の調査であっても、アンケート調査票を自ら回収してまわるとよくわかる。呼び鈴を鳴らして、アンケート調査の対象者に運良く面会し、協力を頼んでも「文字を読んだり書いたりするのは面倒」と断られることが少なくなかった。単純に仕事や育児・介護などで疲れているから、時間がないから面倒だというだけでなく、そもそも読み書きが好きではない人びとも多いということである。紙媒体に書くことだけでなく、スマートフォンやタブレットなどで回答することも嫌がられることが多い。

　近年、国勢調査の電子化が進められているが、丁寧なデータを収集するためには完全電子化はしないほうが良い。社会調査を専門としている研究者が、自身でデータを回収にまわるならば、国勢調査の調査員がいかに重要な役割を果たしているのか、再度確認できるだろう。また社会学を志す学生のみなさんには、ぜひ自身の手でデータを収集してみてほしい。

8　おわりに

　2020年の春に生じたパンデミックによって、ここまで示したような社会調査は一時的に難しい状況となった。代替手段として、電話やオンライン会議システムを使用してのインタビューが頻繁に利用されることとなった。これにより、飛躍的にメディア環境が整った。そしてメディア環境の整備は今後の調査にもより良い影響を及ぼすと考えている。

　上述したように，ファーストコンタクトは現地に赴き，対象者と対面で時間を重ねる必要があると思うが，関係性が構築されてからはメディアを上手に利用してつきあっていくことができるからである。社会関係がオフラインもオンラインも重なってくると多忙になる。しかし親密性の濃度は空間を重ねることによっても増していく。社会調査における対象者との濃い時間は，研究成果にも反映されると考えられるが，調査者の社会性にも何らかの栄養となっていくと思われる。

　いつか若者も年齢を重ね，高齢者となる。「若さ」は失われていくものであるから，その魅力のみで社会関係を形成しているといつか悲劇が起こる。社会調査は，社会の理解を深化させることが主目的ではあるが，調査者が関係性を重ねて経験を積み上げていくことで「若さ」に頼らない魅力が形成されるという副産物があるはずだと信じている。

（羽渕一代）

推薦図書

石黒格・李永俊・杉浦裕晃・山口恵子（2012）『「東京」に出る若者たち——仕事・社会関係・地域間格差』ミネルヴァ書房。
　東北から東京圏へと移動する若者の行動や意識に量的・質的調査の双方からアプローチ。とくにインタビューデータは地域に対する主観的事実を反映しており興味深い。
吉川徹（2001）『学歴社会のローカル・トラック——地方からの大学進学』世界思想社。
　地方出身の若者の地域移動の選択にはパターンがあった。丁寧な調査からその「ローカル・トラック」を描いたこの分野の必読書である。
木村絵里子・轡田竜蔵・牧野智和編（2021）『場所から問う若者文化——ポストアーバン化時代の若者論』晃洋書房。
　多様な「場所」に焦点を当て，現代の変容する若者文化を社会調査のデータから読み解く。都市であっても中央と周辺という地理的構造があることを仮説とした若者文化研究の挑戦的な試み。

コラム▶▶ハラスメントへの対処

　社会調査では，楽しいことにも遭遇するが，嫌なことにも遭遇する。海外調査では，スリにあったり強盗にあったりと悲惨な目にあう調査者も少なくない。わたしの場合，ナイロビでは運よく乗用車のミラーを強盗にもぎとられた程度で済んだが，フィールドワーカーたちの悲しい経験は意外と多い。

　調査対象の社会で起こっている現象のみならず社会調査を実施すること自体も人との相互作用であるため，上述のような外国の事例ではなく日本国内であっても，異文化間のコミュニケーションの事故によって嫌な思いをさせられることがあるし，対象となる社会には良からぬことを企てる人間もやはり存在している。

　それでは，どのようにしたらハラスメントを避けることができるのだろうか。答えは「避けることはできない」が正しい。ハラスメントに遭遇する可能性があるという意識を持って行動するしかない。ただし，リスクマネジメントとしてできることは，4つほどある。

　①調査に入る際には周囲の人（先生やゼミナールの友だち）にその調査計画をしっかり知らせておく。②問題があればすぐに相談できる先生の連絡先（携帯電話の番号やLINEが良い）を聞いておく。③調査対象者に渡す連絡先は，できるかぎり大学で使用するメールアドレスなどの公的なものにする。④お酒の席に誘われたときには，1人での参加を避ける。

　最後に，わたしにフィールドワークを教えてくれた社会心理学者の作道信介先生から「モノを盗みたくなるような態度をとってはいけない」と注意されたことがある。ズボンの尻ポケットに財布やスマートフォンなどを入れて持ち歩いたりするなどスリを誘うようなことはしてはいけないという。スリをされたほうも傷つくが，スリ自身も傷つくからだ，と。

　これらのことは些細なことのようにみえるかもしれないが，非常に重要なことであり，リスクを減らすことにつながるだろう。調査者ができることは十全におこなっておきたい。

第8章

広義のホームレスと世帯内貧困を捉える

「貧困」は今やニュースのありふれたトピックの一つとなっている。みなさんも SNS やテレビなどで「子どもの貧困」や「女性の貧困」といったフレーズを見聞きしたことがあるのではないだろうか。メディアで貧困が取り上げられるとき，よく「相対的貧困率」という言葉が使われる。しかし，現実にはこの言葉では捉えることができない貧困の側面がある。このような社会のなかの見えづらい問題を可視化していく上で，本書で扱っている質的調査——例えばインタビューや参与観察，ドキュメントの分析——は一つの有効な手法である。本章では具体的な事例を交えつつ，こうした手法を活用して社会を捉える方法を学んでいこう。

1 はじめに——生活困窮者支援のフィールドへ

今日，「貧困」に関するニュースや報道はごくありふれたものとなっており，わたしたちが住んでいる日本という国に「貧困」という現象があることを否定する人はほとんどいないだろう。しかし，これはつい最近のことであり，少し前までは日本に貧困が存在すると考えない人もいた。もちろん，貧困と呼べるような現象それ自体は常にこの国にあった。しかし，戦後の経済復興と高度経済成長期を経て，「先進国」に仲間入りした日本では「一億総中流」という意識が広まった。こうしたなかで，貧困問題から人びとの関心は離れていったのである。

1990年代に大都市部を中心に野宿者が急増したことにより，再び貧困問題への関心が高まった。また，2000年代には「ワーキングプア」という言葉が民放のドキュメンタリーなどをきっかけに急速に広まり，働きながらも収入が低く

て生活に困っている人がいることが知られるようになった。同じころ，リーマン・ショックをきっかけとした経済危機で多くの派遣労働者が仕事と住まいを失い，大きなニュースとして報道された。さらに最近では新型コロナウイルスの感染拡大の影響で経済的に困窮する人びとが増えていることがしばしば報じられている。

　貧困が再び社会的な関心を集めるのと並行して，貧困に関する調査や研究も盛んになってきた。筆者自身も，学生の頃から都市貧困層の支援活動に関わるようになり，現在は都内で生活困窮者支援をおこなう NPO 法人自立生活サポートセンター・もやい（以下，〈もやい〉）で勤務しつつ研究を続けている。都市の貧困層に関心を持ったのは当時所属していたゼミで読んだ 1 冊の本がきっかけで，そのときはじめて都内最大の寄せ場である「山谷」を知ることとなった。[1]実際に山谷地域を訪れたのは，その本の執筆者の 1 人である先生にお願いして，同地域でおこなわれている野宿者支援活動に参加したときが始めてであった。その際に，現場で中心になって活動している人たちを紹介してもらい，[2]それ以来10年ほど現場に関わっている。この現場では，毎週の炊き出し（そこでは「共同炊事」と呼んでおり，野宿者も支援者も一緒に準備をするのが特徴である）のほかに，東京都が出している日払いの仕事に行けるよう手続きを手伝ったりと，日々の生活と労働にかかわる支援活動をしている。また，行政が野宿者を公園などから追い出そうとしたときには，野宿者と共に抗議したりと，野宿者の生活を守るための活動をおこなっている。

　その活動の一環に，野宿者に対する襲撃への対応がある。山谷周辺地域には多くの野宿者が生活しているが，彼ら／彼女らは日常的にいやがらせを受けたり，ときに投石など命にかかわる暴力被害に遭っている。これは他の地域でも同様で，当時都内各地の支援団体が合同で野宿者に対する襲撃の実態調査を行った。筆者が〈もやい〉を知ったのはこの時が初めてであった。その後，ちょうど〈もやい〉の相談記録を活用した研究プロジェクトが開始され，先生の紹介でそのプロジェクトのためのデータ入力のアルバイトを始め，そのまま相談員のボランティアもするようになった。大学を卒業した後，筆者は海外の大学院に留学したためにいったん国内の現場を去ることになったが，帰国して

から〈もやい〉のスタッフとして勤務するようになり，毎週の相談会の運営や
メール・チャットなどでの相談対応，行政への政策提言などをおこなっている。
　以上のような経緯で筆者は貧困問題の支援現場に立ちつつ，研究をおこなう
ようになった(3)。その過程で，自分が持っていた貧困のイメージや，従来の貧困
の指標では捉えることができない貧困問題の側面にだんだんと気づくことに
なった。本章では，筆者のフィールドワークの経験を紹介しつつ，これまで見
えづらかった貧困の側面——とくに広義のホームレスと世帯内の貧困——に自
身が気づくプロセスを描いていく。読者には，このプロセスを追体験しつつ，
社会問題の現場でフィールドワークをおこなう感触をつかんでもらいたい。

2　「存在証明」が欠如した貧困層

　一口に「貧困」といっても，それが具体的にどのような状況を指すのか，ど
こからどこまでが貧困なのか，人によってイメージするものはさまざまだろう。
貧困問題に限らず，社会問題を語るには何らかの共通認識ないしは前提が必要
である。この共通認識を得るために有効な手段の一つが数値化された指標であ
り，貧困の場合，「相対的貧困率」と呼ばれるものが広く使われている(4)。
　日本では国民生活基礎調査と全国家計構造調査（旧全国消費実態調査）という
2つの調査をもとに，それぞれ相対的貧困率が算出されているが，多くの場合，
前者に基づくものが利用されている。具体的には，1人当たりのいわゆる「手
取り収入」を計算して，高いほうから低い方へ順番に並べ，その真ん中に位置
する人の収入の半分が「相対的貧困ライン」と呼ばれる。このラインよりも収
入が低い場合に，その人は相対的貧困状態にあるとみなされる(5)。複数人の世帯
の場合には，世帯全体の手取り収入を世帯の人数にあわせて調整することで1
人当たりの手取り収入を求めている。
　この相対的貧困率は日本全体の貧困の状態を数値としてあらわすことができ
るという大きな利点があり，その一見したわかりやすさから広く報道などでも
使われている。しかし，筆者は山谷や〈もやい〉の現場に関わるなかでこの指
標の問題に気づいていくこととなった。山谷に関わるようになってまず実感し

たのは，ホームレス状態というのはただ単に屋根のある家で生活していないというだけでなく，社会と接点を持つ上で重要な「住所」の欠如も意味しているということである。住所やそれに基づく身分証はいわば，その人がこの社会のなかで生活していることを証明する「存在証明」（岩田，2008）であり，社会のさまざまな制度はこの存在証明を前提として成り立っている。相対的貧困率を計算するために使う調査もその一つであり，野宿者たちは，こうした調査では捉えることができず，「存在しない者」として扱われてしまうのである。野宿者のなかには健康で日雇いの仕事に従事し，それなりの収入がある人もいるが，多くは相対的貧困ラインを下回る収入で生活している。にもかかわらず，相対的貧困率に野宿者たちの存在は反映されていないのである。

　もちろん，住所がない人びとの生活実態を捉えようという試みがまったくないわけではない。厚生労働省は毎年「全国ホームレス実態調査（概数調査）」を実施しており，野宿状態にいる人の人数をカウントし，5 年に 1 回は聞き取り調査もおこなっている。しかし，この調査では調査員が実際に現地に行って目視で野宿者を確認するという方法を取っており，ほとんどの場合は拠点（テント，小屋など）を持つ野宿者が対象となっており，昼間は流動していて夜になるとダンボールなどを敷いて寝ている野宿者は対象になりづらい。さらに重要なことに，この調査では河川敷や駅舎，公園などの公共空間で寝起きしている人を対象にしているため，それ以外の場所で寝ている人たちを捉えることもできないのである。

　日本では，「ホームレス」というのはほとんどの場合，「野宿者」のことを指している。例えばネットカフェで寝泊まりしている人や，友人宅に居候している人，住み込みで働いている人など，安定した住まいを持っていない「広義」のホームレスは，先のホームレス実態調査でも対象外となっている。筆者も「ネットカフェ難民」といった言葉は聞いたことがあったものの，当初は漠然としたイメージがあるだけだった。それを具体的な社会問題として認識できるようになったきっかけは，〈もやい〉の活動への参加であった。〈もやい〉はもともと野宿者支援から始まったが，とくに対象を限定としていないためにさまざまな人びとが相談に訪れるのが特徴である。筆者がかかわり始めた頃には，

相談に来る人のなかで，野宿状態の人と広義のホームレス状態にいる人の割合はほとんど同じくらいだったように思う。ここでいくつか広義のホームレス状態の相談事例を紹介しよう。なお，これらの事例に出てくる名前は仮名で，複数の事例をかけあわせるなどして個人が特定できないように加工してある。

● 本郷さん（40代男性）のケース

　　本郷さんは九州出身で，高校卒業後は地元で就職し，実家に住みながら仕事をしていた。しかし，徐々に家族関係が悪化し，親が離婚したことを機に，家を出て名古屋の自動車工場で派遣労働者として住み込みで働くようになった。派遣のため，3ヵ月単位で契約が終わり，もし同じ場所での契約が更新されなかったら，別の工場に移るといったかたちで各地を転々とする生活をしていた。健康状態は良好だったが，リーマン・ショックに始まる不景気のあおりを受けて，派遣の仕事がほとんどなくなってしまう。東京なら仕事があるかもしれないと考え，手持ちのお金を持って上京する。アパートに入ろうにも連帯保証人がおらず，住民票もなくなっているため，ネットカフェなどに寝泊まりしながら仕事を探したが，不景気で単発の仕事しか見つからず，困って〈もやい〉に相談に訪れた。

　　本郷さんの場合，高校卒業後は比較的安定した生活をしていたものの，家庭環境の問題から家を出たことがきっかけで徐々に仕事と住まいが不安定となっていった。家を出るにあたって本郷さんは住まいと仕事が一体化した派遣労働に従事するようになる。こうした寮の場合，具体的な契約形態などはケースバイケースだが，住民票が設定できるような住宅であることが多く，仕事が続く限りは「存在証明」を失うことはない。しかし，ひとたび仕事がなくなれば住まいを同時に失うこととなり，ネットカフェのように保証人も初期費用も必要ない場所で寝泊まりせざるを得なくなる。ネットカフェ等では住民票を置くこともできず，安定した住まいの確保からはさらに遠ざかってしまう。「存在証明」の欠如は新たな「存在証明」の獲得をも困難にする悪循環があるのだ。なお，ネットカフェに寝泊まりするようになる経緯はもちろん人によって異なる

が，東京都の調査ではインターネットカフェ等で寝泊まりをしていて，安定した住まいを持っていない人は都内だけで推計約4,000人に上ると言われている（東京都福祉保健局生活福祉部地域生活支援課，2018）。

● 青島さん（30代男性）のケース

　　青島さんは関西出身で，両親からの虐待があったために，親戚の家で育てられた。高校卒業後は何年か引きこもり状態だったが，親戚からの援助を受けつつ，清掃や警備の仕事を始めてアパートで1人暮らしをするようになる。何年か前に上京して生活していたが，援助してくれていた親戚が亡くなり，家賃が払えなくなってアパートを引き払う。その後アパートよりも安いということでトランクルームを借りて，そこで寝起きしながら仕事を続けてきた。メンタル面での体調が悪化してきたために仕事に行けなくなり，生活に困窮する。

　親族からの援助を得られなくなり，住まいを失った青島さんは，本来人が住む目的で作られていないトランクルームで寝起きする生活を始める。ネットカフェに泊まっていた本郷さん同様，青島さんはアパート等の住まいを失ったあと，居住用ではない空間を転用してなんとか生活していたのである。したがって，住まいの喪失は必ずしもすぐに路上生活につながるわけではない。ネットカフェに寝泊まりする人びとについては上記の東京都の調査のように，行政による把握が試みられているが，青島さんのようにトランクルームやレンタルスペースなどを仮住まいとして生活している人びとについては，そのおおよその人数も含めてわかっていないことがたくさんある。彼ら／彼女らは外から見ただけではホームレス状態なのかどうかもわからないことが多く，その場合〈もやい〉のような相談窓口に来て初めて「発見」されることになる。

● 剣崎さん（50代男性）のケース

　　剣崎さんは高校卒業後，自動車免許を取ろうとしたときに，はじめて自分に戸籍がないことを知ったという。戸籍がなくても，若いころは建築関係

の寮に入ったり，父の電機屋の仕事を手伝ったりなどして仕事をすること
ができていた。30代前半くらいまでは関東地方の実家にいたが，親の度重
なる借金の返済を手伝うことに限界を感じて家を出る。行く当てのなかっ
た剣崎さんは知人夫婦のもとを訪れ，居候しつつ知人の子どもの世話をす
ることになった。長らく知人宅に滞在した後，家を出ることになったが，
このときには身分証がない状態では仕事につくことができなくなっていた。
ネットカフェに寝泊まりしているとき，戸籍がなくても生活保護を利用で
きる可能性があると知り，〈もやい〉に相談に訪れる。

　剣崎さんのケースは「戸籍」というまさに日本という国における存在証明が
最初からなかったパターンである。存在証明が欠落した状態では，実家を出て
から自分名義の安定した住まいと仕事を確保することは至難の業であった。剣
崎さんの場合，知人宅で子どもの世話をするという役割を持っており，比較的
長く滞在することができていたが，同時に社会のなかで貧困の問題として可視
化されることがなかった。

　以上のような事例は，相対的貧困率のもととなる調査でも，「野宿者」を対
象とした調査でも捉えることが困難なものである。これは，ほとんどの公的な
調査が住まいを持っているという前提の上に成り立っていること，また一方で
日本では「ホームレス」が「野宿」と狭く捉えられてきたという問題を浮き彫
りにしている。筆者は，山谷や〈もやい〉というフィールドに入ることで，こ
うした従来の指標や調査では捉えることができない見えにくい貧困のかたちに
気づくことができたのである。

3　世帯のなかに隠された貧困

　相対的貧困率には，「存在証明」を持たないホームレス状態の人びとを捉え
ることができないということに加えて，もう一つの問題がある。第2節でも述
べたように，相対的貧困率を算出する過程で，1人当たりの手取り収入（等価

可処分所得）を求めるとき，同じ世帯のなかでは収入が均等に分配されている
ことが前提とされている。しかし，実際には家庭のなかで収入が均等に割り振
られるのはとてもレアなケースだろう。とりわけ，虐待や経済的な DV があ
る場合は世帯全体では十分な収入があっても一部の人は食事もろくに摂れな
かったり，病院に行くこともできなかったりということがありうる。相対的貧
困率という指標は，こうした世帯内（家庭内）の問題を捉えることが一切でき
ないという課題を抱えている。

　〈もやい〉への相談には多種多様なものがあるが，そのなかでもよくあるパ
ターンというものがいくつかある。そのうちの一つが，実家ないし家族宅を出
て１人で生活したいができない，というものである。これは何も〈もやい〉へ
の相談者に限った話ではない。成人しても独り立ちせず／できず，実家で生活
している人を「世帯内単身者」と呼ぶが，近年その数が増加傾向にあると言わ
れている（西，2017）。この背景には，単身世帯に対する住宅確保のための支援
が乏しかったり，低賃金の非正規雇用が増えてきたりなど，住宅や労働に関わ
る問題がある。こうした独り立ちが難しい状況のなかで，親の持家があり，住
宅確保のための支援ができる余裕がある人びとと，家族に頼れず自分で住宅を
確保しなくてはならない人びととの間での格差も指摘されている（平山，2020）。
さらにいえば，家族との関係が悪く，さりとて自分でアパートなどの住まいを
確保することも難しい人びとは，我慢して実家に住み続けるか，場合によって
は危険を冒してホームレス状態にならざるを得ないこともある。ここでは〈も
やい〉の相談記録から，そのような世帯内に隠された貧困の事例を３つ紹介し
よう。

● 桑田さん（20代女性）のケース

　桑田さんは東海地方出身で，両親と３人で暮らしていた。中学卒業後，高
校に進学することを許されず，働いて収入を家に入れるように言われ，通
帳などもすべて管理されていた。未成年の間は工場でのアルバイトなどを
やらされ，18歳以降は親に言われてキャバクラなどの仕事もするように
なった。収入を親に奪われていたために，自分でアパートを借りて家を出

ることもできないでいた桑田さんは，インターネット上で知り合った男性
を頼りに上京する。しかし，その男性との関係が破綻し，知り合いの女性
の家に避難することとなった。それまでのできごとで精神的に体調をくず
してしまった彼女は，仕事を探して独り立ちすることもできず，〈もやい〉
の相談を経由して生活保護を申請しシェルターに入所した。

　桑田さんは，実家にいる間は必ずしも自分が選んだわけではない仕事をさせ
られ，収入を奪われるなど経済的な搾取を家族から受けていた。もしかしたら
世帯全体の収入でみたら貧困状態とはなっていなかったかもしれないが，彼女
は働けるにもかかわらず家を離れて生活する自由も奪われた状態であった。こ
の状況を打開するために，彼女はインターネット上のつながりを頼りに家を出
て，知人宅を転々とするホームレス状態にいたったのである。

● 遠藤さん（20代男性）のケース
　遠藤さんは関東地方出身で，高校に進学したころから祖父の介護を担わさ
れるようになった。父が病気になり収入が減少してからはアルバイトをし
て家計に貢献することも求められるようになり，収入と介護の二重の負担
を10代のうちから背負わされ，高校も中退してしまう。その後，介護とア
ルバイトの生活を続けて体調を崩した遠藤さんは仕事を辞めて引きこもり
状態になっていた。家を出ることを決意した彼は，友人宅で過ごしたり，
東京に出てきてからは日払いの仕事をして得た収入でネットカフェなどに
泊まっていたりしたが，生活保護制度のことを知って自ら生活保護の申請
をすることになった。

　遠藤さんはいわゆる「ヤングケアラー」の1人である。それだけでなく，経
済的にも家計に貢献することを求められて，高校に通うことをあきらめざるを
得なかった。体調を崩してからは独り暮らしできるほどの収入を得ることもで
きず，家族から離れることもできず引きこもり状態となってしまう。彼も桑田
さんと同様，世帯全体としては必ずしも貧困状態だったとは限らないが，学校

に通ったり，自分のために収入を得て生活したりするという自由を奪われて困窮状態にあり，家を出てすぐにホームレス状態になることとなった。2人とも，世帯内に隠された貧困から見えづらい広義のホームレス状態へと移行したのである。

● 米村さん（50代女性）のケース

　桑田さんや遠藤さんはいずれも若年層で，それまで実家を一度も出ていないケースだったが，なかには一度実家を離れてから戻り，実家で身動きが取れなくなるというケースもしばしばある。次に紹介する米村さんは東京都出身の50代の女性である。

　　米村さんは短大を卒業してすぐに就職して数年間働いていたが，会社の同僚と結婚してからは実家を出て夫と一緒に住むようになる。いわゆる「寿退社」をして専業主婦の生活に移行することになったのである。その後，夫の海外赴任についていくかたちで国外での生活を始めるが，夫からのモラハラが耐え難くなり，離婚して帰国することとなった。しかし実家では，米村さんいわく「主婦が2人」いる状態で生活上のさまざまな面で母と意見が合わず，同じ家に住んでいても生計は別々だったという。彼女は家を出て1人暮らしをしたいと思うようになったが，長らく専業主婦をして仕事のブランクがある上，離婚に至るまでの夫との生活のストレスからうつ病を発症しており，障害年金を考慮しても1人暮らしをするに十分な収入を得ることは難しかった。〈もやい〉に相談したあと，なんとかして手持ちのお金で入れるアパートを見つけ，入居後すぐに生活保護を申請した。

　米村さんの場合，結婚を機に一度離家しているが，離婚したために再び実家での生活を始めることになっている点が桑田さんや遠藤さんと大きく違う。長らく専業主婦をしていた米村さんは，結婚している間は住まいを確保できて経済的に困ることもなかったかもしれないが，それはあくまで「夫」との関係性に依存した生活でしかなかった。DVを受けて離婚した場合，底が抜けるよう

にして安定した生活は瓦解してしまうのである。彼女の場合はそれでも実家に戻ることはできたが，専業主婦として生活し仕事から遠ざかっていたために，自律的な住まいを確保することは困難であり，今度は「母」との関係性に依存した生活を送らなくてはいけなくなってしまう。世帯内で隠された貧困は，女性だけにみられる問題というわけではないが，この事例からは，ジェンダー化されたライフコースがこうした見えづらい貧困を生み出す一つのメカニズムとなってしまっていることがうかがえる。

　すでに述べたように，広義のホームレス状態にいる人は，家がないからこそ，あるいは流動的だからこそ相対的貧困率という指標によって捉えることが困難だった。この節で紹介した事例はむしろ世帯（家庭）のなかにいるからこそ，見えづらい貧困のかたちがあることを示している。これらの事例ではそれぞれ何らかの方法で家を出ることができたが，実際には〈もやい〉に相談に来ても家を出ることにつながらないという人も少なくない。桑田さんや遠藤さんのように，ときにそれはホームレス状態になることを覚悟しなくてはならないし，生活保護制度を利用しても——とくに東京の場合——すぐにアパートに入居できるわけではなく，何らかの施設やシェルターに入所しなくてはならないことがほとんどである。施設やシェルターに入ることをためらい，結局家を出ることができず生活困窮や暴力被害を我慢し続けている人たちはずっと見えづらいままである。

　また，〈もやい〉での相談活動に携わることで，関連するもう一つの問題にも気づくこととなった。それはこうした世帯内の貧困には対応する支援制度が乏しいことである。貧困に限らず，何かしらの現象が個々人の問題ではなく社会問題として認識されるようになるということは，その問題に対応するための制度や施策が整備されるということでもある。一例をあげれば，1990年代に野宿者が急増したことを受けて，2002年にはホームレスの自立の支援等に関する特別措置法（通称，ホームレス特措法）が制定され，この前後から全国の自治体で「路上生活者対策」が整備されてきた。またDVの実態が明らかにされてきたことを受けて配偶者からの暴力の防止及び被害者の保護に関する法律（通称，DV防止法）が超党派の女性議員による議員立法で成立したほか，虐待を受

けた児童に対しては，2000年に成立した児童虐待の防止等に関する法律（通称，児童虐待防止法）に基づく支援策が講じられるようになった。しかしながら，本節で見たような成人した者が実家や家族宅で抱えている困難については，包括的に対応する仕組みは未だない。かろうじて，生活保護制度が使える場合があるが，それも家族と同居している以上は1人で利用することができないなど，非常に使い勝手が悪いのが現状である。さまざまな問題が絡み合っているケースが多く，単一の制度で対応するのが困難という事情もあるだろうが，そもそも世帯内の貧困は未だに国や自治体が責任を持って取り組むべき社会問題として認識されていないのではなかろうか。〈もやい〉で実際に相談業務に関わっていると，家庭のなかで深刻な問題を抱えつつも家を出ることができずに困窮している人からの切実な訴えを毎日のように見聞きすることになる。筆者が提示した「世帯のなかに隠された貧困」という問題は，こうした実態と，今ある貧困の指標や政策とのギャップを感じるなかで，形成されてきたものであるといえる。

4　おわりに

　本章ではここまで，「相対的貧困率」という指標で貧困問題を捉えようとすると見落としてしまう貧困の実態があることを，〈もやい〉というフィールドで得られた経験をもとに示してきた。野宿者のように，住まいがなく「存在証明」を欠如した人びとは，相対的貧困率を計算するために使われる各種調査の対象から漏れてしまっている。さらに，広義のホームレス状態にいる人びとは，「路上生活者／ホームレス」対策にも含まれていないため，よりいっそう見えづらい状況にある。相対的貧困率のもう一つの問題として，この指標はあくまでも資源（収入）の多い少ないによって決まり，しかも収入は世帯内で均等に分配されることを前提とするという点を指摘した。このような前提に合わず，収入だけでは測ることのできない生活困窮の問題は，相対的貧困率をどんなに詳しく調べたところで見えてこないのである。

　このことは，相対的貧困率という指標がまったくもって役に立たないという

ことを意味しているわけではない。さまざまな問題があるとはいえ，相対的貧困率⁽⁶⁾は国全体の状況を概観する一つの有力な手法であることには違いないし，各国で使われているため，国際的な比較もある程度可能である。逆に，広い意味でのホームレス状態にいる人や世帯内で隠された貧困が日本全体でどれくらいの規模で存在するのかを明らかにすることは難しい。現状では日本全体の状況を把握できるような大規模な調査の大半が世帯を単位としており，世帯内の個々人に回答してもらうということができないからだ。大規模な社会調査やそれをもとにした指標にしろ，フィールドワークにしろ，それらは社会の実態を切り取り，理解するためのレンズのようなものである。あるレンズを使うと見えやすくなるものもあれば，逆に見えづらくなるものもあるのである。

　このことは大規模調査とフィールドワークとの比較だけでなく，フィールドワークに限ってみても似たようなことがいえる。というのも，特定のフィールドから見えることはやはりその地点から見える社会の一側面でしかない。筆者の場合で言えば，〈もやい〉というフィールドに立ったからといって，日本の貧困問題の全容が見えるわけではない。第一に，〈もやい〉に相談に来る人が貧困状態にいる人全体を代表しているわけではない。〈もやい〉ではアウトリーチ活動はおこなっておらず，基本的に事務所に相談に来た人への対応をおこなっている。〈もやい〉の事務所は東京都新宿区にあるため，当然遠方の人は来ることができないし，東京やその周辺地域の事例に限定されるであろう。地方都市や農村部，山間部などの地域ではまた違った様相が見られるかもしれない。また，距離的には近くに住んでいたとしても，高齢者や重度障害者，引きこもり状態にある人，日本語でコミュニケーションが取れない人は〈もやい〉に来づらい，もしくは来てもうまく相談できない可能性がある。いかにさまざまな人が相談に訪れる窓口であるといっても，必ず偏りが生じてしまうのである。

　第二に，フィールドワークをする際にはつきものであるが，調査する側と対象となる側との関係性によって得られるデータが左右される。つまり，〈もやい〉という団体の立ち位置や筆者の役割によって，見えることが変わるのである。〈もやい〉は生活困窮者の支援をするNPO法人であり，筆者はそこで相

談窓口の担当者（相談員）をしている。そのため，多くの場合，筆者が望むと望まないとにかかわらず，支援者 – 被支援者という関係性のなかでコミュニケーションを取ることになる。この関係性のなかでこそ聞けること，話してくれることもあるだろう。例えば「家族」には話さないような内容であっても，支援にかかわる事柄であれば話そうと思うかもしれない。逆に，相手が「友人」であったら話していたかもしれない内容でも，支援を受ける上で妨げになるかもしれないものであれば伏せて話すかもしれない。こうしたことはそれ以外の属性（男性，若者，日本人，学生など）についても同様のことが言えるだろう。フィールドに立つということは，1人の人間としてその現場に立場（ポジション）を持つということであり，フィールドから見える景色はその立ち位置によって異なるのである。自分の属性にかかわることがらは簡単に変えることはできないが，それでも複数のフィールドに入ることで違った立ち位置から対象に接近するということもときに必要になるだろう。先に，社会を捉えるさまざまな方法をレンズに例えたが，それぞれに利点や限界があるのは当然であり，重要なのはそれらを理解した上で，それらを使い分けつつ複眼的に社会を見る力を養うことだろう。

　社会を複眼的に見るということは，研究の視野を広げ，新たな問いをもたらすということにもつながる。例えば，本章の内容を踏まえれば，次のような問いが生まれてくるかもしれない。

- 広い意味でのホームレス状態にいる人びとはどうやって，寝起きする空間を見つけ，アクセスしているのか？
- 世帯のなかで身動きができず貧困状態にいる人びとと，流動的で見えづらいホームレス状態にいる人たちの間の共通点や相違点はどのようなものか？
- ジェンダーや年齢，人種などのさまざまな属性によって，経験する貧困のかたちはどのように異なっているのか？

これらはあくまでも一例にすぎないが，このような新しい疑問点が浮かんだ

のであれば，その疑問点を明らかにするための調査方法を考えるのが次のステップになる。いわば，今見えていないものを見るために適したレンズを探すのである。こうしたプロセスを続けることが，自分の独自の研究を作っていくための一歩になるだろう。

（結城翼）

注
(1)　寄せ場とは日雇労働市場のことであり，高度経済成長期からバブル経済にかけて，主に建設産業における安価な非熟練労働の供給地として重要な位置を占めていた。東京の山谷，大阪の釜ヶ崎，第6章でもとりあげられた横浜の寿町が日本の三大寄せ場と呼ばれていたが，現在は日雇労働市場としての機能は弱まっている。今の山谷では生活保護を利用している人がほとんどで，それに加えて野宿しながら日雇労働や都市雑業をして暮らしている人がいる。

(2)　何かしらの団体や活動現場に入り，調査をする際にはその場の「ゲートキーパー」に接触することが大切である。ゲートキーパーとは，いわば現場の事情に精通した顔役のことである。ゲートキーパーの存在は，フィールドに入るときだけでなく，フィールドについての知識の獲得や，調査実施にあたっての合意形成などの局面でも重要になってくる（第3章参照）。

(3)　フィールドにおける立ち位置によって得られるデータに違いが出てくることは第4節で触れている。支援者として調査をする際にはこれに加えて，協力者が支援を受けられなくなることを恐れて断りづらくなってしまう可能性がある。また扱うデータの中に暴力被害の経験や健康状態にかかわる非常にセンシティブな情報がしばしば含まれており，その取扱いにはひときわ注意すべきである。

(4)　これはP. タウンゼント（1979）の相対的貧困の議論をもとにした指標で，平たく言えばその社会での「普通の生活」を送ることが困難な状態を貧困として捉えようとしたものだ。その国や地域に住んでいる人びととの一般的な生活との比較で考えているのが特徴であり，国や地域によっても当然指標が変わる。そのため，「相対的」と呼ばれている。

(5)　相対的貧困率は「貧困線」を下回る人の割合のことであり，貧困線は等価可処分所得の中央値の半分の値とされている。国や地域によっては貧困線を中央値の60%や40%に設定するなど，算出方法には違いがある。国民生活基礎調査をもとにした貧困線の算出方法の詳細は厚生労働省が公開している。https://www.mhlw.go.jp/toukei/list/dl/20-21a-01.pdf（2023年6月8日閲覧）

(6)　本章では大きく2つの問題，つまりホームレス状態の人を捉えることができない（第2節），世帯内の貧困を捉えることができない（第3節）という点を取り上げるが，これ以外にもさまざまな問題がある。例えば，相対的貧困率は「収入」に基づく指

コラム▶▶インタビューを受ける側は何を思っているのか

　本書は社会調査入門というタイトルが示すように，調査をする側の視点でさまざまな調査法を紹介している。しかし，調査をされる側は一体どのように社会調査と向き合っているのだろうか。NPO 法人で働いている筆者の立場から，インタビューを受ける側の観点でいくつかポイントを書いてみよう。

　第一に，インタビューの前にわかることは調べておこう。例えば団体の活動概要はたいていホームページ等に書いてある。にもかかわらず「団体の活動内容を教えてください」という質問をされると，相手は「ホームページに書いてあることくらいは調べてから来てほしい」と思うだろう。ホームページを見てもわからないことを質問したほうが，調査を受ける側としても答えやすいし，データとしての価値も出てくるだろう。関連して，ボランティア等を受け入れている場合には，事前に活動に参加しよう。実際に参加すれば，聞くまでもなくわかることがたくさんある。

　第二に，インタビュー中にわからないことがあれば率直に聞こう。半構造化インタビューの場合，事前にある程度質問内容を考えているはずだが，それに縛られる必要はない。相手の話のなかでうまくのみ込めなかったり，単純に単語の意味がわからなかったりしたら，聞き流すのではなくしっかり確認しよう。インタビューを受ける側としては，相手に誤解をされることはとても残念なことであり，多少時間が伸びたとしても確実に理解するために確認をしてくれたほうが安心して話ができる。

　最後に，インタビューを引き受けてくれるのは当たり前のことではない。多くの組織では本来の業務や活動の時間を切り詰めてインタビューなどに対応しなくてはいけないため，学生からのインタビューを引き受けないところもある。調査に消極的になる必要はないが，引き受けてくれる相手には相当の負担をかけている自覚を持って調査に臨むようにしよう。

標であるため，資産を考慮に入れることができていない。また，相対的貧困率は実際に世帯が何に収入を使っているのか，つまり消費の側面をみることができていない。世帯構成や個々人の健康状態，ライフステージなどによって消費のパターンは大きく変わりうるので，生活に必要なものを得ることができているのかどうかは収入のみからでは把握できない。後者の問題については阿部（2011）を参照のこと。

推薦図書

リスター, R.　松本伊智朗監訳, 立木勝訳（2011）『貧困とはなにか——概念・言説・ポリティクス』明石書店。

　貧困概念をめぐるさまざまな論点を扱っており, 貧困に関心がある人の必読書。

阿部彩（2011）『弱者の居場所がない社会——貧困・格差と社会的包摂』講談社。

　計量的な手法で日本の貧困問題の実態を明らかにする研究。現代日本の貧困の全体像をつかむことができる。

岩田正美（2008）『社会的排除——参加の欠如・不確かな帰属』有斐閣。

　本書は,「社会的排除」概念を本格的に日本の貧困研究に導入した。計量的な手法では明らかにしづらい側面にどうアプローチするのか考えるヒントをもらえる。

第9章

移民の子どもの学習教室で学んだ 「学び捨て」

　質的調査は，手間も時間もかかる。研究としての成果に直接は結びつかない ような時間をフィールドで過ごすことも多いし，論文執筆の核となる問いが立 ち上がるのにも時間がかかる。わたしのような人間にとってはそもそも， フィールドに入っていくことさえ緊張の連続である。このように「面倒くさ い」ようにも映る調査を，社会学を学ぶわたしたちはなぜわざわざおこなうの だろうか。本章では，移民の子どもの学習教室でのわたしの調査経験から，社 会調査をおこなうことの意義と可能性を考えてみたい。

1　はじめに

　移民を受け入れるべきか否か——あたかも日本が「単一民族国家」であるか のような前提のもと，こうした議論がなされることがある。しかし，みなさん の日常生活を一度振り返ってみてほしい。大学やコンビニ，飲食店，アルバイ ト先，バスや電車のなか——どこかの場面で，日常的に外国出身者に出会って いる人も多いのではないだろうか。もちろん，ご自身や親戚が外国ルーツであ るという人もいるだろう。あるいは，アイヌやウチナーンチュというアイデン ティティを持つ人もいるかもしれない。そう，日本はそもそも，さまざまな民 族的背景を持つ人びとによって作られてきた社会なのである。

　そのような社会のなかで，わたしが大学に進学した2000年代後半に注目を集 め始めていたのが，移民の子どもの教育であった。2008年のリーマン・ショッ クで，日本に暮らす多くの日系ブラジル人が失業し，不就学に陥る子どもが急 増していたのである。こうした問題をメディアで知った当時のわたしは，移民 の子どもの教育に関する先行研究を読み込んだ。そして，移民の子どもを排除

しがちな学校制度・文化の問題を指摘し，日本の教育のあり方を包摂的なものに変えていこうとする先行研究の主張に深く共感するようになり，移民の子どもの教育をテーマに調査し，論文を書こうと決心するに至った。

　さて，問題はここからである。調査先となった NPO の学習教室で，わたしは子どもたちがどんな「困難」に直面しているのか，こんなことを聞きたい，あんな様子も見てみたいと気合を入れて参与観察を始めた。ところが，実際に参与観察を始めると，先行研究を読みながら内面化してきた「学業・学校生活に困難を抱える移民の子ども」という視角が，いかに一面的であったかを思い知らされた。わたしが事前に考えていたような場面に出会うことも，もちろんあった。しかし参与観察のなかで見えてきたのはむしろ，「学業・学校生活に困難を抱える移民の子ども」という像に回収しきれない，移民の子どもたちの多様な姿であった。

　しかし重要なのは，まさにこの点が自分なりの研究の出発点となることである。自らの研究を進めていく上では，先行研究の視角に十全に学びつつ，一方でそうした視角をいったん「学び捨て」，自分なりの見方を獲得していくことが重要になる（小ヶ谷，2021）。研究対象への自分なりの視角が獲得できてはじめて，論文をとおしてほかの人びとにも伝えるべき，オリジナルな主張が生まれてくる。先行研究を読んでいれば当たり前に出てくるような内容を改めて主張するだけならば，わざわざフィールドに入り込み時間と労力をかけて調査をする甲斐がない。むしろ当初自分が持っていた視角が問い直され，新しい社会の見方を獲得していく「学び捨て」の過程こそに，質的調査ならではの醍醐味があり，強みがある。では，それは具体的にいかなるかたちで起こり，そしてどのように研究となるのか。

　以下，まず調査地や調査先団体へ入っていく過程を振り返った上で（第2節），民族的アイデンティティ（第3節）やライフコース（第4節）に関するわたし自身の「学び捨て」の経験を紹介し，社会調査の意義と可能性を検討していきたい。

2　学習教室での参与観察を始める

(1)　調査地を選定する

　さて，まず当時のわたしがどのように調査に入ったのかを振り返ってみよう。わたしが移民の子どもに関心を持つようになった2010年前後にその舞台として多く取り上げられていたのは，大規模な機械組み立て工場を抱え，南米出身者が期間工として集住していた東海地方や群馬県などの都市であった。しかし東京・神奈川で生活し，授業やアルバイトで忙しかったわたしにとって，そのような地域に時間と資金をかけて通うのは非現実的な選択であった。もし調査地が遠ければ，心理的・体力的にも負担になりかねず，調査そのものが嫌なものとなってしまうだろう。とにかく，自分自身が負担に感じることなく通える地域はどこか――わたしにとって第一に重要なのはこの点であった。

　こうした観点からわたしは，大学への通学路から片道160円で通える地域（横浜市鶴見区）を選んだ。この程度の距離であれば無理して時間や資金をかける必要もないし，イベントなどで調査が朝早くなったり夜遅くなったりしても困ることはない。東京湾岸に広大な埋立地の造成が進んだ戦前期以来，朝鮮半島や沖縄などから多くの労働者を受け入れてきたこの鶴見という地域には，1980年代以降，ブラジルをはじめとする南米出身者が多く移住し，その子どもの教育が一つの課題となっていた。先行研究が調査地としてきた東海地方や群馬県ほど多くの南米出身者が暮らしていたわけではなかったが，しかし地域的差異が与える影響も重要な検討事項になるのではないかと考えた。

　この通いやすさという点は，「調査公害」という観点からも重要であろう。調査を進めてからわかったことだが，わたしがこれまでかかわった移民の子どもの支援団体は，どこも「卒論のためだけの調査」は断っている。支援団体は多様な子どもに臨機応変に対応しなければならないだけでなく，行政や学校，そのほかの関連団体と頻繁に連絡を取り合ったり，あるいは助成金申請・事業報告，労務管理など裏でのさまざまな業務を抱えたりと，想像以上に忙しい。そのようななか赤の他人の卒論のために，わざわざ貴重な時間と労力を割き，

知識を無償で提供するようなことはできないだろう。そして何より，現場を経験し，まず自分の目で現状を知ってほしいという考えを持つ支援団体も少なくない。調査対象にもよるかもしれないが，とりわけ移民の子どもの調査のような場合には，ある程度の期間をかけて，ともに活動しながら自分の意志や熱意を見てもらうことが重要となる。そのためにも何より，通いやすさは欠かすことのできない調査地選定の基準であったのである。

(2)　調査地に入る

　このように調査地を決めれば，次なる作業はどのような団体で参与観察をおこなうかである。情報を十分に得られていない状態で調査先団体を選ぶのは困難であるし，なにより一介の学生がいきなり団体に参加するのは勇気のいることである。学生として継続的に参加しやすく，活動内容からみても自分自身の関心とマッチする団体を探すには，まずは地域で情報を集める必要がある。

　そこでわたしは，地域の国際交流ラウンジで1週間ほど開かれていた移民の子どもの夏休み学習教室にまず参加して，情報を集めることにした。その教室には当時，移民の子どもも支援者もそれぞれ80人ほどが参加しており，出席も欠席も自由（事前連絡不要）であった。学生であったわたしにとって，参加者が多く個人で責任を負うことのないこのような「ゆるやかな」場所は，まず情報を集める上で都合の良い場所であった。

　こうしてわたしは活動に参加しながら人とのつながりを作り，この地域でどのような移民支援の取り組みがなされており，どのような団体なら学生でも継続的に調査がおこなえそうか情報を集めていった。そのなかで多くの人びとから紹介されたのが，駅前の雑居ビルに居を構え地域のブラジル人が運営しているABCジャパンという支援団体であった。正規職員は日本人を加えた2名ながらも，地域の南米出身者や日本人住民が活動に協力し，移民の子どもの学習教室や保護者向けの日本語教室，地域の行政や学校と共同での多文化共生イベントなどさまざまな取り組みを実施しているこの団体は，移民当事者が運営しているというだけでも興味を惹かれたし，なにより地域住民から信頼できる団体として紹介されたことは活動に参加する上での大きな安心材料となった。

　夏休み学習教室の最終日になると，わたしの存在を聞きつけ，この教室での活動の様子をみていたその団体のスタッフから直接，ボランティアとして来てもらえないかと声をかけてもらえるようになった。後で知ったのだが，この団体では信頼できる人を集めるため，ボランティアの公募はしておらず直接リクルートしているのだという。前述のように多くの支援団体が日常の業務で忙殺されているなかで，「『卒論のためだけの調査者』ではない」と自己呈示をすることが，団体とつながる上では重要になったのである。

　なお，こうして調査に入る際に相手に伝える研究目的・課題は結果的に，論文で実際に執筆する内容とは異なるものとなる可能性があることに注意してほしい。先ほど指摘したように，質的調査の醍醐味が「学び捨て」，つまり自らの社会を読み解く視角や前提のアップデートにこそあるとすれば，当初の研究課題は否応なく変更を迫られることになるからである。質的調査に基づく論文の研究課題は，調査の終わりに近づくにつれ立ち上がるものである。それゆえ調査を始めるときに，自分の研究課題をあまりに具体的に設定してはいけない。そうすると自分の視野が狭まり，その視野の外で起きている重要な出来事を見落としかねないからである。むしろ視野を広げてなんでも見聞きしておくことが，調査の上では重要なのである。

(3)　団体で参与観察をおこなう

　こうしてわたしは，2012年の夏からこの団体の学習教室で参与観察を始めるようになった(2)（**写真9-1**）。その学習教室は，火～金曜日の16時から20時半まで開かれており，主に南米やアジアにルーツを持つ小中学生が通っていた。それぞれが週1～2回この教室に通い，1日におよそ8～10名程度が学んでいた。5～7名の支援者のうち2名が日本語教員資格を有する30，40代の女性で，残りはわたしと同じようにリクルートされたり伝手で紹介されたりした大学生であった。わたしは2012～2016年の間に，週2～3回，この教室でボランティアとして参加しながら観察をおこなった。

　さて，こうして参与観察を始めると，今度は子どもたちとどのような立場の人間としてかかわるのかが問題となってくる。「誰として」調査をおこなうか

写真9-1　学習教室で支援者として参与観察する筆者

によって得られる情報は大きく変わってくるからだ。フィールドにおける立場（職員，ボランティア，ともに授業を受ける友人など）はもちろんのこと，その人の肩書や年齢，性別，性格・人となり，生活習慣（飲酒・喫煙を含む），エスニックな背景などによっても，語られる内容は変わってくる。

　こうした点をわたしは当時から深く考えていたわけではないが，子どもたちと比較的近い年齢のボランティアとして，結果的に「お兄さん」的な立場で子どもたちに接することとなった。つまり先生－生徒という「縦」の関係というよりも，むしろかれらと雑談をしたり遊んだりしながら「斜め」の関係を築いていくこととなったのである。そうすると，先生－生徒という関係性のなかでは語られないようなことが語られたり，見られないようなものを見せてくれたりするようになる。「雑談にうんうんって乗ってこないで，止めなよ。もう少し先生らしくしたら？」と子どもたちから叱られることもしばしばである。これから第3・4節で論じるような内容は，そのような人物としてフィールドに入ったからこそわかってきたことである。[3]

　ただし長くフィールドに入っていると，いつまでも同じ立場ではいられなくなる。当然のことだが年齢というものは自分の意志とは関係なく積み重なっていくものであるし，また自分の肩書もいつの間にか学生から大学教員になっていた。そうすると，学生のときのように週に何日も団体で参与観察をおこなうことが難しくなるだけでなく，団体から期待されるものも変わってくる。団体からは「研究者」として扱われる場面も多くなり，現場で見えてきたものを実践者と共有し，ともに活動内容を考案し，共同で実践し，その取り組みの成果と課題を評価していくアクション・リサーチを求められるようになった。

　このようにフィールドでの立場が変化してくると，得られる情報も変わってくる。教室の参与観察に以前のように時間をかけることは難しくなった一方，調査をともにおこなう横浜や川崎の団体職員がそれぞれどのような問題意識を持っているのか，広く情報が入ってくるようになった。また団体を通じてアンケート調査を実施することも容易になった。⁽⁴⁾そうすると自ずと調査のあり方，ひいては自分自身の関心も変化してくる。しかしこれは，どちらの方がより「良い」ということではない。自らの立場（あるいは属性や性格）によって，なしうる調査，得られるデータは変わってくるのである。重要なことは，そのことを自覚しながら，自分の採りうる調査の方法を模索していくことであろう。

3　ルーツの捉え方を学び捨てる

(1)　目を輝かせて沖縄への旅を語る子ども

　さて，こうしてフィールドに入ったわたしは，具体的にどのような「学び捨て」を経験したのか。ここで一つの事例を紹介しよう。わたしが学習教室で参与観察を始めたときはじめに出会ったブラジル・ルーツの中学生は，わたしにとって研究の方向性に関して大きな影響を受けた人物である。かれはなかなか学校に通うことができず，学校の代わりに学習教室に通学していた子どもであった。団体職員から「この教室にも通わなくなってしまうと外に出る機会がなくなってしまうので，まずは教室に通ってもらえるようにしてほしい」とお願いされたわたしは，勉強だけだと息が詰まってしまうと思い，とにかくリラックスできるように雑談をしたり，三目並べや山手線ゲームをしたりしながら，勉強を教えていた。

　あるとき，その中学生と話していると夏休みの過ごし方の話題になった。するとその子どもの目がいきなり変わり，「沖縄に行ったときね，タクシーの運ちゃんがすごく優しかったの！」と嬉々として前年に行ったという沖縄旅行の経験を語ってくれた。「こんなに興奮しながら話すのは珍しいな」とは思いつつも，先行研究を読み込み移民の子どもの学習困難ばかりに視点が凝り固まっていたわたしは，一通りその話を聞き終えると，いい勉強の息抜きになったと

思い，そそくさとその話題を切り上げ勉強へと戻らせてしまった。

　その後もその中学生はたびたびこの沖縄旅行を持ち出し，沖縄の自然がどれ
ほど美しかったか，出会った人びとがいかに優しくしてくれたかをわたしに
語ってくれた。しばらくの間，わたしは以前と同じように勉強の息抜きとしか
とらえず，一通り聞き終わると話を切り上げ，勉強に戻らせていた。しかしあ
る帰り道，「あの沖縄の話を聞くの，何回目だっただろうか」とぼんやり考え
るなかで，こんなに一生懸命話すということは，それだけ沖縄というのがかれ
にとって大きな存在だったのではないかと考えるようになった。そしてこのと
き改めて，調査地のブラジル人の職場や家にシーサーが飾られていたり，三線
がおかれていたり，音楽プレイヤーから沖縄の音楽が流れていたりしたことに
気づくようになった。この地域のブラジル人には沖縄ルーツの人びとがとても
多く（藤浪，2015），そしてその沖縄というルーツを大切にしている人たちがい
たのである。

　これはわたしにとって，実に大きな発見であった。日系ブラジル人に関する
多くの先行研究のように，かれらを「ブラジル・ルーツの子ども」「外国人の
子ども」などと表現すると，どうしてもその「日系」としての歴史性は後景に
退いてしまう。もちろん先行研究がわざわざ「ブラジル・ルーツ」「外国人」
などとして表現していた背景には，かれらと日本人との間の差異をあえて強調
し，日本人とは異なるニーズを有するかれらへの施策を社会に向けて求めてい
くという戦略的な意図がある（例えば池上編，2001；梶田他，2005）。わたしが
フィールドに入る際に先行研究としていた著作の多くは2000年代に記されたも
のであり，当時の社会での移民の子どもへの対応状況を踏まえれば，こうした
戦略をとることには非常に大きな社会的意義があった（もちろん現在においても，
その意義は薄れていない）。

　しかしわたしは，もちろんそうした戦略の重要性を意識しながらも，一方で
「外国ルーツ」だけではくくり切れない状況を目の当たりにするなかで，「外国
ルーツの子ども」とカテゴリー化することが，かれらが持つそれ以外のアイデ
ンティティの捨象につながるのではないかという疑念を抱くこととなった。こ
うした経緯からわたしはかれらの沖縄というルーツに注目し始め，インフォー

マルな会話のなかで語られた沖縄に関する事柄の記録を取ったり，親や支援者に沖縄に関する事柄のインタビュー調査をしたりして，沖縄というルーツがかれらにとって持つ意味を検討するようになった。

(2) 視点を変えて再びフィールドに没入する

　こうして沖縄というルーツに焦点を当てて調査を進めていくと，それがかれらにとってアイデンティティの重要な要素であるだけでなく，その社会環境の重要な構成要素となっており，日常生活のなかに沖縄アイデンティティを継承していく契機がさまざまに埋め込まれていたことに気づくようになった。

　例えば日本生まれのあるブラジル・ルーツの大学生は，祖父母からことあるごとに沖縄の話を聞かされ，三線（沖縄の伝統楽器）も幼いころから教えてもらっていたという。そのような背景から沖縄というルーツを強く意識していた彼女は，将来結婚すると沖縄ルーツを示す苗字がなくなることへの強い抵抗感を語ってくれた。また調査地の小学校では運動会等でエイサーが踊られているほか，国際教室には沖縄の地図が飾られてもいた。地域には沖縄料理・雑貨店で買い物をしたり，食事をとったりする南米出身者を目にすることもしばしばで，わたしがたびたび招待されていたボリビア・ルーツの家庭ではよく沖縄料理が供されていた。このような日々の生活のなかに，かれらが沖縄アイデンティティを継承する契機が埋め込まれていたことに，わたしは改めて気づいたのである。

　こうして地域を読み解く視点が変わってくると，そもそもわたしが調査の拠点としていた団体自体も，ブラジル人理事長の沖縄というルーツに大きく影響を受けていたことがわかってきた。ブラジルでは自身も「移民の子ども」であった彼女にとって，沖縄ルーツの移民が集いさまざまなイベントをおこなう沖縄会館は重要な「居場所」となっていたという。気軽に使えるSNSもない時代，土日や放課後に決まって同世代の友人たちが集い，スポーツやダンスに興じていた会館は，自分が安心して過ごせる場となったのである。彼女はそのような居場所を，日本に暮らす子どもたちにも作りたいと思い，現在の学習教室を立ち上げたのだという（藤浪，2023）。

　彼女の沖縄というルーツは，そのほかにもこの教室のあり方に影響を与えていた。彼女は，ブラジルで上述のように沖縄会館に居心地の良さを覚えつつ，しかし沖縄ルーツの人以外との交流を両親が快く思わなかったことに違和感を抱いていた。実は両親は沖縄戦で米軍や日本軍に沖縄の人びとが殺される姿を目の当たりにし，沖縄ルーツの人以外への不信感を持っていたのだ。しかしブラジル生まれブラジル育ちの彼女はそのことに強い疑念を覚え，この団体では日本社会との交流に重きを置くようになったという（藤浪，2023）。

　最後にもう一点，先述した男子中学生と深く関連することとして，学校教員もかれらの沖縄アイデンティティを敏感に感じ取りながら活動をおこなっていたことも明らかになった。実はその男子中学生を沖縄旅行へと連れて行ったのは，当該地区の小中学校の元教員だったのである。その教員らによれば，南米からの子どもが増えた1990年代，突然の日本での生活にさまざまな困難を抱えていたかれらから「おじい・おばあの話していた沖縄に行ってみたい」という声が発せられていたという。未だ移民の子どもに対する組織的な教育体制も十分ではなかった当時，手探りでかれらに向き合っていた教員は，「夏休みまで学校での生活を頑張ったら，みんなで沖縄へ旅をしに行こう」と子どもたちに約束した。そして夏休みが始まると，実際にかれらと一週間沖縄を訪問し，そのルーツとなる地域をめぐり，親戚を探して回ったという。この取り組みは，1994年以来，コロナ流行前の2019年まで毎年継続しておこなわれることとなった。

　その取り組みをおこなっている教員らによれば，本節冒頭の男子中学生は，わたしが出会う前年に学校のなかであまりうまくやれていない様子であり，それゆえにこの旅に誘い参加してもらったのだという。かれにとってはその旅のなかで，ともに親戚を探してくれた人びとの優しさにふれ，はじめて出会った親戚に大変手厚い歓迎を受けたことが，印象的な経験となったのである（藤浪，2017a）。

(3)　同じはずの景色が変わって見えてくるということ
　先述のように日系ブラジル人に関する先行研究は，かれらが直面する困難に

対応する施策を求めるために，あえて「外国人」という側面を強調してきた。しかし調査を進めるなかでわたしが気づいたのは，そうした表現からはこぼれ落ちてしまうかれらのアイデンティティのあり様であった。そして一度沖縄というルーツに注目してみれば，これまで見ていた風景のなかにありながらわたしが見過ごしていたものが意識化されるようになり，見慣れた風景がまるで別様のものとなって現れてくるようになった。

　質的調査の論文を読むと，研究目的・課題があたかも当初から具体的に設定され，その課題に基づき適切な調査方法が選択され，それによって理路整然と結論が導かれているように読めてしまう。しかし，論文の議論の過程と実際の調査の過程は別物である。とくに質的調査の場合，実際には紆余曲折を経てやっと研究課題が見つかるものであり，論文はその発見を効果的に読者に伝えていくために改めて問題を再構成したものにすぎない。

　わたし自身はこうしてフィールドとの対話を重ねるなかで，これまで研究において（あるいは社会において）一般的であったカテゴリー化のあり様を「学び捨て」，そこから自らの視角を問い直し，問題関心を再構成していった。社会調査はこうして，社会を読み解く視角・前提自体に疑問を投げかけることの可能性を拓くのである。

4　ライフコースの捉え方を学び捨てる

(1)　進学を説得するわたしと，それに抗する男子中学生

　学習教室での参与観察でのもう一つの「学び捨て」の経験は，かれらのライフコースに関するものである。わたしが学習教室に参加するなかで，ブラジル人の子ども，とくに男子中学生からたびたび「勉強したくない」という声を耳にした。それはそうだろう。わたし自身も子どものころ，勉強したくないと思ったことは数えきれないほどある。学習に困難を抱えがちな移民の子どもであれば，学業に嫌気が差すのはなおさらである。

　それをわかっていながらも，わたしは「うん，大変だよね。でも，明日この宿題を提出しなきゃいけないんでしょう？　それにもう高校受験も考えなきゃ

いけないしさ」などと説得を試みる。しかししばしば，次のような抗弁にわたしの薄っぺらな説得は撃沈してしまうのである——「親父の仕事継げばお金に困らないんだから，進学しなくていいじゃん！」。この言葉を前に，いつもわたしは「まぁ，そう言われればそうなんだけど……」——そう答えるしかなくなるのである。

　こうした抗弁は，複数の男子中学生から受けていたものであった。わたしは例のごとく「どうやって答えればいいのか」を考えていたのだが，こうした抗弁を繰り返し受けるうちに，あることに気づいた。女子中学生からもたしかに「勉強したくない」という声を耳にすることはあったが，しかし彼女らは高校進学を自明の前提としてはおり，勉強の必要性自体は認めていた。それに対して，男子中学生はむしろ進学や学業そのものへの疑念を抱いている者が多かったのである。社会的に構築された「女の子／男の子らしさ」なるものが，学業への向き合い方に影響を与える可能性はあろう。しかし学業・進学に対する根本的な疑念は，そうした「らしさ」の影響だけでは説明できないのではなかろうか。

　このような疑問を悶々と考えあぐねていたあるとき，ヒントを与えてくれたのはあるブラジル・ルーツの男子中学生であった。かれは，いかにも高級そうな腕時計をつけて教室に現れた。「その時計，かっこいいね。親が買ってくれたの？」と聞くと，「これ？　親の仕事現場に一緒に行ったから，そのときにご褒美で買ってもらった」と教えてくれた。そのほかにもかれは，それなりの価格がするであろうカードゲームを大量に持って来ていた。いつもわたしはそうしたカードをその中学生から見せてもらっており，遊び方のレクチャーを受けるたびに「こういう物を大量に買えるお金は一体どこから出てくるのだろう」と内心で思っていた。その謎が，初めてこのときに解けたのである。話を聞けば，かれの父親は自営の電気設備業を営んでおり，土日になるとかれはしばしば仕事現場の見学に連れていかされ，その代わりにお小遣いなどをもらっているのだという。

　実は，このように現場に連れていかれる男子中学生はかれだけではなかった。類似したやりとりを子どもたちと重ねるうちにわかってきたのは，この地域の

ブラジル人男性の多くは自営電気設備業を営んでおり，男子中学生は「跡継ぎ」としてたびたびその仕事の見学に連れていかれているということであった。学業に困難を抱えているかれらは，土日などに現場で仕事を見学する。かれらがそこで目にするのは，外国出身で日本の学歴を持たずとも立派に職人として働き，難しそうな工具や機械を扱いこなし，高所で複雑な配線をつなぎ合わせ，見事に電気工事を完了してみせる父親の姿である。かれらはそうした様子を見るなかで，いつの間にか「自分も父親のように働いてみたい」と思うようになり，関心を進学よりも電気設備業での「早期の」就労に向けるようになるのである。だからこそ，わたしの薄っぺらな進学への説得は「親父の仕事継げばお金に困らない」という抗弁に見事に撃沈してしまったのである。

　では，このように子どもを現場につれて行く父親自身は，どのように考えているのであろうか。電設業を営むある父親に，息子に会社を継いでほしいと思っていたのかを問うと，「それは思っていたさ。思ってるから，細かくまで教えてやってたんだけど」と教えてくれた。東海地方などのブラジル人集住地は組み立て工場などで期間工として働く人びとが多いが，そうした職場ではスキルを身につけることはなかなか難しい。しかし電気設備業では，ほかの職場に移ったとしても応用可能なスキルを身につけ「職人」となることが可能である。この父親もまた，職人としての自身の仕事に誇りを抱いており，息子に会社もスキルも継承していきたいと考えていたのである。

　もともと学業に困難を抱えがちな移民の子どもが，こうした環境において進学よりも就労に関心を向けることは，当然であろう。また父親にとっても，自らが起業した会社を息子に継いでもらいたいと考えるのは，自然なことである。このように考えていくと，学習教室で見られた男女間の進学に対する考え方の差異は，この移民コミュニティにおけるジェンダー化された労働市場のあり方に影響を受けていたと解釈することができよう（藤浪，2017b）。

(2)　移民の子どもの生きる世界を理解する

　しかしこうした状況は，ライフコースに関して持っていたわたし自身の自明の前提，「望ましい」ライフコース観と葛藤を起こすこととなった。わたしは

この学習教室に「学業・進学を支援する人物」として入り込んだ。その立場は
もちろん、「高校へ（そしてゆくゆくは高等教育機関へ）進学することが望まし
い」というライフコースを前提とするものであった。

　現状、移民の子どもは日本人に比して中卒や高卒となる者の割合が高い。し
かし学歴による賃金格差は大きく、結果として移民における貧困の連鎖が問題
となっている。したがって移民の子どもをできるだけ大学進学へと促していく
環境を整備することが、公正な社会へとつながっていくといえよう。

　しかし立ち止まって考えてみると、不利な状況のなかで学業に困難を抱え、
「自分も父親のように働いてみたい」と考え、できるだけ早く学校から離脱し
働きたいと考える男子中学生の気持ちは、十分理解できるものである。進学を
促す立場にあったわたしと、それに疑念を呈する中学生——このすれ違いの原
因を、単に日本の学校でかれらが困難を抱えているという点にのみ求めるのは、
不十分であると言わざるを得ない。かれらは所与の社会環境のなかでかれらな
りに、ライフコースを模索していたのである。

　岸政彦（2016）は、「他者の合理性」という概念を用いて、質的調査がなし
うることを説明する。かれによれば、社会のなかで周縁に位置づけられた他者
の「一見すると」非合理な行為を、誰にもわかるかたちで記述し、説明し、解
釈することに、質的調査の重要な目的があるという。マジョリティからみれば
非合理に映る行為に内在する合理性を読み解くことが、問題の所在をその個人
自身ではなく、社会の仕組みのなかに見出していくことにつながるのである。

(3)　社会学を学ぶ者が現場でなしうること

　ただしここで考えなければならないのは、実質的にそうしたライフコースし
かかれらに残されていないのだとしたら、それは格差の温存につながりかね
ないということであり、また職業選択の自由が保障されているといえるのかとい
う疑念も生じることである。調査のなかでわたしの印象に強く残ったのは、先
述の父親が息子に仕事を継いでほしいと願いながらも、しかし本当にこの仕事
でよいのか、自分の目で確かめ考える機会を持つ必要もあるのではないかと述
べていたことであった。移民コミュニティのなかにいると、子どもの思い描く

職は自ずと限られてきてしまう——実は父親自身，この問題には思うところがあり，子どもたちが想像できる職業や進路の選択肢の幅を広げていくことも必要なのではないかと考えていたのである。

　社会学を学ぶ者がこうした状況に対して取りうる手段は，実際のところそれほど多くないかもしれないが，調査結果をまとめた論文（あるいはリーフレット）を手渡し，その内容を現場で説明しディスカッションすることは，一つの方法であろう。これはまず調査に協力してくださった人びとへのお礼としても重要であろうし，調査で「学び捨て」た社会学的知見をもとに，現場の人びととともに公正な社会のあり方を再考していく機会としても重要である。

　しかし実は，こうしたことをする以前から，調査者は現場に影響を与えているかもしれない。大学生がボランティアとして参加するということ自体が，かれらに新しい進路の可能性を示すことにもつながるからである。フィールドに入る調査者は，無色透明の存在ではない。このような場合，自分自身の存在がフィールドに与える影響も再帰的な分析の対象となろう。

　わたし自身はといえば，先ほども論じたように，継続的な調査のなかで自らの立場が変化していき，研究者として団体と共同でアクション・リサーチをおこなうようになった。それは移民の若者に対するキャリア支援に関して上述のような構造的問題があるなかで，単に学力形成を促すのではなく，かれらのキャリア形成に向けた取り組みを共同で立案し，実施し，そしてその成果と課題をともに分析していくというものであった。

　2020年から実施しているこのアクション・リサーチでは，上述のような社会構造上の問題を踏まえ，子どもたちが多様な進路の可能性を具体的に思い描くことができるようにする取り組みを，横浜・川崎地域の2つの支援団体と共同でおこなっている。高卒で就労したり高等教育機関・職業訓練校に進学したりと多様な進路に進んだ先輩たちを招き体験談を聞く移民の先輩後輩交流会を開催したり，さまざまな企業や高等教育機関を招き進路について具体的なイメージを膨らませられる進路説明会・相談会を開いたりしている。こうした取り組みの内容について研究者（わたし）と支援団体が協議を重ね，そして実施しながらデータを蓄積し，その成果と課題をともに検証・評価している。

　またこうした取り組みの一環として，電気設備業に特化した取り組みも実施するようになった。上述のような構造のもと，息子たちが電気設備業を継いでいくのは当然のことである。そうであれば，大手建設業者の下請けとして不安定になりがちであった電気設備業での就労状況を，安定させていくことが必要となる。そこで南米ルーツの人びと向けに電気工事士資格の取得を促す講座を開きつつ，それがもたらす効果と課題をともに検証している。

　わたしの場合，参与観察のなかで得た知見や問題意識を共有した上で，以上のようなアクション・リサーチを展開するようになったのだが，しかしそれぞれの立場でそれぞれのなしうることがある。社会学を学ぶ者として現場でなしうることは――それが学生であれ教員であれ――多くはないかもしれない。しかし直接現場に長期間にわたって入り込む調査だからこそ，社会学的に「学び捨て」た知見をもとに現場の人びとと議論を交わし，ともに公正な社会のあり方を構想しなおしていくことも可能になる。「専門家」と「市民」とを結びつける役割が，社会学者には求められているといえよう。

5　おわりに

　以上，移民の子どもの学習教室における調査のなかでの「学び捨て」の経験を議論してきた。質的調査には，先行研究とは異なる自分なりの視座を獲得していく営みとしての側面がある。一見して些細な会話や出来事から，自分の視野から一体何がこぼれ落ちていたのかを改めて気づかされる過程がそこにはある。それゆえに，当初持っていた問題意識や研究課題が変化していくこともしばしばである。否，それらが変化していくことにこそ，質的調査の醍醐味があると言っても過言ではない。そこから先行研究とは異なる，自分のオリジナリティが作り出されていくのである。

　ただしここで注意したいのは，だからといって「先行研究を読むことは無意味」なわけではないことである。先行研究がなければ，その研究対象に関して前提とすべき知識が身につかないばかりか，自らの視点がいかにオリジナルなものなのかに気づくこともできない。そしてまた，一見自分の研究とは関係な

いように映る先行研究も幅広く読むことで，自分自身がフィールドで気づけることの範囲も広がってくる。先行研究を十分に学びつつ，調査の過程でいかにいったんそれを突き放し，そして再び先行研究との関係を考え直すか――この不断の営みこそが，社会調査において重要となるのである。

　そしてその先にこそ，自らのオリジナルな視野が広がり，新たな研究と実践の可能性が生み出されていく。例えばわたしは，第3節で論じた沖縄というルーツに着目する視点が発端となり，世界中の沖縄ルーツの人びとに向けて送り出し側である沖縄社会からいかなる取り組みがなされているのかに注目するようになり（例えば藤浪，2022a；2022b；野入他編著，2022），現在は沖縄ルーツの人びとの越境的な社会空間の編成に関心を抱くようになった。みなさんにもぜひ，調査のなかで「学び捨て」，自分なりの新しい社会学の可能性を切り拓いていってほしい。

（藤浪海）

注
(1)　このような調査対象の事情や考え方そのものが重要な調査課題となろうが，しかし一度「迷惑だ」と認識されてしまえば，調査全般への信用が失墜し，自分はもとよりまだ見ぬ次の調査者も現場への参入が困難になりかねない。一見，成功裡に調査を終えたように映る研究に関しても，現場で後日談を聞くと「あの研究者は迷惑だった」「データだけ取られて現場に何もいいことはなかった」「あれから研究の受け入れは断るようにしている」などと語られることはしばしばである。調査者としてどのような姿勢をフィールドで示していくべきか，指導教員などにも相談しながら慎重に検討しておく必要があろう。
(2)　こうした団体に初めて入るときに，手土産は必要なのかと考える人もいるかもしれない。わたし自身の場合は，一介の学生ボランティアとして参加する以上必要ないと考え，手土産は持参しなかった。
(3)　論文の調査方法のパートで書くのは，調査地・期間・対象などといった基本情報だけではない。とくに参与観察のような方法の場合，自らがどのような立場でフィールドに入り，それがどのようにデータに影響を与え，どのような効果と限界をもたらしたのかを検討することも重要である。これらを明記することで調査への信頼が増すだけでなく，調査にかけた自らの労力を（指導教員を含む）読者に伝えることができる。
(4)　社会学の教科書では便宜的に質的調査と量的調査に分けることが多いが，実際の

コラム▶▶国境を越える社会のオンライン・フィールドワーク

　2020年，大規模な感染症の流行に見舞われた世界で，わたしたちは人との接触を大きく制限された。日常の活動を取り戻そうとする試行錯誤のなかでZoom などの Web 会議システムが一気に普及し，わたしたちは在宅のままオンラインで会議や講義に出席できるようになり，果ては「オンライン飲み会」なるものまで開かれるようになるなど，社会のあり方も大きく変化した。

　こうした変化は，社会調査のあり様にいかなる影響を及ぼしただろうか。それぞれの研究者で経験は異なるだろうが，沖縄から世界へ渡った移民を研究しているわたし自身に関して言えば，（少なくともしばらくの間）現地に足を運ぶことが難しくなった一方，オンライン空間がこれまで以上に重要なフィールドとなった。

　海外を含め遠く離れた社会に暮らす人びとが参加可能なオンライン・イベントが一般化することで，オンライン空間上に世界各地に暮らす沖縄ルーツの人びとが一堂に会し交流する社会が形成され，わたしは自宅や研究室からその「オンライン・フィールドワーク」をおこなうようになった。そしてわたしが目の当たりにしたのは，各国の人びとが経済的・身体的負担をほとんどかけることなくこの国境を越える社会に参加し，互いに知り合い，友人として SNS アカウントを交換し，交流を重ねていく様子であった。

　こうしたオンライン化の動きが今後どうなっていくかは，引き続き注視していく必要がある。しかしまったくなくなるということは現在のところ考えられず，リアル空間とオンライン空間との相互関連性や国境を越える社会空間への注目の重要性はますます高まっていくだろう。また改めてリアル空間の社会の意義も再考されつつあるなかで，何がオンライン化し何がリアルなままであり続けるのかということ自体，重要な考察のポイントとなるだろう。

　オンライン空間の社会が拡大するなかで，調査の視点や方法はいかなる変化を迫られるだろうか。社会の変化のなかで，社会調査のあり方もまた，不断の再考を求められているのである。

ところは両者を組み合わせることは少なくない。例えばわたしが仲間と共同でおこなっている在日ブラジル人の教育意識調査では，まずアンケートで全体の傾向を把握した上でインタビュー調査をおこない，その結果を踏まえ仮説を修正し再度アンケートをおこなうという手順をとっている。

推薦図書

三浦綾希子（2015）『ニューカマーの子どもと移民コミュニティ——第二世代のエスニックアイデンティティ』勁草書房。
　　フィリピン系第二世代の民族的アイデンティティについての研究。教会や学習教室など複数の場を組み合わせた参与観察の実践として興味深い。
野入直美・藤浪海・眞壁由香編著（2022）『わったー世界のウチナーンチュ！——海外県系人の若者たちの軌跡』琉球新報社。
　　海外に暮らす沖縄ルーツの若者のアイデンティティに関する書籍。研究者と実践者，そして移民当事者が協働して作り上げた書籍として興味深い。
ポルテス，A.・ルンバウト，R.　村井忠政他訳（2014）『現代アメリカ移民第二世代の研究——移民排斥と同化主義に代わる「第三の道」』明石書店。
　　アメリカ社会に暮らす移民第二世代の社会統合についての研究。大学4年生・大学院生向きだが，量的調査と質的調査を組み合わせた研究として興味深い。

第Ⅲ部

社会にひらく

第10章

子どもたちはどのように SNS を
利用しているのか

現代社会においては，常に多様で新奇な問題が起こっている。その一つに，SNS（Social Network Service）やインターネットを介したトラブルや犯罪被害がある。犯罪心理学が専門のわたしの社会調査の講義では，受講生が調査したい犯罪事象に関わる希望テーマを出し合い調査グループを形成している。そして毎年，そのテーマのなかに SNS などの使用や弊害について調査をしたいというグループが現れる。大学生だけではなく，苦労しながら学校を通じて中学生や高校生を調査対象としたグループもある。そこで第10章では，教育や司法などの公的機関を通じて実施する社会調査の事例を紹介し，実社会に関わる協同型の社会調査についてお伝えしたい。

1　SNS やインターネットと若者との関わり

最初に，SNS やインターネットと若者との関わりについて，少し触れてみたい。総務省による「インターネットトラブル事例集」（2022年版）の冒頭には，次のような文章が掲載されている。

　　インターネットやスマートフォンは，安全に正しく使うことができればとても役立つ便利なものです。しかしながら，事件や犯罪に巻き込まれるきっかけになったり，誹謗中傷やいじめの温床になってしまったりするなど，残念な事実もあります。また，子供たちが被害を受けるだけではなく，加害者になってしまうケースも生じています。これからのデジタル社会を生きていく子供たちを被害者・加害者にしないためにも，インターネット，スマートフォンを始めとするデジタル機器，SNS などのコミュニケー

ションツールを 『賢く活用する知識・知恵』『ルールを守って使える健全
な心』『安全に利用するための危機管理意識』を育むことが，とても大切
なのです。

そして，インターネットトラブルの事例として，以下の例を挙げている。

まず，対人関係上のトラブルとして「グループトークでの友人とのトラブ
ル」「オンラインゲームをめぐるさまざまなトラブル」「フリマなどネットを介
した個人間取引によるトラブル」があり，次に犯罪被害となる「自画撮り写真
の交換に端を発した脅迫被害」「心のよりどころだった SNS 上の知人による誘
い出し」「メールからの誘導によるフィッシング詐欺被害」「入力した個人情報
が目的外で利用⁈」「投稿から個人が特定されたことによる被害」「コミュニ
ティサイトなどでの未成年によるアプローチ」を紹介している。そして犯罪の
加害行為となってしまう「他者の権利を侵害する投稿・二次利用・ダウンロー
ド」「個人や学校などへの脅迫行為や犯行予告」「不正アクセスを狙って偽ログ
イン画面を開設」「悪意で設置された Wi-Fi スポットを使用し情報が流出」「悪
ふざけなどの不適切な投稿」「アルバイト応募が招いた犯罪への加担」「SNS
等での誹謗中傷による慰謝料請求」が挙げられている。

ここで問題の一つとなっている SNS を知る上で，「ソーシャルメディア
(Social media)」の概念である「情報共有や情報拡散が生まれる媒体」といった
意味も含めた定義にて捉えることが，より実態に肉薄できると考えられる。

インターネットを通じ，人と人とのつながりの場を提供する「サービス」と
いった狭義の定義だけでは，SNS の全体像の把握は難しい（桐生，2021）。SNS
は，個人からの情報が不特定多数に発信される「オープン」型，特定の人ない
し集団に発信される「クローズド」型に分かれる。この 2 つの型に合わせて
SNS の特質を加えると，概ね次のような分類となる。

「交流系」オープン：Twitter, Note

クローズド：Facebook（なお，Facebook Messenger はオープン）

「メッセージ・チャット系」クローズド：LINE, Kakao Talk, WeChat（微信）

「写真系」オープン：Instagram

「動画系」オープン：YouTube，TikTok

「ライブ配信系」：SHOWROOM，17LIVE（イチナナ），TwitCasting（ツイ
　　　　　　　　キャス）

「出会い系」：ORCA，Tinder

「ゲーム系」：チャット機能のあるゲーム

　一方でデジタルネイティブ世代の特質や状況は次のようにまとめることがで
きる。

　インターネットやスマートフォンは日常生活に必要不可欠なものとなってお
り，社会情勢や価値観も含め，さまざまな情報を，物理的・時間的制約を受け
ずに収集できる状況にあること。また，SNS などを通じて形成される対人関
係は，直接対面時の対人関係と同様に重視されること。しかしながら，情報が
制限されたり偏りが生じることや，対面による対人関係の複雑さについて，気
づいたり認識したりすることが苦手である，といった特徴を有している（桐生
他，2021）。

　このような特質や状況のなかで，インターネットを使用し，SNS を通じて
犯罪被害に遭う若者には，未成熟な対人関係スキル，過度な対人依存性，安易
な非日常的な関与などの要因があるものと考えられよう。また，急速に発達し
ているインターネット・テクノロジーに対する犯罪予防対策の遅れなどが相
まって，犯罪被害を助長する状況下にあることも考えられるのである。

2　SNS を介した犯罪被害

　これら若者が，インターネットや SNS を通じて被害者となる事例のなかで
も，性的犯罪や誘拐監禁事件が重篤であるといえる。

　以下で，インターネット調査会社を利用した数回の質問紙調査，及び関係機
関への聞き取り調査から，未成年者の被害実態を検討する（桐生，2021）[1]。具体
的に被害者の心理や生活状態と，加害者の目的や犯行形態などとの関連をまと

図 10-1　被害者の心理特性，加害者の目的，犯行形態などについて

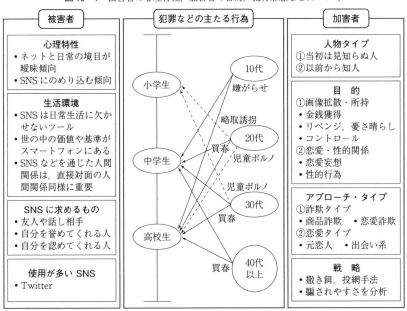

めたのが図 10-1 である。

　まず，被害に遭った未成年者の心理特性として，「インターネットと日常の境目が，あいまいになることがよくある」といった「非日常的関与」や，「ネットや SNS にのめり込むことで，日常生活を忘れてしまえる」といった「依存的関与」が，それぞれ強くあるものと考えられた。

　被害者を取り巻く生活環境において，直接的な対面交流よりも SNS を通じて交流するほうが，気楽におこなえるという場合もあることが予測される。そのような状況において，被害に遭いやすい若者が SNS を介して交流する相手には，小まめに返信してくれる人，被害者自身を認めてくれたり，誉めてくれたりする人が多い傾向があるものと考えられた。なお，被害時に被害者が使用していた SNS は，加害者が「出会い当初は見知らぬ人の場合」は Twitter，Instagram が，また女性被害者の時，加害者が「以前から知人の場合」は，Twitter，LINE が，それぞれ多い。

　次に，加害者のタイプは，「出会い当初は見知らぬ人」と「以前から知人」

の 2 つに大別され，両タイプとも，画像などを道具的に使用する「画像拡散・所持」目的と，画像など人間関係を維持・強化するための成果物・証しとして捉える「恋愛・性的関係」目的があると考えられる。

「出会い当初は見知らぬ人」の場合，画像などは金銭獲得の道具であり，より過剰な要求（性的行為などもある）をおこなうときに被害者をコントロールするための道具となる。そのため，詐欺タイプのアプローチを使用している。「以前から知人」の場合，すでに入手している画像を用いて，リベンジや憂さ晴らしをおこなったり，恋愛妄想的な復縁を求めたりする。恋愛タイプのアプローチであるが，未成年者の恋人を求める出会い系経由の場合もある。性格特性として，恋愛に対する認知・態度に問題を有する可能性や女性をモノ化する傾向が高いものと予想される。

被害者と加害者の年齢，罪種との関連では，高校生，中学生においては，「児童ポルノ」や「児童買春」の被害に遭うことが多かった。また，「児童ポルノ」においては20代の加害者が，「児童買春」においては30代の加害者が，それぞれ多いことがうかがわれた。加えて，小学校高学年においては，30代の加害者による「児童ポルノ」と，20代の加害者による「未成年者誘拐」が，それぞれ多いこともうかがわれた。

3　SNS などの利用に関する社会調査実施のポイント

SNS やインターネットは，コミュニティをつくる上でも人間関係を築く上でも重要な「道具」であり，現代社会にとって欠かせない「場所」を提供してくれるものである。

ただ先に説明したように，多くの利便性や効果をもたらしてくれる一方，いくつかのネガティブな側面も，これらは持ち合わせている。わたしの担当した実習では，SNS やインターネットをテーマとした学生の多くは，最初にこのネガティブな側面に着目した調査計画を立てて担当教員に提出してくる。

しかし，それら調査計画の多くはスマートフォンなどの使用に関する実態のみに焦点を当てているだけなので，練り直しを求めることとなる。そして，授

業では実態を整理した後に，そこから何が考えられるかを分析し検討すること
が社会調査の醍醐味であることを伝えることとなる。

　実証的な調査を想定したわたしの講義では，①質問紙調査にて調査をおこな
うこと，②実態調査や心理尺度などにて質問項目を構成すること，③結果は平
均やバラツキなど統計分析にて示すこと，などを基本ノルマとしている。この
要件に見合う調査計画を立てるのは一苦労であり，加えて，高等学校や中学校
に出向き調査実施の承諾を得ることも，かなりの労力を必要とする作業となる。

　ここでは，子どもたちの SNS やインターネットの利用に関するテーマにて，
中学校や高等学校での調査を実施する際に，いくつかのポイントを紹介する。

　まず，調査計画を立てる上で，その調査における倫理的配慮を十分に検討し
ておく必要がある。特に，犯罪被害や加害に関する質問をおこなう場合，何を
どこまで調べたいのか，その調査にて回答者に不利益を生じさせないか，個人
情報の取り扱い，データの保管，守秘など，実習担当教員と相談し指導を受け
ながら進めていくのが，第一のポイントである。

　次に，調査スケジュール，質問項目の内容，回答依頼や教示文，質問回答の
方法や手順などの案を作成した後に，調査依頼先である中学校など外部組織の
調査の候補先と交渉の段取りを検討する。依頼先としては，調査テーマに見
合った学校などが良いわけだが，すんなりと引き受けてくれるところは多くな
い。そこで，大学の付属高校やメンバーの出身校などを中心に，複数の候補を
挙げておくことが，第二のポイントなる。なお調査依頼の手順として，学外協
力者に対する依頼状の文面や手土産の必要性などについて，事前に実習担当教
員に相談しておく。調査依頼状の内容としては，「調査テーマ」「調査目的」
「調査対象者」「質問紙調査の主な質問内容」「教示文」「回答方法（質問紙か
Web 調査か）」「回答に要する時間」「調査実施における連絡先，学生代表者名，
指導教員名」などを，わかりやすく記述することを心掛ける。

　依頼先にアポイントが取れたら，メールなどテキストだけでの打ち合わせは
避け，先方の学校を訪問する，もしくはリモートでやり取りするようにしてほ
しい。なぜなら「この調査で良い結果が得られれば教育現場へフィードバック
できる。わたしたちは学校との協同作業という意識で取り組んでいる」ことを，

直接，言動で伝えることができるからである。学校との交渉は，単に調査をお願いするだけのものではない。誠実に熱意を持って，実社会の問題に協同しながら関わっていくための社会人基礎力を培うトレーニングでもある。このことが，調査の成否を左右する第三のポイントとなる。

　調査実施が決定すれば，依頼先の学校や先生のニーズも聞き取り，質問内容のブラッシュアップを図っていくこととなる。社会調査においての下ごしらえは，双方の話し合いが大切であり，そのなかで調査内容が洗練されていくのである。

　さて，以上の3つのポイントを踏まえながら，学生による3つの社会調査の事例を次に紹介したい。犯罪心理学が専門のわたしの社会調査の授業では，受講生が調査したい犯罪事象に関わる希望テーマを出し合い，調査グループを形成している。それらのなかでSNSやインターネットに関する調査を実施した3つの事例である。

4　調査事例

(1) SNSに関する危険意識について

　クループ名『めろん』の調査メンバーは6名である。

　このグループのリサーチクエスチョンは，「近年，スマートフォンを持っているのが当たり前となったことで，学生がSNSを介して犯罪に巻き込まれる事例も少なくないと思われる。犯罪への巻き込まれやすさは，スマートフォンのSNS利用に対する危険意識の差にあるのではないだろうか」というものであった。そこで，調査の目的を「大学生，高校生，中学生のSNSに対する危険意識に違いがあるかどうかを明らかにする」とし，仮説として「年齢が若くなるほど危険意識が低い。また危険意識が低い人ほどSNSに対する危険意識も低い」を立てて調査を実施した。

　調査対象者は，東京都内のA区内にある中学校，高等学校，大学に通学する学生382人である。内訳は，中学1年生91人（男性48人，女性42人，不明1人），高校1年生191人（男性94人，女性96人，不明1人），大学1年生から4年生100人（男性44人，女性56人）の計382人である。調査時期は，10月中旬から11月初旬の

間であり，質問紙を印刷したものを，中学校および高等学校においては教員経由にて生徒へ配布し回答を，また大学生においては各メンバーの縁故にて手渡して回答を，それぞれ求めた。

　質問内容は，「回答者の属性」「利用している SNS の種類」「利用目的」「やり取りの相手」「SNS を介して経験した被害内容」「SNS を介した加害行動の内容」「日常生活における事故や犯罪に対するリスク評価」などである。

　結果は，大学生よりも中学生，高校生のほうが SNS の使用における事故や犯罪被害に対する危険意識は高く「年齢が若くなるほど危険意識が低い」は支持されず，また「危険意識が低い人ほど SNS に対する危険意識も低い」は，概ね支持される結果となった。

　SNS で知り合った人と面会した経験のある者は64人（16.8%）であり，中学生は 8 人であった。また，中学生および高校生が SNS にてアイコン画像として自身の写真を公開しているのは，男性（142人中31人）よりも女性（138人中88人）が多く，誕生年（男性26人，女性50人），誕生月日（男性20人，女性44人），学年（男性26人，女性50人），クラス（男性20人，女性44人）の公開も女性が多かった。これらの結果からも，未成年者にとって SNS が日常生活に深く関わっていることがうかがわれた。

　この調査のメンバーからの感想は次のようなものがあった。

- 量的調査として，中学高校の協力と班の皆の票集めのおかげで当初の予定以上のサンプルを集めることができた。
- 班長として至らない点が数多くあったが，班員と協力して調査できたのは新たな学びにつながったと思う。
- 依頼書の作成，中学高校への調査依頼の訪問など，今後にも活かせるような良い経験ができた。
- 仮説とは違った分析結果が出て，それもまた収穫ではあったと思う。
- 大学内だけでなく，近辺の中学校，高等学校の学生にもアンケートの協力をしていただき，アンケートを回収し，集計することの大変さを感じた。

この調査における特徴として，次の点が指摘される。

　まず，所属している大学と同地域にある中学校と高校を選んだことで，数回にわたり対面による相談ができた点である。それにより，先方の教員側のニーズ，期待を知ることができ質問項目を一緒に作るなどの協同作業をスムーズに実施することができた。また，個人情報の守秘を徹底するためのルール作りも，徹底できた点が挙げられる。調査結果の報告書を先方の学校に送り，教員側は生徒指導の資料として活用したとのことであった。

(2)　家庭環境とインターネットやネットトラブルなどに関する意識調査

　クループ名『ウッシー』の調査メンバーは6名である。

　このグループのリサーチクエスチョンは，「ネットトラブルにつながるネット依存と家庭環境の関連において，インターネットの使用時間に焦点を当て，それらの関連性を検討すれば，問題解決に寄与できるのではないか」というものであった。

　そこで，調査の目的を「家庭環境が悪く居場所がないと感じる中学生や高校生は，家庭環境が良いと感じる中学生や高校生と比べ，ネット依存傾向が高くなるかどうかを明らかにする」として，「仮説1：家族関係が悪いとインターネットの使用時間が増える」および「仮説2：インターネットの使用時間が多いとネットトラブルに遭うリスクが高まる」という仮説を立てて調査を実施した。

　調査対象者は，茨城県内にある中学校，高等学校に通学する生徒441人（男性209人，女性214人，その他18人）である。

　調査時期は，11月下旬から12月初旬である。質問紙を印刷したものを，中学校および高等学校においては，質問紙を郵送し教員経由にて生徒へ配布し回答を，また大学生においては各メンバーの縁故にて手渡して回答を，それぞれ求めた。

　質問票は，属性に関する項目，先行研究の質問項目とオリジナルの質問項目によって構成された。それらは，5件法（5段階の選択肢から選んでもらう回答形式）にて回答を求めるものであり，家庭環境に関する質問（家族との関係性は良

好である。家庭で孤独感を感じることがある。あなたは保護者に抱きしめられたり，やさしい言葉をかけられたりしたことがある。あなたがイライラしているとき，保護者は「どうしたの」と声をかけてくる。家族がそろったときに安堵感を感じる。など）8項目，ネットに対する質問（ネットトラブルを自分が体験したことがある。SNS やネット上で知り合った人に会ったことがある。SNS やネットなどに自分や他人の情報を載せたことがある。ネット上には自分の居場所があると感じられる。ネットの世界のほうが，生きているという実感がある。など）18項目，自己に対する質問（困っているときには誰かに助言してほしい。自分のことを認めてくれる相手と出会うことができる。自分の悪いところが気になってしまう。自分には目標というものがない。）6項目など計37項目である。

　結果は，仮説1，仮説2とも支持されなかった。

　そこで，本調査では，研究の目的「家庭環境が悪く居場所がないと感じる中学生や高校生は，家庭環境が良いと感じる中学生や高校生と比べ，ネット依存傾向が高くなるかどうかを明らかにする」に立ち返り，探索的に異なる分析を実施した。その結果，家庭環境が悪いと感じる程度と，ネットトラブルに合う程度，およびネット上での知らない人と対面する程度との，それぞれの関連がみられた。今後，先行研究を調べ，これら関連性について検討することが重要であると考察されたところである。

　この調査メンバーの感想は次のようなものがあった。

- わたしたちがたてた仮説は支持されなかったため，他に要因があるのだということがわかった。
- 自分自身もネットトラブルに気をつけていこうと改めて思った。
- 家庭環境が良くても悪くてもネット利用時間は変わらないことに驚きました。
- 今回の調査で，携帯を持ち始めた年齢が5歳だったり，わたしたち大学生の知らない SNS を使用している人が多くいることを知ることができた。

　この調査における特徴として，次の点が指摘される。

　このチームの調査依頼先は，所属する大学から遠距離にあるメンバーの出身校である中学校，高校だった。そのため，依頼や相談は電話やメールにておこなわれたが，先方の教員との協同作業であることを意識し，何度も連絡を取り合うことで質問項目を一緒に作るなど，スムーズな調査を進めることができた点が特筆される。また，調査結果から仮説が支持されなかったが，報告書の考察部分において再分析をおこない，新たな仮説を提案し今後の課題として指摘したところも評価できよう。

(3)　著作物に対するインターネット上での違法行為の実態および罪悪感との関連について

　クループ名『すだち』の調査メンバーは6名である。

　このグループのリサーチクエスチョンは，「多くの人が著作権の侵害を軽視して，日常的に違法ダウンロードなどをおこなっているのではないか」というものであった。

　そこで，調査の目的を「社会的に望ましくない行動や態度に対する罪悪感と，違法ダウンロードの行為との間に関連があるかどうかを検討する」とした。これより，仮説1「罪悪感が少ない学生は，違法ダウンロードの経験が多い」，仮説2「大学生は，中学生・高校生よりも，違法ダウンロードの経験が多い」，という仮説を立てて調査を実施した。

　調査対象者は，東京都内のB区の中学校，A区の高等学校，都内大学のそれぞれに通う学生379人である。内訳は，中学2年生（男性107人，女性65人，その他2人），A区の高校生（男性29人，女性50人，その他3人），都内の大学に通学する大学生1～4年生（男性44人，女性77人，その他2人）である。調査時期は，11月初旬から11月下旬である。質問紙を印刷したものを，中学校および高等学校においては教員経由にて生徒へ配布し回答を，また大学生においては各メンバーの縁故にて手渡して回答を，それぞれ求めた。

　質問内容は，「回答者の属性」「インターネットにおけるダウンロードやアップロードに関する経験（自分で作った動画をアップロードしたことがありますか，他人が作った動画や音楽を無断でアップロードしたことがありますか，動画や音楽が違法

でアップロードされたものかどうかを考えてから，視聴やダウンロードを行いますか，など）」，「罪悪感に関する質問18項目」（石川・内山，2002）などである。

　結果は，仮説2「大学生は，中学生・高校生よりも，違法ダウンロードの経験が多い」は支持されたが，仮説1「罪悪感が少ない学生は，違法ダウンロードの経験が多い」は支持されなかった。なお，違法ダウンロードの経験者は，中学生6人（3％），高校生9人（11％），大学生45人（37％）であった。

　この調査のメンバーからの感想は次のようなものであった。

- 今回調査をおこなってみて中学や高校の先生方のご協力によって当初の予定よりもサンプル数が多くなった。集計が大変だったが協力していただくことのありがたさを実感でき，とても貴重な経験になったと思う。
- 今回は，違法アップロードと違法ダウンロードに注目したが，実際におこなったことがある人が多くいて驚いた。
- 今回の調査で，自分たちで計画を立て，試行錯誤しながら分析をおこない，報告書を書いたことによって，新しいものを作り上げることの大変さを身に沁みて感じた。この気持ちを味わったことのある人なら，誰かが苦労して作ったものの著作権を侵害しようと考えることはないとわたしは思う。

　この調査における特徴として，次の点が指摘される。

　調査目的を優先し，所属する大学とは別地域にある縁故も少ない中学校を選択した。調査依頼の承諾が難しいと思われたが，調査計画書がしっかりと書かれており，また直接，先方の学校に行き対面で説明したことで，調査実施に結び付いた点が指摘される。また，個人情報に関する管理の徹底などのルール作りを行ったことも評価できよう。

5　おわりに

　以上より，SNSやインターネットに関連する犯罪被害や加害の実際，大学

生が社会調査をおこなった事例などを紹介しながら，実社会に関わる協同型の社会調査を実施するにあたり，いくつかポイントを示してみた。現代社会の課題をテーマに取り上げることにより，調査結果から何かしらの気づきや問題解決への糸口を見いだせる。その喜びとやり甲斐が，協同型の社会調査にはある。

　なお，SNSに関する調査以外にも，「女子高校生の痴漢被害の調査」，「高校生の自転車運転時の交通安全意識の調査」など，高校の協力を得ておこなわれた調査もあったことを付け加えておく。

　さて今回は，中学校などの教育現場の事例を紹介したが，それ以外の公的機関への調査も実施可能である。

　例えば，わたしの授業のなかでは警察署へ出向き警察幹部にインタビューをおこなったグループがあった。悪質商法について調査をおこなったグループは，地元の警察署生活安全課の課長に対し，悪質商法の実態について聞き取りすることができた。そして，その聞き取り内容をベースに質問紙調査をおこない，報告書を作成している。なお警察署への聞き取りとして，地域防犯に関するテーマが最も多い。例えば，大学生のひったくり被害と犯罪不安感の程度を調査したグループは，縁故を通じて大学の多い地域の大規模な警察署生活安全課の課長への聞き取りをおこなっている。

　この防犯対策に関しては，行政機関にある防災・防犯危機管理部門や治安対策部門に対する聞き取りも可能である。防犯対策を調査テーマとしたグループは，治安部門の担当課長への聞き取りをおこない，そこで紹介された防犯パトロール隊に参加して防犯活動の実際を体験している。警察でのインタビューの場合，犯人検挙の視点から犯罪の実態に迫ることになるが，行政の担当部門では地域コミュニティと防犯活動との視点から犯罪の実態にアプローチすることとなる。

　このように，普段は敷居も高く近づきがたい司法や行政機関であっても，しっかりと調査計画を立て，社会の問題解決への意欲を示すことで，快く調査に協力してくれている。しかも大学生の本気度を歓迎し，つい本音を話してくれる場合もあるようである。チャレンジしてみる意義は大きい。

（桐生正幸）

コラム▶▶SNS を介した大学生における犯罪

　大学生が，SNS やインターネットを介して犯罪被害や加害行為に巻き込まれる事案は少なくない。その内容については，総務省（2022）の「インターネットトラブル事例集」の紹介で示したとおりである（174頁参照）。

　社会調査の授業で，サイバー犯罪（性犯罪を除く）に関する大学生への意識調査をおこなったグループがあった。その結果より，大学生の被害傾向がうかがわれる。何らかの不正行為の被害経験があったと回答した者は23人（14.4％；男性 8 人，女性15人）であり，その内訳（延べ人数）は，アカウント乗っ取り 5 人，ウイルス感染 3 人，架空請求 8 人，詐欺 1 人，個人情報流出 1 人，誹謗中傷 1 人などであった。著者が行った性犯罪被害に関する調査結果（2021：第 8 回 TikTok Japan）では，大学生 1 ，2 年生308人のうち36人（11.7％；男性 7 人，女性29人）が被害に遭ったと回答した。その内訳として，未知の人からの性的嫌がらせ17人（男性 3 人，女性14人），知人による性的嫌がらせ10人（男性 2 人，女性 8 人），ワンクリック被害 8 人（男性 2 人，女性 6 人），その他 1 人（女性 1 人）であった。

　これらの結果より，大学生の被害割合については全体の 1 割弱程度であり，男性よりも女性のほうが多く被害に遭っており，アカウント乗っ取り，ワンクリック詐欺などの被害が多いことがうかがわれる。

　一方，大学生による SNS やインターネットを介しての犯罪加害については，近年，特殊詐欺のかけ子や受け子など「闇バイト」に手を染めてしまう事案が注目されている。例えば，NHK クローズアップ現代（2020）では，SNS を通じて大学生が違法に金を稼ぐ犯罪として「都内で起きた強盗傷害事件」を取り上げ，次のようなコメントが記されている。闇バイトに誘われかけた大学生は，「質問しても『みんながやってるから大丈夫』とか，『税理士がついているので心配しなくていい』という形」で，犯人側から安心させられ，「生活，引っ越しとかいろいろあったので，そのタイミングが重なって，やっぱりお金が必要だなと思って」，危うく仲間に入るところだったという。犯人側からすると，大学生などの若い人たちは「ぶっちゃけ正直，最初から『使い捨て』ですよ」とし，一度，組織にとらわれると，若者たちが抜け出すのは困難であることも明らかになっている。犯人側から見た大学生は，騙しやすく，使いやすく，捨て駒的な存在であることが十分にうかがわれる。

　大学生自身が，SNS を介した犯罪被害や加害者側に巻き込まれないために

は，以上のような犯罪実態を知り，それらの形態や犯人の手口などを正確に知ることが必要であろう。社会調査実習は社会生活の現実を知る〈現場〉ともいえる。そして，怪しいサイトや誘いには決して近づかず，深入りしないように心掛けることが重要である。安易な儲け話しや，出来過ぎたうまい話の背後には，多くの危険が潜んでいる。そして，もし被害に遭った場合には，ためらわずに行政機関の窓口や警察に相談することも忘れないで欲しい。

注

⑴　この基調講演の詳細な内容は，TikTokへ提出した報告書に記載している。

推薦図書

小宮あすか・布井雅人（2018）『Excelで今すぐはじめる心理統計——簡単ツールHADで基本を身につける（KS心理学専門書）』講談社。
　量的調査を効率的におこなうために不可欠なフリーソフト「HAD」の使用について，社会学系の学部学生にもわかりやすく丁寧に解説した入門書である。
桐生正幸（2020）『悪いヤツらは何を考えているのか——ゼロからわかる犯罪心理学入門』SBクリエイティブ。
　犯罪事象に関して，統計的な分析に基づく犯罪心理学の基礎，各種理論，加害者だけではなく被害者や防犯などについてコンパクトにまとめた新書である。

第11章

社会と協働し「多様な」被災経験を調査する

　現代社会では，災害が多発し日常の一部となったとも言える。わたしたちは，過去の災害を教訓に次に起こる課題を予想し，有効とされる対応を選ぶ。しかし，被災しているのに周囲から認識されにくい人びともいる。より的確な教訓を得るためには，こうした人びとの存在を見える化し社会のなかで認識してもらうことが大事である。ここでは，東日本大震災で被災した人びとを対象に学生とともにおこなった社会調査実習の例から，多様な被災経験をいかに調査したか紹介する。そして，社会との協働の仕方や意義について検討する。

1　はじめに——なぜ災害について社会調査をおこなうのか？

　日本はたびたび地震などさまざまな自然災害に襲われている。被災した地域の様子が各種メディアを通じて伝えられるため，被災した地域の人びとの苦悩をテレビやスマホの画面越しに見たことがある人も多いだろう。では，そのように大変な経験をしている人びとに，調査者はなぜ社会調査をおこなうのだろうか。

　筆者なりの答えは，「自分たちの認識と実際とのズレを埋めるため」である。わたしたちは，社会の現状はこうなっている，という自分の認識を基に判断し行動することが多い。でも，その認識が間違っていたら？　例えば，被災した人びとの復興を支援する活動をおこなうにあたり，自分の思い込みだけで必要とされていない活動をおこなうことは，余計に人びとを傷つけることになりかねない。誤った教訓を伝えることにもつながりうる。このため，災害という人びとの命や生活に直結するテーマだからこそ，より実態に即したかたちで，社会の現状はこうなっている，と認識することが重要となる。その手段の一つと

して，社会調査は大事になる。社会学者が災害について調査する場合，被災した地域や人びとのことを災害が起こる前の状態を含めて調べるなど，被災地や被災者といった一側面だけでなく一つの地域や1人の人間として総合的に知ろうとすることが多いのも，より実態に即したかたちで社会を認識するためである。

　ただし，被災した地域の人びとの心情を逆なでするような質問をしたり態度を取ったりするなど，調査対象者に大きな負担や迷惑をかける調査は避けるよう細心の注意が必要である。迷惑な調査を「調査公害」と呼ぶこともあるくらいである。「調査公害」を避けるため，被災した地域の人びとやそこで活動する団体と話し合い，ときに調査への助言もいただきながら，協力関係をつくった上で社会調査がおこなわれることも多い。例えば，質問項目に心情を逆なでする表現が含まれていないかチェックしてもらう，他のグループが同じような調査をおこなっていないか教えてもらい調査時期や調査テーマのバッティングを避ける，設定したテーマで調査する上で絶対に外せない調査対象者を紹介してもらうなど，現場で実際に暮らしている・動いている人びとの肌感覚や人脈は，調査者がより的確な調査を企画する上で貴重な情報である。

　では，団体にとって調査に協力するメリットは何か。行政や町内会などは復興事業の推進や災害後における地域活動の再開などで，支援団体は膨大かつ多様なニーズへの対応で，忙しくしていることも多い。このため，自分たちの活動の効果を検証したり，隠れたニーズを探し出し将来の活動をどうするか検討するためのデータを十分に集め分析するところまで手が回らない場合もある。そこで，調査者と協力団体，さらに言えば調査対象者，三者にとって win-win（-win）なかたちでの調査の実施体制を整えることが理想と言える。

2　社会調査の準備および実施のプロセス

(1)　見落とされがちな多様な《当事者》像——調査の出発点

　ここからは，筆者が実際におこなった社会調査について述べていこう。東日本大震災の津波災害からの復興というと，どのような情景を思い浮かべるだろ

うか。岩手・宮城・福島の三県を中心に，沿岸地域での工事や住民たちの活動などを思い浮かべる人も多いのではないだろうか。それも復興の一側面である。しかし，震災復興はより多様な側面を持っており，被災した人びとが震災前に居住していた市区町村を離れ，別の場所で生活を再建していくケースも多かった。原発事故についてはこうした移動者の存在が多くの人びとによって認識されているが，特に岩手県の津波災害においてはあまり認識されていない傾向がある。[2]

　筆者は震災の起こった2011年6月ころから岩手県大槌町へ月1回の頻度で通い続け調査をおこなうなかで，町外への移動者の多さに気づいた。例えば，2019年におこなった災害公営住宅（自力での住宅再建が難しい被災者のために行政が建設する賃貸住宅）に入居する人びとへの全数調査（回収率23%）では，回答者のうち約4割が町外での居住を一度は経験している（野坂，2022）。また，大槌町役場の資料では，2012年9月1日までに町外へ避難した人が2,826人（2010年国勢調査人口の19%）いたことが記録されている（大槌町，2020）。大槌町に限らず岩手県の沿岸市町村は震災前から少子高齢化と人口減少に悩まされており，地域の復興を考える上でも，なぜ人びとがもともと住んでいた地域から移動せざるを得なかったのか，移動した先でどのような暮らしをしているかなど，移動した人びとの実態を知ることは重要と言える。しかし，先に述べたように，震災報道として映し出されるのは主に沿岸地域の姿である。こうして筆者は，社会で持たれている認識と実際とのギャップに疑問を持ち始め，東日本大震災をきっかけに岩手県内陸部へ移動した人びとの実態を調査することにした。

　調査テーマを決めた後は，具体的にどうやって調査を実施するかを考えた。例えば，調査対象者にどうやってアクセスするか，調査対象者の心情に配慮するための情報をどうやって知るか，調査結果を社会に還元する仕組みをどうやってつくるか，岩手県内陸部も広いので市町村を絞った方が良いのではないかなど，さまざまな条件を検討した。その結果，盛岡市に焦点を当てることとなった。

　盛岡市内では，「もりおか復興支援センター」（以下，「センター」）が，盛岡市からの業務委託を受け，2011年7月から東日本大震災で被災し盛岡市（一部周

辺の市町も含む）へ避難してきた人びとを対象に，生活支援相談員が心身の健康に関わる相談など暮らしの相談をおこなっている。また，「センター」内の交流スペースでは健康づくりも兼ねた移動者同士のお茶会や手芸サークルなども定期的におこなわれている。さらに，本人の同意の上で，市から開示された情報をもとに，市内に避難している被災世帯に，2011年から毎月ニュースレターや他団体からの支援情報（行政からの支援情報をわかりやすくしたもの，まち歩きやコンサートなど市内でのイベントや活動のお知らせなど）を送付してきた。そして，被災世帯の基礎情報と10年間の変化などが記載されたデータベースを作成し，個別訪問または電話での聞き取りにより更新してきた。

　こうした「センター」が存在していたことで，先に述べた条件にめどをつけることができた。そして，同時期に専修大学の兼任講師として「社会調査実習」を担当することになり，学生とともに移動者への調査を2020年度から2021年度にかけて実施することを決めた。

(2)　調査実施のプロセス——学生はどのように調査に参加したか

　専修大学人間科学部社会学科では，2年次に「社会調査実習A・B」を通年の選択必修科目として毎年開講している。おおよそ10名の担当教員が設定したテーマごとに受講者約10名ずつのクラスに分かれて深く社会調査の手法を学んでいる。筆者が担当したクラスでは，「東日本大震災被災者の「復興」はどこまで進んだか？　これからどう生きていくのか？」をテーマとして設定し，2020年度から2021年度にかけて「東日本大震災をきっかけに岩手県内陸部へ移り住んだ方々への調査」を実施した。

　この時期は，COVID-19が拡大すると同時により感染力の強い変異株が確認され続ける状況にあり，安全面での配慮から調査は非対面でおこなう必要があった。そこで，2020年度は調査票を郵送配布・郵送回収する質問紙調査を実施した（図11-1参照）。そして，2021年度は，2020年度に配布した調査票に希望記名式で氏名と連絡先を書いてもらえた回答者へ電話によるインタビュー調査を実施し，2020年度調査での回答内容の背景をより詳細に把握するよう努めた。調査の概要は，表11-1の通りである。

これらの調査に先立ち，事前調査もおこなった。2020年度の調査では，事前に筆者が「センター」と，質問項目に心情を逆なでする表現が含まれていないかチェックしてもらう，他のグループが同じような調査をおこなっていないか教えてもらう，具体的な質問紙の配布方法を相談するなど意見交換をおこなった。2021年度の調査に先立っては，2021年8月に「センター」含め市内で活動する支援団体や盛岡市の担当者に参加してもらうかたちでオンライン報告会を開催した。報告会では，2021年度の参加学生が2020年度に実施

図11-1　調査を予告し協力を
　　　　呼びかける依頼状

した調査の結果を報告し，アンケートの集計結果の背景にあることなどについて参加者とともに意見交換をおこなった。

　大学の授業としては主に，前期授業期間中に調査を準備，夏休み中に調査を実施，後期授業期間中に調査結果の分析と報告書の作成をおこなった。2020年度と2021年度で，おおよそ表11-2のように学生が調査に関わることで進んでいった。

　2020年度は，COVID-19のパンデミックが始まったばかりで，何が安全で何が危険なのか社会全体が手探り状態だった。そのため，授業開始が5月の連休明けにずれ込むと同時に，前期は完全オンラインでの実施となり，限られた手段と準備期間のなかで各自ができることをおこなわなければならなかった。まず，参加学生は大学図書館に通えなかったため，オンラインデータベースの検索システムを使って重要な先行研究を探し，各自のリサーチクエスチョンを具体化できるよう急いだ。その後，調査票，依頼状，返信用封筒など調査に回答してもらう上で必要なものを用意し，各自の自宅で封入作業を行った。調査票の宛先は個人情報であるため，封入し切手を貼り終わった封筒をすべて「センター」へ送り，「センター」にて宛先のラベル貼りと差出をおこなってもらった。後期は，次第に対面授業も再開し始めたため，大学宛に返信され保管

表 11-1　東日本大震災を機に岩手県内陸部へ移り住んだことのある方々への調査概要

年　度	2020年度	2021年度
主　体	野坂真，麦倉哲，浅川達人が企画・設計し，もりおか復興支援センターの協力のもと，専修大学人間科学部社会学科「社会調査実習」受講生10名とともに実査	野坂真と専修大学人間科学部社会学科「社会調査実習」受講生12名が企画・設計し，もりおか復興支援センターの協力のもと，実査
対　象	2020年8月13日時点でもりおか復興支援センターの名簿に登録されている18歳以上の東日本大震災被災者とその家族全員（907名・472世帯）	2020年度調査で継続調査への協力を承認し氏名と住所を回答してもらった回答者112名および2021年度調査で新たに協力を得られた1名（計113名・87世帯）
方　法	調査票の郵送配布・郵送回収（質問紙調査，自記式，個人票）	電話によるインタビュー（半構造化インタビュー，他記式）
期　間	調査票配布時期　2020年8月20日 調査票回収期間　2020年8月20日～9月30日	調査期間　2021年9月4日～9月11日
主な項目	3.11後の居住場所の変遷，現在の住まいでの生活で気になること，地域活動への参加状況，生きがい，支援策に関する要望，自身および町の復興感，移住したきっかけ，震災前の住んでいた地域との関わりなど	震災が起こってから現在までの経験，いまの暮らしで大変なこと・落ち着いていること，今後の暮らしで不安に思うこと・安心できること，いま心の支えになっていること，今後も続けてほしい支援，今後改善してほしい支援，COVID-19による自分自身への影響など
回収率	32％（288票）	27％（30名）
回答者の属性	性別：男性39％，女性61％，その他0％ 年齢層：10～30歳台4％，40～50歳台22％，60～70歳台51％，80～90歳台19％	性別：男性50％，女性50％，その他0％ 年齢層：10～30歳台0％，40～50歳台17％，60～70歳台63％，80～90歳台20％

されている調査票の回答内容をデータとして入力する作業などを集まっておこなえるようになっていった。そして，データを集計・分析し，最終的に報告書にまとめていった。

　2020年度は質問紙調査をおこなったが，それだけで実態を把握するには限界がある（その理由は，「3　社会調査を通じてわかったこと」を参照すると実感できるだろう）。そこで2021年度は，インタビュー調査を実施したいと考えていた。他方で，地方に比べて感染者数が圧倒的に多い大都市部に住む学生が，岩手県内を訪れて調査対象者と対面するのは避けた方が良いのではという考えが筆者にはあった。しかし，表 11-1で見たように，調査対象者には高齢者が多く，オンラインツールを用いての調査は困難であった。そこで2021年度は，電話によるインタビュー調査を実施することにした。

表11-2　調査への学生の関わり方

年　度	2020年度	2021年度
前期授業期間	《完全オンライン授業》 4月　休　講 5月～6月　先行研究のリサーチと各自のリサーチクエスチョンの明確化 7月　調査票の作成，各自の自宅で封入作業 8月　調査対象者へ調査票を発送	《原則対面授業》 4月　先行研究のリサーチ 5月　各自のリサーチクエスチョンを明確化，2020年度調査結果の概要レポートを作成 6月　2021年度調査の依頼状を調査対象者に送付 7月　調査票の作成，調査対象者へアポ取り
夏休み	なし	《完全オンラインで実施》 8月　事前調査として2020年度調査の結果報告会 9月　電話でのインタビュー調査
後期授業期間	《9月までオンライン授業，10月以降は主に対面授業》 9月　分析方法の確認 10月～11月　入力作業とデータクリーニング 12月～1月　分析レポートの執筆と修正，報告書の作成	《原則対面授業》 9月～11月　インタビュー記録の文字起こしと校正 12月　調査対象者によるインタビュー記録の内容確認，分析レポートの執筆 1月　分析レポートとインタビュー記録の修正，報告書の作成
春休み	3月　印刷・製本された報告書の発送	3月　印刷・製本された報告書の発送

　2021年度前期でも，まずは先行研究を調べ各自のリサーチクエスチョンを明確化し，それを質問項目に具体化していった。ここで，調査者と調査対象者互いの顔が見えない状態でのインタビューをいかにおこなうかが大きな課題となった。誰しも初めて接する人とはコミュニケーションが取りづらいものである。特に被災した人びとが相手の場合，震災後の経験をどこまで突っ込んで聞いて良いのかわからないこともある。そこで，学生たちと綿密に話し合いながら，調査マニュアルと調査の実施体制を作りこんだ。2021年度後期は，インタビューの録音を文字起こしして調査記録を作成し，調査対象者に内容を確認してもらった上で分析し，報告書にまとめていった。インタビュー調査の記録を作成する際には，どこまで文章を整えるべきかが大きな課題となった。インタビューの雰囲気や会話のニュアンスを再現するには，文字起こし記録には極力手を加えない方が良い。しかし，口頭の会話を文字にすると読みにくい文章となったり，プライバシーに関わる問題が生じたりする。架空の例だが，「俺は思うんだけど，佐藤市の鈴木支援団体のやり方はおかしいんでねえかと俺は思

コラム▶▶社会調査実習は学生が自分自身の可能性を見つける場

　社会調査実習は，多様な背景を持つ参加者が長期間にわたってチームを組んで動く場でもある。大学生活では，ゼミやサークルなどでも多様な背景を持つ人びとが関わり合いを持つが，ゼミは近い研究テーマに関心を持つ人同士の集まり，サークルは近い趣味を持つ人同士の集まりといったように，メンバー間の共通項がそれなりにある。社会調査実習では，互いの共通項がこれらよりも少ないことも多い。このため，より多様な背景を持つ人びと同士が長期間協力し続けることになる。自分と異なる背景を持つ人と協力し続けることに負担を感じる人もいるだろう。しかし，見方を変えれば社会調査実習は，自分とは大きく異なる他人とチームを組んで動くことで，それまで気づかなかった自分の可能性を見つけそれを活かしながら新たなものを創造する場でもある。

　本章で紹介した調査の例では，2021年度に実施した電話でのインタビュー調査のマニュアルを作成する際，参加学生のなかにコールセンターでアルバイトをしている学生が1名おり，その学生が話す経験則がとても参考になった。インタビュー記録を作成し校正する際には，普段は口下手な学生がきわめて読みやすい記録をつくってきたため，それを起点に校正マニュアルを考えていくことができた。また，COVID-19のパンデミックが始まった2020年度では，リモートでのやりとりになじめる学生となじめない学生がいたが，リモートでのやりとりになじめないでいた学生は，データ入力やデータクリーニングといった，オフラインでできる細やかな作業を積極的に担うなど，各自のできることを分担し合いながら調査を進めていた。

　このほか，筆者の経験上，デザインが得意な学生や絵を描くのが得意な学生は調査対象者の目につきやすい依頼状や調査票の表紙を作成する，地図を読むのが得意な学生はフィールド調査で案内役を買って出る，祖父母など高齢者と一緒に暮らしたことのある学生は高齢者に伝わりやすい話し方を説明してくれる，といったかたちで自分の可能性に気づき，それを活かしながら調査に参加していた。学生のみなさんには社会調査実習を，自分自身の可能性を見つけ成長する場として，ぜひ活用してほしい。

うんだ」という発言があったとする。これをそのまま報告書に掲載することは，①対立をあおる，②言葉の重複（「俺は思う」という表現が一文の中に2度出てくる）により文章の意味が理解しにくい，といった問題が生じる可能性がある。そこで，インタビュー記録を作成するなかで気になった点を学生同士および学生と教員との間で徹底的に出し合い，文章の校正マニュアルを作りこんでいった。

　ここまで見てきたように，2020年度，2021年度と調査を実施するにあたり，COVID-19は大きな影響を与え続けた。もともと，社会調査では実際に調査を計画したり調査結果をまとめたりしていくなかで，細やかな配慮が必要となる。COVID-19のパンデミック下では，一層の配慮が必要となった。そうしたなかでも，学生同士で，あるいは学生と教員との間で情報共有し双方向で話し合うことにより，柔軟に対応方針を検討してきた。その際には，各学生のできることや得意分野を確認し合い積み上げていくことが重要となった。詳しい様子は，コラム「社会調査実習は学生が自分自身の可能性を見つける場」にまとめておく。

3　社会調査を通じてわかったこと

(1)　移動したきっかけと暮らしの現状の傾向――質問紙調査の結果より

　調査の結果，何がわかってきたか。その一端として，なぜ人びとがもともと住んでいた地域から移動せざるを得なかったのか，移動した先でどのような暮らしをしているか，に着目する。まずは，2020年度質問紙調査の集計結果を見ていこう。

　図11-2は，「仮の生活が始まるときに，あなたが岩手県内陸に移り住もうと思ったきっかけは何でしたか？」という質問への回答を集計したものである（複数回答可，回答者数268）。震災前から岩手県内陸に住んでいた家族・親族・知人を頼って移動してきていること，そして介護・医療の環境が整っていそうだったことから移動している回答者が多いことがわかる。

　次に，移動した先でどのような暮らしをしているかを検討できるデータを見ていく。図11-3は，「あなた自身の復興は，どの程度進んでいますか？」と

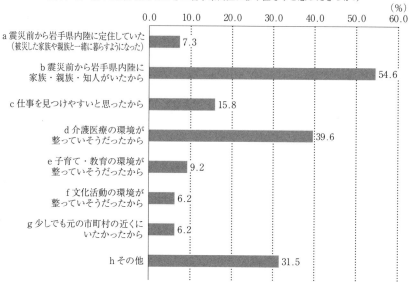

図11-2　仮の生活が始まるときに岩手県内陸に移り住もうと思ったきっかけ

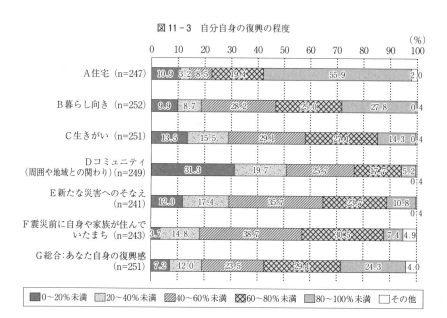

図11-3　自分自身の復興の程度

いう質問へ，項目ごとに回答してもらった結果を集計したものである（グラフ内のnは，各項目の回答者数）。総合的な復興の程度は，「60％以上＝半分以上」が約5割となっている。項目ごとにみると，A住宅，B暮らし向き，といった項目では，総合的な復興の程度とほぼ同じかそれより高い傾向がある。対照的に，C生きがい，Dコミュニティ（周囲や地域との関わり），E新たな災害へのそなえ，といった項目では総合的な復興の程度よりも明らかに低い傾向がある。特に，Dコミュニティは低い傾向がある。

　質問紙調査の集計結果は，大きな傾向を把握する場合には強みを発揮するが，なぜこうした傾向が出てくるのかを説明するには，さらなる調査が必要になることが多い。例えば，図11-2からは，3月中旬というまだまだ寒い日もある時期に始まった避難所生活において（実際，岩手県沿岸では3月11日の夕方から雪が降っていた），内陸に住む家族や親族が回答者の体調を心配し，一時的な移動を促したケースが多かったのではないかと考えられるが，あくまで推測にすぎない。こうした傾向になった背景を説明するための調査方法は，先行研究のさらなるリサーチや新聞記事の分析などさまざまあり，公開されている情報で説明できることもある。しかし，今回のようにそもそも社会のなかで十分に認識されていない実態を扱う場合，先行研究や新聞記事を探しても説明するのに十分な情報が出てこない。そこで以降では，2021年度におこなったインタビュー調査の結果をもとに，こうした傾向の背景を考えていく。

(2)　移動したきっかけと暮らしの現状の背景——インタビュー調査の結果より

　2021年度におこなったインタビュー調査の回答者数は30名と人数が限られている。しかし，なぜそのように行動したかやなぜそう思うかなど，詳しく理由が回答されている。表11-3は，「震災後，岩手県内陸に移ってこられるまではどちらで何をされていましたか？」という質問への回答において，図11-2に挙げたすべてのきっかけをカバーするよう，岩手県内陸に移り住んだきっかけを述べた部分を抜粋したものである。

　表11-3からは，自ら望んで震災前に住んでいた場所を捨てたのではなく，個々に事情があることがわかる。そして，事情は一つだけでなく，複数の事情

表11-3　岩手県内陸に移り住んだきっかけ

主なきっかけ	回答者の属性	回答内容	2020年度調査の回答
A	40代女性	うちの父親は震災前からずっと人工透析を受けていたので，沿岸部のほうで父親1人では暮らすことはできないということもありました。沿岸部の病院は，ああいう状態で（大きな被害を受けたところが多く）なかなか難しいということだったので，早急に盛岡に連れてこないとダメかなということで連れてきましたね。でも，父親は「家に帰りたい」って言ってましたね。	a, d
B	70代女性	今の家は，娘家族と二世帯なんです。わたしたちも高齢になってきているので，将来を考えたら一緒に住んだ方が良いのかなと思いまして，こちらに来ました。	b
C	40代女性	震災前は，夫婦ともに浜とは関係のない仕事をしていて（近所の工場での勤務と自営業）。自営業も続けられないし，働いていた工場も被災してなくなったし。そして，子どもが中3に上がるときだったので，学校をどうしようかっていう問題もあって。そうしたときに，主人が，「戻ったとしても仕事がなく生活もできないんであれば，子どもたちの学校のこともあるし，盛岡にいたほうがいいんじゃないか」って。	b, c, e
D	70代男性	両親たちの体調があれ（不安）だから，できるだけ病院に行きやすい所にっていう感じで。いっそのこと盛岡に家を建てようかと。	d
E	60代女性	娘は，高校は盛岡市の支援学校への進学を希望してましたので，高校進学のために盛岡市に行ってということで。宮古にいたら通信教育しかできない状態でしたのでね。	c, d, e
F	70代女性	主人は郷土芸能の胴元をやっています。胴元ということで，諸道具すべてが我が家にあったんです。それが我が家とともにすべて津波に流されてしまったのです。でもしょげてばかりではいられないと思いました。（中略）道具類を入れる倉庫を建てるためにどうしようか皆で集まって考えたんですけど，わたしが「退職後に趣味で同級生に習った染物を商品化して売って，利益分で倉庫を建てないか」と提案したんです。（足が弱くなっていた母がいたこともあり）盛岡に来て帰れなくなってしまったから，「盛岡でわたしの商品を取り扱ってくれるところを探して，あったら皆でやらないか」と言ったらやることになりました。	b, d, f
G	70代女性	（東京に暮らす娘の家に避難した後）娘たちは「ずっといてもいいよ」と言ってくれたんですけども，地元から出たことがないわたしなので，（出身地の）大槌に帰りたくなって。でも，主人は足に障がいがあり，夫婦ともに高齢になってきたので，買い物の場所も病院も遠い沿岸には戻れないし。盛岡のみなし仮設を何とか探してもらって，そこに住まわしてもらって。	a, b, g
H	60代女性	盛岡のみなし仮設に入居しているときに夫が病死して，嫁ぎ先の沿岸部に住む必要がなくなりました。	b, d, h

表11-4　コミュニティの復興に関する回答

2020年度調査の回答	回答者の属性	回　答　内　容
0～20%未満	70代男性	地元は日々遠くなって，さりとて現在の盛岡での生活には安らぎをもらえず，ただただ日々を暮らしている毎日です。
20～40%未満	80代女性	対人関係や友人関係は全然孤独ですね。友だちづきあいをしていても本当に友だちっていうのはいないし，やっぱりまだ復興してないという感じでしょうか。（中略）津波前に住んでいた地域の人とのつきあいも全然なくなってしまってるから，盛岡ではまったく未知な人たちとのつきあいですので。うちに行ってお茶飲みをするとか，ゆっくり話し合いをするとかそういうことはないんですよね。立ち話をするくらい。それだと寂しいっていうか悲しいっていうか。
40～60%未満	70代女性	震災のときは何も考えることもできず，時の流れに任せて生きて来た感じでしたが，知らぬ土地で暮らしてみると，それはそれで良いこともたくさんあり，なくなった物をさがしても涙が出るばかりで。
60～80%未満	70代男性	震災から10年になる今，復興はさることながら郷里に帰っても見知らぬ人のほうが多くなりました。他の町に来たようでさみしいです。多くの親戚を亡くしましたけど，それでもまだ親族・親戚が残っているから連絡し合いながら生きていきたい。
	70代女性	震災から10年の節目を自立の年と考えています。古里を思いながらも，内陸へ住む順応性と自分の持っている開発能力を発揮していく人生を歩もうと思っています。
80～100%	―	回答なし。

注：一番左の列にある数値（％）は各回答者にとってのコミュニティの復興の程度を表す

が折り重なった上で移動を選択していると言える。

　次に，移動した先でどのような暮らしをしているか，特にコミュニティ（周囲や地域との関わり）の復興に注目する。**表11-4**は「いまのお暮らしについて，どのような面で大変だなと感じますか？　反対に落ち着いてきたなと感じる面はありますか？」という質問への回答において，周囲や地域との関わりに関して述べた部分を抜粋したものである。同時に，**図11-3**に挙げたすべての選択肢をカバーするよう，それぞれの回答者が2020年度調査でコミュニティの復興が何％程度であると答えていたかを示し，コミュニティの復興への認識を総合的に把握できるようまとめた。

　表11-4からは，震災から10年が経過した今でも，移動にともなう人間関係の変化に戸惑っていることや，移動元の地域への思いを持ち続けていることが読み取れる。そして，移動元の地域への思いを持ち続けているからこそ，復興

工事や人の流出により変貌し続ける移動元の地域への郷愁の念が高まっているように見受けられる。他方，コミュニティの復興の程度が比較的高い回答者（60％以上）からは，寂しさは感じながらも，自分のできることをおこなうことで，移動先での暮らしや移動元の地域の変化に順応していこうとする動きが見られる。

　コミュニティの復興がどの程度進んだかを考える際，人びとのコミュニケーションを困難にした COVID-19 の影響と震災の影響とを明確に分けることは難しい。その意味で，**表11−4** からだけでは，コミュニティの復興の程度がなぜ比較的低いのかを説明することは困難である。しかし，調査対象者が持つ複雑で繊細な心境は記録されており，非対面という制約があるなかで，調査対象者の心情に深く迫った調査結果が得られていることは重要である。以降では，こうした調査結果をいかに社会へ還元しているか，また調査の実施とその結果の還元を通じて関係者がいかに調査の意義を感じているか，言い換えれば，調査者と協力団体，さらに言えば調査対象者，三者にとって win-win（-win）な関係をいかにつくろうとしているかを紹介する。

4　社会調査の結果を社会へ還元する

⑴　年1回の報告会の開催

　筆者は2023年現在でも専修大学にて「社会調査実習」を担当しており，年1回学生と調査を実施している。新たな年度の調査を始める前に必ずおこなっているのは，昨年度までの調査の結果を新しく履修する学生へ引き継ぎ，学生が調査結果を報告する公開報告会を開催することである。この報告会には事前調査としての目的もあるが，調査の結果を社会に発信し還元する目的もある。また，学生が単に情報として知るだけでなく，それを他人にも伝える経験をしてもらうことで，多様な震災復興があることを次の世代に深く理解してもらうねらいもある。現在までに，2021年，2022年と2回実施してきたこの報告会には，「センター」だけでなく，盛岡市内を中心に岩手県内で活動するほかの支援団体や調査対象者となった人びと，新聞社の記者も参加してもらえるよう周知し

ている。

(2) 支援団体による活動への協力

2020年度調査のデータは，回答者を特定できない状態にした上で，「センター」に共有した。2021年度調査のインタビュー記録は，調査対象者本人がオフレコとした箇所を除き，調査報告書にすべて掲載しており，報告書は「センター」を含め2020年度調査の結果報告会に参加した支援団体等に送付した。2021年度調査のインタビュー記録には被災当事者の本音が詳細に書き込まれており，支援活動の方針を検討する上で貴重な情報源となりうる。

5　関係者が感じた社会調査の意義

(1) 参加学生より

2021年度調査では後期授業の最後に，参加学生1人1人に1年間の調査を通じて感じたことを感想文として書いてもらった。その感想文より，参加学生が感じた本調査の意義を読み取ってみよう。多くの学生が感想文で述べているのは，①東日本大震災への認識が大きく変化した，②社会調査の実態を知ることができた，③今後の抱負，である。例えば，次のような感想文が書かれている。

①東日本大震災への認識が大きく変化した：

　東日本大震災が発生した当時，わたし自身はまだ小学生で，今までに経験したことのない事態をただ恐れるばかりでした。しかし，今回の社会調査実習をとおして，そのときに抱いた気持ちと改めて向き合い，震災についてより深く考えることができました。特に，電話インタビュー調査では，テレビのニュースや新聞の記事等からは知り得ない，被災者の方々の思いを聞くことができ，とても貴重な経験となりました。(学生A)

②社会調査の実態を知ることができた：

　この授業を履修していなければ体験できない社会調査の一連の流れを体

　　験し，社会調査の有益さ，大変さを体験できました。（学生B）
　③今後の抱負：
　　風化が進んでいると言われる東日本大震災ですが，わたし自身のなかで
　　は風化させないようにしようと思います。（学生C）

　以上のように，社会調査を通じ，実際に起こった課題を被災した当事者から
直接聞き，それに向き合うことで東日本大震災への認識が大きく変化したこと，
そして自分なりにできることを考えていることが読み取れる。また，そうした
新たな認識を得るためには，社会調査にともなう大変な作業も必要であること，
さらに，新たな認識と大変さを学ぶことが，自分自身が今後東日本大震災へど
う向き合いたいのかを考える契機にもなったと言える。

(2)　支援団体より

　支援団体が感じた意義については，社会調査の結果を共有した後，もりおか
復興支援センターの代表者・金野万里氏へインタビューによって尋ねている
（2022年12月実施）。金野氏によれば，①自分たちの活動の意味がより明確に認
識できた，②今後の活動方針の参考になった，といった意義を本調査に感じて
いるという。

　①については，多様な移動のきっかけやプロセスを具体的に知ることで，誰
も扱っていないテーマでの支援をおこなっていることが改めてわかり，活動の
独自性と重要性を再認識できたという。図11-2や表11-3で見た通り，移動
のきっかけやプロセスは多様であり，移動先で安心して暮らすためには，仕事
探しや住まいの再建だけでなく，医療や福祉，移動元の地域との可能なかたち
での関係維持など多方面かつそれぞれが有機的に連携した総合的な支援が重要
である。そうした重要なニーズに自分たちは応えようとしてきた，という復興
支援活動全体における自分たちの立ち位置を生活支援相談員であるセンター職
員が理解できたことが，活動の意義の再確認につながったということである。
また，震災から10年が過ぎても次世代の学生たちが真摯に震災に向き合ってく
れていることを有難く感じていると金野氏は述べており，支援団体が取り組む

課題に次世代が関心を向け続けること自体が，支援団体が自分たちの活動の意義を認識しやすくなる部分もあると言える。

　②については，ちょうど2020年ころから，移動者を取り巻く復興上の課題が，住まいの再建や帰還支援から，移動先で安心して暮らせる環境づくりへと移行する時期であり，これまで支援の対象としてきた人びとから，現在の暮らしをどう思っているかについて具体的なフィードバックをもらえたことで，今後の活動方針を再検討するのに役立っているということである。特に，普段は支援者である相談員には積極的に苦労話などは話さない人でも，若い学生には本音を話してくれていると金野氏は調査結果から感じており，気兼ねなく話せる関係を作り出せる意義も，本調査に見出していると言える。

　総合して，こうした調査は現在進行中の東日本大震災で発生した広域避難に対する支援の記録にとどまらず，今後も起こり得る大規模災害時のケースマネージメントにおいても貴重な示唆になると受け取っていることも，金野氏は述べている。

(3)　調査対象者より

　調査対象者は，何らかの意義を感じたからこそ社会調査に参加していることも多い。ここでは，2021年度調査においてインタビューの最後に尋ねた，「この調査に協力しようと思われたきっかけはどのようなものでしたか？」という質問への回答から，調査対象者が本調査に感じた意義を紹介しておく。多かったのは，①若い人の役に立てる，②自分の経験や思いを伝える機会になる，③協力し合うつながりを保てる，といった回答であった。例えば，次のような回答が聞かれた。

　　①若い人の役に立てる：
　　　自分の経験が次の世代の参考になればっていうか。こういう経験したけど，こうしたら良くなったとか。そういう思いがあったんで受けさせてもらいました。（50代男性A）
　　②自分の経験や思いを伝える機会になる：

内陸に移った人のことを誰かがお話しても良いのかなって。やっぱりこれは聞かれなきゃ話さないことで，良い機会だと思って。(70代女性B)

③協力することを通じてつながりを保てる：

支援団体にはお世話になって，いろいろなつながりっていうのも大事だよね。(60代男性C)

　以上のように，調査対象者は自分なりに社会調査の意義を見出している。特に②については，本調査を始めた際の「社会で持たれている認識と実際とのギャップを埋める」という問題意識を調査対象者も持っている，あるいは共感してくれていることを物語っていると考えられる。

6　おわりに

　本章では，筆者が社会調査実習の授業のなかでおこなった「東日本大震災をきっかけに岩手県内陸部へ移り住んだ方々への調査」について，準備のプロセス，結果の概要，社会への還元方法，関係者が感じる意義を見てきた。読み手に受けとってもらいたいことは少なくとも2つある。

　第一に，災害に関する社会調査は「自分たちの認識と実際とのズレを埋めるため」におこなわれることが多く，被災した地域の人びとやそこで活動する団体との協力関係を構築し，調査結果が社会に還元される仕組みを整えておくことが重要である，ということである。こうした関係や仕組みをつくる見通しがないままおこなわれる社会調査は，ときに「調査公害」になりうる。「調査公害」を避けるには，被災した地域の人びとやそこで活動する団体と話し合い，ときに調査への助言もいただきながら，①調査者と②協力団体，さらに③調査対象者，三者にとって win-win (-win) な形となる協力関係を整えることが重要である。本章で紹介した調査の例では，①東日本大震災の実態を知りつつ社会調査の知識を身につける，②自分たちの活動をふりかえりつつ今後の災害事例への示唆を発信する，③自分の経験や思いを伝えることで次の世代や支援者とつながり続ける，といった意義をそれぞれに見出してきた。

　第二に，社会調査の結果を社会に還元するプロセスは，分析を終えた後にこそ続くということである。win-win (-win) な形となるような協力関係は，こうしたプロセスがあったからこそ構築されてきたと言える。社会調査実習という授業には1年間という時間の制限があり，参加学生は分析レポートを提出すればもう調査プロジェクトと自分は関係がないと考えてしまうかも知れない。しかし，実際の社会調査は，分析を終えた後にもやることはたくさんあり，むしろ分析を終えた後にこそ，社会調査を「社会にひらいていく」プロセスが本格化していくのである。言い換えれば，何かを成し遂げようとしている途中で授業は終わってしまっているとも言える。そこで，受講後にも，ちょうど良い距離感で調査対象者や調査対象地に関心を持ち続けてみるのも良いのかも知れない。本章のように次年度の調査結果報告会に参加する以外にも，機会を見つけて調査対象地を再訪する（アポが取れれば調査対象者へあいさつする），調査対象地がニュースで取り上げられたときに調査したときのことを思い出しつつ，インターネットなどで調査対象地の現状を調べてみるなど，さまざまな形がありうる。そうすることで，学生生活もより充実したものになるのではないだろうか。

（野坂真）

注
(1) 災害社会学では，ほぼ同義の「調査災害」という言葉も使われる（大矢根・渥美，2007）。
(2) 宮城県，特に仙台都市圏では，「避難所→応急仮設住宅→恒久住宅」と同じ市区町村内での段階的移行を標準型とする「単線型住宅復興」とは異なる，「複線型住宅復興」での住まいの再建過程があったことが報告されている（齊藤，2019）。
(3) 実際の相談内容は，支援制度や法律，家計，住まい，仕事，介護など多岐にわたる。震災からの経過時間によって相談内容の傾向は変わってきているが，2022年時点では心身の健康，地域活動，家族関係に関わる相談が多くなっている。
(4) 調査結果の詳細は，専修大学人間科学部社会学科野坂ゼミ（2021，2022）の調査報告書を参照。

推薦図書
大矢根淳・浦野正樹・田中淳・吉井博明編（2007）『災害社会学入門』弘文堂。

人文・社会科学ならではの災害研究の視点を学べる入門書である。研究者だけでなく，被災した地域で支援活動を続けてきた実践者も執筆陣に加わり，現場での実体験ももとにして被災した人びとや地域への社会調査をおこなう場合の留意点なども紹介している。東日本大震災以前に出版されているものの，今なお被災した人びとや地域への社会調査の方法を考える上で重要な図書である。

舩橋晴俊・田中重好・長谷川公一監修（2017-2019）『被災地から未来を考えるシリーズ』（全3巻）有斐閣。

戦後最大の死者・行方不明者数を出し今なお被害や課題を生じさせ続けている東日本大震災の経緯や実態をまとめている。日本における災害研究のあり方が，東日本大震災前後で大きく変わった。東日本大震災で起こったことをもとに被災した人びとや地域への社会調査の方法を考える上で重要な図書である。

Rodríguez, H., Donner, W., Trainor, J. E. eds. (2018) *Handbook of Disaster Research Second Edition*, Springer.

アメリカ合衆国のデラウェア大学内にある Disaster Research Center（DRC）では，世界中の大規模災害が起こった地域を訪れるとともに各国から研究者を受け入れ，情報収集・整理をおこなっている。DRC のメンバーが中心的な編者となった本書は，社会科学での災害研究において世界レベルで議論されるキーワードやテーマなどを紹介する論文集である。

第12章

「まちづくり」に踏みこむ意義と限界

　「まちづくり」と聞いても，ピンとこない人も多いだろう。しかし，目の前に拡がる地域や都市は，「誰か」によって形づくられたものである。身近なまちづくりの現場を見て，聞いて，一緒に汗を流すことで，その「誰か」には自分も含まれていることに気がつくだろう。本章では，地域の人びととコミュニケーションをとりながら成立させる社会調査の手法を検討していく。そこでは，まちづくりに関わる人びと同様に，「自分から関わる」ことが求められる。

1　まちづくりと社会調査

　人口減少時代に突入し，どんな大きな都市であっても，都市の縮減について将来を見据えて検討していかなければならなくなった。日本のどこを切り取っても，高齢者の増大と子どもの減少が問題となり，地域を彩る多様な活動は，次世代の担い手不足に悩まされている。こうして表面的に課題は一様に見えるが，地域を詳細に検討すると，その中心は少しずつずれており，地域固有の解決すべき課題があることが見えてくる。そして，その課題解決に向けて使える資源も地域ごとに特色がある。まちづくりに重要なのは，「ヒト・モノ・カネ」と言われる。そのどれもが足りない現況においては，かつてのように華やかな成功事例を横並びでまねしていく余裕がない。地域固有の課題，資源をよく理解した上で，その地域に合わせてカスタマイズした取り組みをおこなう必要がある。ここに社会調査が求められる理由がある。

　まちづくりに関するテキストや手法の解説書では，社会調査の手法と重なるものがいくつか触れられている。例えば，『はじめてのまちづくり学』（山崎他，2021）では，「まちを見出す」という節で，まちの特性や個性を捉える方法が

紹介されている。ここに社会調査に近い手法を見つけることができる。「まず
は，まち歩きからはじめてみましょう」というかけ声は，本書も同様である。
まち歩きは，「まちの魅力や問題を発見する効果的な手段」とされ，今和次郎
の「考現学」が非参与型の観察法として紹介される。さらにその発展型として，
吉阪隆正の「発見的方法」，赤瀬川原平や藤森照信らの「路上観察学」が紹介
される。また，「オーラルヒストリー」は過去のまちの姿や人びとの暮らしな
どを知る手段であり，社会調査では定番の「人生を聞き取るライフヒスト
リー」ではなく，まちの歴史を口述で集める手段として紹介されている。

　一方で，まちづくりの調査手法と社会調査では調査対象にずれもある。社会
学ではまちや都市を見るとき，人と人との関係，組織，制度を中心に見ていく。
小都市の構造や諸動向の関連をつぶさに見ようとしたリンド夫妻の『ミドゥル
タウン』がその調査対象としたのは，職業，家庭，余暇，地域活動への参与で
あった。まちづくりにおいては，こうした対象に加えて，建物，敷地，街区，
それらを取り巻く自然や地形の歴史的文脈が調査対象となる。また，建物や
オープンスペースの実測が必要となり，社会調査とされる範囲の調査ではまか
ないきれない。このことから，まちづくりに関わる調査は，分野横断的になさ
れることが理想であると言えるだろう。

　また，まちづくりの手法と社会調査は，その目的も異なっている。まちづく
りは「まち」をどのように構想して「つくる」かに重点がある。少し前に「コ
ミュニティデザイン」という言葉が流行し，まちづくりという言葉が持つ意味
合い自体が変化した。かつてのように建物や道路を建設するハードのまちづく
りから，人と人との関係をデザインするソフトのまちづくりが重視されるよう
になったのである。そのため，まちづくりのための下調べの手法として，社会
調査を用いることも多くなってきたと考えられる。一方，社会調査の目的は
「社会」，すなわち多くの人びとの動向を知ることそのものである。調査結果で
あるデータ・情報を使ってその先を構想することは，社会調査の発展的な展開
であると言える。社会調査を専門的に学ぶ立場からすれば，調査自体をいかに
的確におこない，地域の基礎的な情報を提供できるかに第一義的な意味がある。

　しかしここではもう一歩踏みこんで，社会調査自体を基礎的なデータ・情報

を的確に提供するだけでなく，社会をつくりだす手法として位置づけ，その可能性を探ってみよう。それは，アクション・リサーチとして社会調査の一技法として位置づけられる（第3章も参照）。ここでいうアクション・リサーチは「調査者が対象集団と共同して新しい活動を実施し，そのプロセスをとおしておこなう調査」（谷・芦田編著，2009）を指す。社会調査に関わる者自身が，社会調査の対象に関わることによって，どのような結果をもたらすのか。その一連のプロセスをまるごと調査対象とする考え方であると言えよう。以下では実際のまちづくりに関わる調査の実践から，まちづくりと社会調査の関連を考察してみよう。

2　まちづくりに関する調査の企画

　筆者のゼミは「まちづくりゼミ」という位置づけであり，社会学の立場から地域活性化を中心的なテーマとして調査研究をおこなっている。活性化させるべき対象は何か，誰がどのように活性化させるのか，その中身は当然のことながら幅広い。筆者自身は，自治会やNPOといった地域組織と行政の協働を主たるテーマにして研究をしている。こうしたアプローチは，地域のまちづくりにとってはその一部でしかない。一方，ゼミ生たちは多様な関心で集まってくるため，対象とするフィールドのみを事前に設定し，どのような対象・テーマで研究するか，学生1人1人が検討し，提案してもらっている。フィールドの特性も鑑みた上で，学生から出てくるテーマの例としては，観光，特産物，空き家，移住，祭り，防災，自然環境，聖地巡礼，子ども食堂，コミュニティカフェなどがある。行政の施策で重点プログラムになりそうなものから，その時々で注目されている事象など多様である。この中から，毎年テーマを3つに絞り，3班に分かれて調査を進めていく。

　まずは手近なところで手に入る資料や，インターネットで調べられる情報の収集から始める。その地域の歴史，人口構成，行政施策などであれば，その多くは自治体のHPで入手できる。観光協会や商店街のHPなども情報が充実していることもあるし，個人やNPOのブログなども参考になる。

　フィールドについて調べると同時に，テーマについても調べる必要がある。そのテーマについて，一般の書籍など手軽に読めるものや，研究者がどのように捉えているか CiNii を使って論文を検索してみる。全部を1人で読もうと思えば大変だが，チームで動いているので，1人1，2本の論文を読んでお互いに発表し合えば，多くの論文に目配せすることができる。こうして情報を集めつつ，そのテーマにおいて何が成果として認められ，何が課題となっているのかを明らかにし，研究の焦点を絞っていく。そして，フィールドとなる地域において，そのテーマに関する取り組みをおこなっている団体や人びとを抽出し，どのような取り組みであるかを概観しておく。

　このあたりまで調べることができたら，まち歩きや現地訪問に加えて，テーマについてよく知っている人へのインタビュー調査を，事前調査の一環としておこなう。この調査を夏休みにおこなうために，夏休み前までに調査の企画をおこない，依頼状と質問文を作成しておく。調査企画書の項目は，①研究タイトル，②研究の背景，③問題意識，④研究目的，⑤調査仮説，⑥調査方法，⑦スケジュールの7つである。この時点では，自分たちが考えていることの何が研究の背景で，どれが問題意識で，研究の目的がどうなるのか，論理的に構成することが難しい。しかし，何度も構成し直して全体が腑に落ちると，目的に向かってある程度自走できるようになる。

　フィールドワークに行ったら，必ずフィールドノートを作成する。インタビューは許可を取って録音し，逐語録を作成する。これらは公刊できるようにまとめなおして対象者にも確認してもらい，記録として報告書に掲載している。

　夏休み明けには，事前調査の結果を踏まえて本調査の企画をしていく。先の調査企画書を，事前調査の結果わかったことを踏まえて練り直し，最終的に何を目的にこの後の研究を進めるかを検討する。このとき，通常の社会調査であれば，調査方法はインタビューや参与観察などの質的調査，あるいは質問紙調査を企画することもあるだろう。しかし，まちづくりゼミという性格を鑑み，自分たちが実際のまちづくり活動を実施する計画も，調査手法の選択肢の一つとしていることが特徴である。例えば，地域の人たちとのワークショップを開催する，地域の人たちと一緒にイベントを企画しておこなうということもあり

なのである。調査の目的は通常「〜を明らかにする」というものであるが，ここでは，「〇〇の課題に対応して，□□の活動をおこなう」ことが目的の一つとなり，その結果課題にどのように対応できたかについても検討することになる。次節ではこうした調査の実際を紹介していくことにしよう。

3　調査方法としてのまちづくり活動

　ここでは，調査の一環として学生と地域の人びとと一緒におこなったまちづくり活動の事例を，3つ取り上げることにしよう。1つ目は東京都葛飾区の委託事業として，学生がまちづくり活動に寄与した事例。2つ目は，同じ調査対象に対し2つの授業をとおして関わることで，実践活動にも取り組んだ事例。3つ目はゼミ生が主体的に行政から補助金の交付を受け，地域の課題に合わせたイベントを開催した事例である。前者2つは，調査枠組みを教員が企画し進めていったもので，3つ目は第2節で取り上げた段取りにのっとり，学生が企画し実行した事例である。

(1)　自治会活動に参加しつつ，ワークショップを開催

　東京都葛飾区の自治会活動は，その多くが活発になされてきたが，集合住宅居住世帯や若年層の自治会加入が進まず，担い手の高齢化が問題となっている。そこで葛飾区は，自治会活動の活性化と地域力の向上を図る目的で，2018年度から「地域の支え合い活動への支援」事業に取り組むことになった。事業の一つが，学生が関わりながら自治会活動をエンパワメントするものであり，この委託を受けて，ゼミでH自治会に関わることになった。H自治会は，春の例大祭や夏の夕涼み会など，子どもたちも多数参加するイベントを開催しているほか，麻雀，太極拳，ダーツといった高齢者のサークル活動をおこなうなど，地域の課題に合わせて活動を展開させてきた。その一方で，他の自治会と同様に，役員の高齢化，後継者不足が課題となっていた。

　事業の目的から，調査は大きく2つの構成でおこなっていくことにした。[1] 一方は，ゼミ活動において，学生が自治会の活動に参加しながらおこなうもので

ある。自治会の課題や魅力について，若い世代の視点で学生が考えるとともに，こうした視点に触れることで，役員などの担い手自身の考え方などにも変化を期待するものである。もう一方は，教員と大学院生で活動のリーダー層にインタビュー調査をおこない，自治会の現状や課題を明らかにするものである。ここでは学生たちが関わった，前者のプロセスを紹介する。

①調査と活動のプロセス

　まずは座学で自治会について学び，各自が地元の自治会を調べ，身近なところでもさまざまな特徴を持って活動していることを確認した。7月上旬には，葛飾区職員から葛飾区の概要について説明を受けた。

　7月最後の日曜日に「キックオフ会」を開催し，学生たちが初めて現地を訪れた。まずは，自治会長と総務部長の案内で自治会内を歩き，活動場所をめぐりながら説明を受けた。その後，近くの地区センターで自治会役員30人と学生との交流会がおこなわれた。学生は手作りの名刺を3枚作成して持参し，自治会役員と名刺交換をしながら交流する「自己紹介カード交換会」をおこなった。自治会役員にも，名前と好きなことなどを記入した名刺を1枚作成してもらい，会話のきっかけとした。これによって，和やかな雰囲気のまま会を終え，協働のためのよいスタートをきった。

　夏休み中に，ゼミ生たちは積極的に自治会の活動に参加した。太極拳・麻雀・ダーツのサークル活動に参加し，夏の夕涼み会にも，前日準備，当日，次の日の片づけまで参加した。夕涼み会の実施内容を話し合う会議に出席したところ，学生として新しくブースを出すことになり，ゼミで検討して「スーパーボールすくい」を出店することにした。このように活動に参加することで，自治会活動の現状や課題について，かなり知ることができた。例えば，夕涼み会ではテントを立てるなど力仕事も多いが，70歳以上の高齢者が中心となっている役員層だけでは，作業が困難であることなども目の当たりにした。

　秋学期にはワークショップとインタビュー調査をおこなった。ワークショップは，自治会の魅力や課題を，担い手がどのように捉えているか可視化するためのものである。インタビュー調査は，夏休みの経験から夕涼み会とサークル活動をH自治会の特徴と位置づけ，今後継続的におこなっていくための課題な

どを明らかにすることを目的とした。また最後に，これまで参加した活動やインタビュー調査の結果を踏まえて，「学生がお伝えする！H自治会の魅力」という8Pカラー冊子を作成し，若い人向けに自治会活動を可視化する試みもおこなった。

②まちづくりワークショップの開催

　まちづくりの現場で，現状把握や今後の方向性について，参加者の合意を得ながら決定する手法として，「ワークショップ」はよく用いられる手法である。ワークショップを成功させるには，ワークショップ自体の設計と，各グループを導くファシリテーターの役割が欠かせない。そこで，さまざまなまちづくりの現場で，ワークショップの経験豊富な株式会社石塚計画デザイン事務所に相談し，自治会の活性化を考えるためのワークショップのデザインと，学生へのファシリテーター養成講座の開催を依頼した。この養成講座で，「くくりシート」を使ってKJ法で模造紙上に議論をまとめる技術のレクチャーを受けた。

　ワークショップでは，「地域課題を見つめて地域資源を掘り起こそう」をテーマに，5グループに分かれて意見を出し合った。各グループに学生が3人ずつ入り，司会進行，意見のまとめ役，「くくりシート」や模造紙の記入といった役割を担った。グループワークでの「ルール」は，「人の意見を否定しない」「たくさん意見を出す」「なるべく簡潔に話す」である。実際のワークショップの進め方は**表12-1**を参照して欲しい。

　ワークショップで出た意見を簡単にまとめると，資源としては，祭礼や夕涼み会，サークル活動といった自治会の活動が活発で，役員が協力的で団結力があるということがあげられた。一方課題としては，子育て世代とのつながりが希薄になっていること，若い人や転入者が自治会に入りにくいこと，役員が忙しいことなどがあげられた。自治会をよくするアイデアとしては，子供会の復活や，若い世代や非会員でも参加しやすいイベントの開催，SNSの活用などPR方法にも工夫することなどがあがった。

　資源や課題については，インタビュー調査でも聞き出すことができ，それを分析することによって，結論や今後の展望などを導き出すことが従来の方法である。一方で，ワークショップの手法は，状況を分析することよりも，参加者

表12-1　グループワークの進め方

全体の流れ

1　ふせんに自分の意見を記入する。

2　順番にふせんに書いた内容に説明を加えながら発表する（**写真12-1**）。

3　似たような内容を書いていた場合には，その場で発言する。

4　同じ話題を「くくりシート」に集め，シートにタイトル（くくりの言葉）をつける（**写真12-2**）。

写真12-1　グループワークの様子

写真12-2　模造紙とふせんの使い方

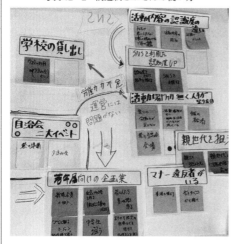

5　すべての意見を出し終えたら，くくりシートを模造紙に貼りつける。

グループワークの内容

1　自己紹介＆アイスブレーク（5分）
1人30秒程度で，名前，役職のほかに「自分らしい一言」を添えて自己紹介。

2　自治会の資源を出し合う（30分）
「こんな活動をしている」，「こんな人がいる」，「こういう特徴がある」など。

3　自治会の課題を出し合う（30分）
「困っていること」，「こんなことがある」，「問題になっていること」など。

4　シール投票（5分）
資源と課題，それぞれから大切だと思うものを3つ選び，シールで投票する。

5　自治会をもっとよくするアイデアを出し合う（25分）
投票数が多かった「資源」や「課題」を踏まえて，「よくするアイデア」を考える。

6　発表（20分）
会場全体で意見を共有するため，グループで出た意見を1グループ3分で発表する。

本人の自覚を促した上で，全体で認識を共有し，次のアクションにつながることが目的となる。本来であれば，自治会をよくするアイデアを出し合ったのち，具体的なアクションを検討し，参加者各自が役割を自覚できるところまでおこなうとよいだろう。2回目のワークショップの検討や，ゼミでも次年度の活動

コラム▶▶まちづくりワークショップの工夫

　ワークショップは，会議を創造的に進めるための技法であり，参加意識を高め議論を活発化させるために，さまざまな工夫・手法が用いられる。まちづくりワークショップにおいても，公共施設の設計に対して地域住民の意見を反映させるためのものや，子どもたちの意見を集約するものなど，目的に合わせた手法を工夫する必要がある。

　本章で紹介したワークショップは，まちづくりに関するコンサルタントである株式会社石塚計画デザイン事務所による，ワークショップデザインとツールを活用したものであった。教えていただいた内容を以下に紹介しておこう。

　ファシリテーターは，グループの議論や会議全体を円滑に進める役割を持つ。ファシリテーター養成講座では，「笑顔とうなずきの術」「質問の術（オープンクエスチョン）」「翻訳・まとめの術」「発言うながし術」などのスキルを学んだ。

　「くくりシート」は，KJ法による意見集約に慣れないファシリテーターがおこなう際に，活躍するツールである。下部にふせんを貼りつけ，上部にそれらをまとめた「くくりの言葉」を記入する。このとき，名詞だけにしてしまうと後から意図がわからなくなるので，動詞や形容詞を含めてセンテンスで記入するのがよい。参加者が意見をふせんに記入する際には，黒ペンで他の人も見えるような大きな字で書いてもらう。ふせんを示しつつ内容を補足しながら意見を出し合い，それを「くくりシート」に集約し，「くくりの言葉」で意見をまとめていく。また，シートどうしの関連を矢印などでつなげていき，全体が見通せるような模造紙を完成させる。最後にこれらを会場全体で共有する。

　ワークショップを成功させるには，参加者に目的を理解してもらった上で進める必要がある。また，場のデザインも重要で，会場全体や，グループのテーブルの上の道具にも気を配りたい。気持ちの良いBGMで参加者を迎え，飲み物やお菓子を準備しておくこともある。

写真12-3　石塚計画デザイン事務所の机上ツールの例

につなげていくといった工夫が求められる。ワークショップの成果や，インタビューの分析結果などについては，報告会の開催と報告書をとおして自治会と共有した。しかし実際には，単年度の活動で終わってしまったことが反省点である。

(2)　年度の異なる2つの授業によってイベント開催につなげた事例

　大学のキャンパスの目の前に市民の森がある。ゼミでキャンパスのある地区を調査フィールドに設定したところ，横浜市の「市民の森」制度に注目した班があった。都市部における緑地の減少が問題となるなかで，横浜市は全国に先立って1971年から「市民の森」制度によって緑地保全に取り組んできた。土地所有者が土地を提供して横浜市と市民の森契約を結び，地元で愛護会の結成を呼びかけ，維持管理していく仕組みである。しかし，愛護会メンバーの高齢化にともない，活動継続に困難が生じてきており，倒木の処理などこれまでおこなってきた活動を縮小し，草刈りなどの軽微な活動にシフトしてきている。

　ゼミ生たちは，3つの市民の森を歩いて調べた上で，大学の目の前にある規模の小さな，しかし手入れの行き届いた「関ヶ谷市民の森」に焦点を当てた。愛護会の活動に参加させてもらい，インタビュー調査をおこなった。その結果，メンバーが楽しく関わっている様子を目の当たりにし，活動者たちは高齢化を悲観的に捉えていないことを指摘した。緑地維持活動としては高齢化により活動の幅は狭まっているものの，周辺住民の交流の機会や健康増進に寄与しているというのである。こうした結果を報告書にまとめ，愛護会に配布してゼミ活動は終わった。[2]

　しかし，地元が調査地であるだけに，継続的な関わりを求める声もあった。そこで，次年度の別の授業で，同じ団体に協力してもらう企画をたてた。「社会学の実践」という科目で，シラバスには「横浜市『市民の森』をテーマ・フィールドとして，アクション・リサーチをおこなう」と説明した。フィールドワーク，参与観察，インタビュー調査をおこなった上で，対象の集団が抱える課題に対応した，何らかの実践をおこなうことが目的であることを示した。また，「フィールドに楽しんで関わる姿勢，自分事として課題をとらえる主体

表12-2　イベント実施までの行程表

4月下旬　「市民の森講座」市民の森会員による現地案内と活動の説明 5月・6月　月2回の通常の活動に学生が分かれて参加 6月上旬　インタビュー調査実施 6月下旬　イベント内容の提案 7月下旬　イベントの実施

性，学生らしい発想に基づく実践力を求める」ことをシラバスにて告知した。

　授業を進めていく上で，愛護会メンバーにどのように関わっていただきたいか，学生がどのように団体の活動に参与するかについて，事前に団体リーダーたちと打ち合わせた。そこで決まった予定は**表12-2**の通りである。

　一学期の間に，状況を把握して実践活動をおこなうという，かなり無謀な計画であったが，概ね予定通りに進めることができた。その理由の一つには，昨年度の調査の成果を出発点としている点が挙げられる。調査報告書に課題などは示されているため，受講生が活動に参加してそれを実感することで，実践企画につなげた。(3)

実践活動までのプロセス

　活動参加のフィールドワークでは，4月にタケノコ掘り，5月は花壇整備，6月は梅の収穫をおこなった。自然のなかでおこなう活動は，若い世代であっても，参加してみるとやりがいもあるし楽しい。しかし，自分たちも目の前の大学に通いながら，市民の森があることを知らなかったし，こうして市民の森を管理している人たちがいることを知らなかった。この活動をもっと多くの人たちに知って欲しい。学生たちはこうした思いを抱き，親子で関ヶ谷市民の森に足を運んでもらえるようなイベントの企画と，イベント告知も含めて市民の森について宣伝するチラシを作成することにした。イベントは，小学生の夏休みの自由研究の題材となるよう，竹細工ワークショップを市民の森で開催する企画に決まった。

　ここからが忙しいスケジュールとなった。イベント開催日を7月最後の日曜日に決定し逆算すると，7月半ばには告知用のチラシを配布する必要がある。イベントの詳細を詰めていく担当と，チラシを作成する担当に分かれて準備を

写真 12 − 4 小学生向け竹細工ワークショップの告知チラシ（左：表面，右：裏面）

進めた。チラシは近隣小学校 3 校などの児童約1,250人に配布し，QR コードから Google フォームで受付け，定員を30人に設定した。ここで，高齢の愛護会メンバーと，大学生・教員との意識の差があらわれた。これまで市民の森で企画を実施しても，そう人が集まるわけではなかったという。また QR コードでの申込方法は，小学生には難しいのではないかと愛護会メンバーは心配した。しかし，学生たちからすると，小学生でも携帯を持っており，QR コードを使うことも普通であるし，子育て世代の教員からすると，大学生たちと関わりながら無料で夏休みの自由研究ができる企画は魅力的であると思われた。実際，小学校にチラシ（写真 12 − 4）を届けてから 1 週間もかからずに，定員はいっぱいになってしまった。こうしたところからも，普段高齢者ばかりで活動をおこなっている団体に大学生が関わることで，これまでにはない展開の可能性を見出すことができる。

　さて学生たちはイベント開催に向けて，当日のスタッフの役割や流れを記載した実施要領，小学生配布用のプログラムなどを作成した。また，当日の竹細工の準備として，市民の森のメンバーと共に，竹細工の種類を決定して実際の作成手順を確認し，必要な竹を切り出して下準備をした。

　当日は，子どもたちも保護者もみな楽しそうに参加してくれた。参加後のア

ンケート結果では，「また参加したい」という人がほとんどで，個別のコメントでは，「市民の森を知れてよかった，また来たい」というものもあり，市民の森を知って欲しいという目的はある程度達成されたと考えられる。

通常の社会調査とは異なり，アクション・リサーチでは，イベント参加者も含めて多くの人や団体との関わりが必要となる。イベント開催に向けて，生徒にチラシを配るには小学校とのやり取りが必要となり，大学の事務方とは道具の借り入れなど交渉をおこなった。ここでは，調査対象と調査者との関係に終始するのではなく，調査者もまちづくりをおこなうアクターの一員となっている。そのことが，対象団体に大きな影響を与える。これは社会調査法としてはかつて禁じ手であったかもしれない。しかし，まちづくりの現場においては，まさにこうした関わりが求められているのである。

(3) 地域の人の要望を大学につなげる防災イベントの開催

まちづくりゼミとしての進め方は第2節に示したとおりである。6月上旬までは，コミュニティやまちづくりに関連する書籍の講読，ワークショップの手法などを学ぶ。その後，昨年度のゼミ生による調査報告を聞き，報告書を読むことで，これからおこなっていく調査過程のイメージを共有する。この年は，大学のある横浜市金沢区をフィールドに設定し，「防災」「自然」「コミュニティカフェ」をテーマに調査をおこなうことになった。ゼミ活動にはゼミ活動費が使えることになっているが，事業をおこなうには足りないため，ゼミ生で話し合って，金沢区の「キャンパスタウン金沢サポート事業補助金」に応募することも決めた。前年度も先輩たちがこの補助金を使い，近隣小学校の5年生と一緒に，フードロスに関するワークショップをおこなったため，その報告を聞いたことも影響している。

その後，テーマに関する先行研究から，課題や研究目的，調査仮説を検討し，夏休みにおこなうフィールド調査の企画をおこなった。ここでは，実践活動として防災に関するイベントをおこなっていくことになる，防災をテーマに選定した班について，そのプロセスを紹介する。[4]

①事前調査（まち歩きとインタビュー調査）

　研究の背景としては，近年日本では災害が多く発生しているにもかかわらず，防災に取り組む地域コミュニティが衰退していることがあげられた。行政などによる公助には限界があることが，これまでの災害研究においても指摘され，地域住民による共助が求められるが，それが期待できなくなってきている。そこで社会学部と連携があり，防災活動を活発におこなってきた近隣のS自治会を対象に，地域防災の現状を調査することにした。

　夏休みのフィールドワークでは，地域によって防災対策や防災意識の違いがあるだろうと考え，山の上にあるS地区周辺に加えて，対照的な海側の地域についてもまち歩きをおこなった。海側は津波に対する標識などがあり，道が細く複雑で，災害時に避難しにくい印象であった。これに対し，S自治会周辺は1970年代に開発された住宅地であり，地域全体の道幅が広く緊急車両などは通行しやすい。その一方で周辺は坂道が多く，地域外への徒歩での避難は高齢者にとっては困難がともなうことが推測できた。また，避難に適した広い公園があり，自治会館にはスタンドパイプ式初期消火器具や防災倉庫があることも確認した。

　フィールドワークに加えて，S自治会の防災ボランティアグループの代表にインタビュー調査をおこない，以下のような話を聞き取った。この地域は，開発された当時に住宅を購入した世代がそのまま歳をとり，高齢化率が50％近くと高くなっている。70歳を超える住民が増えるなか，民生委員からの要請を受けて2010年から活動を始めた。アンケートを毎年おこなって災害時要援護者を把握し，災害時にはグループのメンバーが対応することにしている。当初は115人いたメンバーが，10年たって高齢化により半減してしまい，その一方で要援護者は年々増加している。こうした事態を受け，発災時の要援護者の安否確認をグループでは担いきれなくなりつつあり，ブロックや班の単位で安否確認がおこなえるように，自治会で改革を進めている。

　そこで，防災ボランティアグループでは，安否確認以外にできることを模索し，5つのスキルチーム（情報・通信・電機，医療・介護，食料・物資，防火，資機材）に分かれ，自助力向上のための活動を始めた。各チームが専門的に研究を

進め，機材の備蓄などに役立て，住民への啓発活動をおこなっている。こうした取り組みの一環で，避難時に必要なものについて体験と遊びを交えて伝えられるような取り組みや，防災グッズや展示ブースを設けたイベントを今後おこないたいという話が出た。また，大学のキャンパスは広域避難場所になっているものの，次年度には移転してしまうため，キャンパスを使用した交流の場ができないかというような話も出た。学生たちは，インタビューで聞き取った，自治会やボランティアグループの課題と今後やりたいことを組み合わせて，大学キャンパスを使った「防災フェスタ」をおこなうことを企画したのである。

②防災イベント開催までのプロセス

金沢区からの補助金を20万円もらっていたため，グループで発案すれば，少し大きな規模のイベント等が開催可能であることは，ゼミ生たちに了解されていた。「通常のゼミ活動にプラスしてイベントの開催は大変であるが，やってみたい」という防災班リーダーの発案にみなが合意した。

秋学期のはじめには，夏休みに行った事前調査をもとに調査目的を見直し，調査企画を立て直す。防災班は，地域の子どもとその保護者，および周辺自治会の住民を対象にした防災イベントを開催して，住民同士の交流を図ること，また参加を通じて防災への関心の変化を調査することを目的に設定した。そして，イベント開催に向けて関係各所に働きかけをおこなっていった。

まず，学内での調整を進めた。社会学部には地域との連携の際に間に入って調整をおこなう「多文化共生・地域連携センター」（2023年度より「地域連携オフィス　コミュリエ」）が設置されている。地元の自治会や小学校とのつながりもあるので，まずはこの職員とゼミ担当教員を相手に，班のメンバーが企画をプレゼンした。その上で，キャンパスの事務長に対し，大学側の防災対策や広域避難場所としての対応，キャンパス移転後の変化について聞き取りをおこなった。その結果，防災イベントの開催については，大学にも支援をしてもらえることになった。

会場となる大学の了解を得られたので，協力してもらう自治会に対して，イベント実施の目的や内容を説明する必要がある。まずは防災ボランティアグループのリーダーに，開催の趣旨を説明し協力の要請をしたところ，すぐに賛

成してくれた。話を持ち帰って自治会全体での協力をとりつけた上で，自治会としての実施概要を検討してくれた。

　こうした内容を踏まえて，班でもイベント内容をさらに検討し，12月初旬に，自治会長はじめ防災に係る自治会役員4名との協議会を開催した。日程を2月の第二日曜日に決定し，イベント内容についてお互いに意見を出し合った。ターゲット層をどうするかという点で，子どもと大人が一緒に参加できるプログラムを設け，親子連れで来てもらうなどの工夫をしていくことになった。役割分担として，普段から防災についてチームで研究している自治会が展示などを担当し，学生が子ども向けの企画などをおこなうことになった。また，広報についてはチラシを作成し，近隣の小中学校での全数配布と，近隣四自治会に回覧と掲示を依頼することになった。

　スタンドパイプの実演やAED講習実施のため，消防署や消防団の協力が必要という指摘を受け，近隣の消防出張所にイベント概要を説明し，消防署員と消防団員が当日の立ち会いや指導のために，参加してくれることになった。

　この間に，近隣の三自治会合同の地域防災拠点避難所開設訓練が小学校にて開催されたため，学生5人で参加し，地域の防災イベントを体験した。学生としては，自治会の代表者と協議しているとはいえ，一緒にイベントをおこなうなかで，自分たちの存在を知ってもらうという思惑もあった。

　イベントの大枠を年末までに固め，告知用のチラシを作成し，年が明けて印刷と配布をおこなった。各自治会や小中学校に連絡を取り，配布数を確認して手渡しで届けた。イベント参加はコロナ禍ということもあり，大学の要請に従って事前申し込み制とし，QRコードからGoogleフォームを使って申し込んでもらった。

③防災イベント開催当日

　イベントの当日の流れについて実施要領を作成し，2月初旬の自治会との最後の協議会で内容を共有した。また，消防出張所にもこれを届けて最終の打ち合わせをおこなった。これまで，イベントについての準備は防災班6人がおこなってきたが，当日は4年生にも声をかけゼミ生19人が参加した。また，運営スタッフとして関わる自治会メンバーが18人，消防署・消防団から9人が参加

した。一般参加者は大人60人，子ども26人，合計86人であった。

写真12-5 学内ツアーの説明

イベントは，受付，防災学内ツアー（写真12-5），防災あそび，防災工作教室，防災動画上映を学生が担当，防災グッズとパネル展示，給電車実演が自治会担当，消防車の展示を消防署が担当した。スタンドパイプ体験とAED講習は消防署・消防団，自治会，学生の協力でおこなった。こうして役割を分担したため，多くの企画をおこなうことができた。これらの企画をまわるスタンプラリーも開催し，3つ以上そろえると防災グッズをプレゼントすることにした。またアンケートに回答すると好きなお菓子がもらえるといった工夫もおこなった。

子ども向けと考えていたトランプやかるたをおこなう防災あそびや，防災工作のブースも，地域の大人も参加し，盛り上がりを見せた。広域避難場所となっているラグビーのフィールドと，避難してきたときにも使用できる屋外のトイレの位置を確認した学内ツアーでは，子どもたちが和気あいあいと参加しながらも，大人から鋭い質問が飛ぶなど，実際に避難した時を地域の方々に想像してもらえる機会となった。スタンプラリーの景品やアンケート後のお菓子配布も大好評で，その結果大人56人，子ども12人からアンケートの回答を得た。参加者の子どもには幼児も含まれるため，9割以上の参加者が回答してくれたことになる。

アンケート結果をみると，大人の参加では40代の参加者が一番多く，次いで70代となっている。親子連れを中心にという目的は果たされたと考えてよいだろう。参加者は，そもそも防災に対して興味があったという人が多かったが，さらに防災活動への理解度が深まったという回答がほとんどであった。また，今後自治会の防災活動に参加したいかという問いにも，「どちらかといえば」を含めて参加したいという回答が9割以上と高かった。自治会の活動を工夫す

れば，今回のように防災訓練等の活動にも参加してくれるのではないかと期待
できる。以上の結果から，自治会が抱える担い手の高齢化という問題に対して，
若い人たちの参加を促すという一歩にはなり得たと考えてよいだろう。

4　まちづくりに関わる調査の意義と限界

　社会調査では，活動に参加したり，活動者に対してインタビューをおこなっ
たりして課題を明らかにし，先進事例等を参照して提言を出すといったところ
までで報告書を締めくくることになる。しかし，高齢化や担い手不足は，どの
地域どの活動においても深刻であり，解決策は絵空事のように映る。アクショ
ン・リサーチでは，実際に調査者がアクターの１人となって，課題に向き合う
ことになり，解決策の一つを共に実施して，その効果を検証することができる。
事例で見てきたように，若い世代である大学生が活動に関わること自体が，新
たな風を吹き込み，活動に変化を与える可能性を持っている。

　地域の側から考えれば，こうした実践が継続していくことが望ましいだろう。
しかし，アクション・リサーチは実践自体が目的ではなく，調査であることに
も重点があるため，毎年繰り返し携わることへの難しさもある。試みを変化さ
せるなどして，何年かのプロジェクトでおこなっていくことが本来望ましいが，
ゼミ等で関わる学生が継続的なアクターではないことも，地域側には理解が求
められる。

　いずれにしても，まちづくり活動の活性化や持続可能性を高められるアク
ション・リサーチの手法を，今後より発展させていくべきではないだろうか。

（小山弘美）

注
(1)　調査プロセスや結果の詳細は，報告書である小山弘美編（2019）『地域力向上に
　　関する調査研究』を参照。
(2)　調査プロセスや結果の詳細は，報告書である小山弘美ゼミナール（2022）『横浜
　　市金沢区釜利谷地区のまちづくり活動』を参照。
(3)　詳細は，小山弘美編（2022）『関ヶ谷市民の森　アクション・リサーチ報告』を参照。

コラム▶▶大学生が使える補助金・助成金

　社会調査をおこなうにも調査費用が発生するが，イベントをおこなうなどの
まちづくり活動を，アクション・リサーチの一環でおこなうとなると，ある程
度の規模の予算が必要となる。本章で扱った事例も，行政からの委託費や，補
助金に応募して活動費を得ていた。

　横浜市金沢区の「キャンパスタウン金沢サポート事業補助金」は，区内に2
つの大学を要することから，大学との連携強化を目指し，学生がおこなう地域
活動に補助金を交付するものである。区内の自治会や商店街など地域と連携し
ておこなう調査研究や実践活動に補助をおこなう。あくまで連携が目的である
ため，活動終了後には「地域づくり金沢フォーラム」に出席し，活動報告をお
こなうとともに，地域の人たちとの交流の機会が提供されている。

　このように，地域活動全体が高齢化し，継続可能性を模索するなかで，学生
の活動に対して，各自治体で補助金や助成金を準備しているところも増えてい
るようである。「兵庫県地域づくり活動に対する助成制度」，「新潟県学生地域
活動支援事業補助金」のように県が設定していることもある。また，千葉商科
大学や甲南大学など，大学が独自にこうした助成金制度を設けている場合もあ
る。このような制度を活用して，お金の心配なく調査・活動に取り組むことで，
発想を膨らませることができる。こうした経験は，「ガクチカ」が求められる
就職活動の場面でもウリにすることができるだろう。しかし，お金をもらうこ
とには責任がともなうということにも注意が必要である。

---

(4)　調査プロセスや結果の詳細は，報告書である小山弘美ゼミナール（2023）『横浜
　市金沢区の地域資源とその持続可能性を探る』を参照。

推薦図書
山崎義人・清野隆・柏崎梢・野田満（2021）『はじめてのまちづくり学』学芸出版社。
　文理融合の学部なども想定し，理工系の専門的な教科書としてではなく，文系でも
　わかりやすく「まちづくり」の素養が身につくテキストとなっている。
世田谷まちづくりセンター（1993，1996，1998，2002）『参加のデザイン道具箱 Part
　1, 2, 3, 4』世田谷まちづくりセンター。
　日本で最初に住民参加の手法としてワークショップの技法がわかりやすく紹介され

たもので，現発行元の財団法人世田谷トラストまちづくりでは，「参加のデザイン道具箱」講座も毎年おこなっている。

KF 書籍化プロジェクト著，林大樹・横田雅弘監修（2012）『学生まちづくらーの奇跡 ——国立発！一橋大生のコミュニティ・ビジネス』学文社。

授業の一環でまちづくりに関わった学生たちが，空き店舗を活用してコミュニティ・ビジネスを展開していくという軌跡をつづった一冊。

第13章

多様な人びとが暮らす地域をつくる

　早朝にコーランが響く街，お寺の鐘がゴーンと響く街，教会の鐘が静かに響く街，それぞれの街で人びとは，どのような言語で，何を祈っているのだろうか。わたしたちが暮らす地域には，子ども・若者・高齢者，障がいのある人，女性・男性・LGBTQ，多様な国籍・言語・文化を持つ人などが，生活困窮や差別などの困難を抱えながら生活している。地域をつくる調査は，多様な人びとが抱えさせられた課題を明らかにし，誰もが幸せになることができる地域づくりを目指している。

1　はじめに

　地域には多様な人びとが生活している。地域でおこなう調査は，多様な人びとの生活実態を明らかにすることができる。さらに社会実践型の「地域をつくる調査」には，調査計画・実施，調査報告・公表に加え，調査結果を踏まえた問題解決に向けた活動や政策の提案というプロセスがある。そのプロセスのなかで生活課題を抱える当事者や住民，支援団体，行政機関などと議論し，支援活動を試行し，政策を提言することで，新しい地域をつくる動きにつなげることができる。

　その際，重要なことは，地域をつくるのは地域住民であるということである。住民が地域の課題を正確に把握し，その課題を解決したいというモチベーションを持つことが何より重要になる。したがってすでに地域で活動しているNPO等とともに，地域でおこなっている実践の意味を考え，「問い」をたてながら，「問い」の背景を学び，課題の解決を目指して試行錯誤しながら調査を実践していくことに独自性がある。

　本章では，近年急増してきた「外国人労働者」の生活実態を把握するための調査を移住当事者団体と協同でおこなってきた事例をもとにその調査方法や調査の公表，さらに調査で明らかになった課題を解決するための支援方法や政策提言のプロセスを紹介したい。また，コロナ禍が広がるなかでの学生たちのボランティア活動とNPOと協同した調査についても紹介する。地域に焦点を当て，人びとの幸せをめざす地域をつくる調査にチャレンジして欲しい。

2　地域をつくる調査とは

⑴　わたしたちの社会，わたしたちの地域とは

　社会とは何か。社会というと国や自治体などがイメージされるが，その中心にあるのは，地域で生活し，関係を持っている人びとであり，人びとの生活の拠点となる地域である。本章では，地域はすでに「ある」ものであるとともに「つくる」ものであることを，さらに地域をつくるのは，地域で生活する住民たちであることを理解したい。そして地域の課題を解決し，地域の人びとが暮らしやすいまちづくりをおこなっていくプロセスのなかで調査が有効であり，調査によって地域の課題を明らかにし，その課題解決の方法を考え，実践する方法を学びたい。

　フィンランドの『中学校現代社会教科書』の最初の単元は「個人─コミュニティの一員」であり，「わたしたちはみな，フィンランドの社会の小さな一部分です」とあり，その社会の一員だということは何を意味するのかを考える内容が示されている。そこでは，家族の一員であること，社会のルールである法律や道徳，情報，価値観の重要性が論じられている。なかでも家族の多様性，結婚の意味なども具体的に例示され興味深い。さらに「フィンランド人はみな同じではない」として，先住民の歴史や移民，難民の存在，多様な言語や文化などが紹介されている。その上で「みんなに平等を」という項目では，差別禁止の法律が紹介され，そのもとであってもさまざまな不平等がある現実や課題も示されている（ホンカネン他，2011）。

　わたしたちによって形づくられている社会には貧困や差別など多様な課題が

ある。河合克義（2017）は，生活実態を正確に把握することの重要性を指摘している。そこには社会はわたしたちによってつくられるものであるという社会運動や社会政策における運動主体，政策形成主体である主権者としての市民の位置づけがある。

さらに河合は「社会保障・社会福祉というものの方向性を考える出発点は，国民が抱える具体的生活課題を把握すること」であり，「その際重要なのは，実態を正確に把握できる視点を持っているかどうか」（河合, 2017）だと主張している。したがって，わたしたち誰もが幸せに生きていくためには，まずわたしたちの社会，わたしたちの地域の現状を把握することが重要な意味を持っている。

(2) 地域をつくる調査とは

地域は，多様な人びとによってつくられるものである。そしてその地域には多様な課題がある。それらの課題を解決するためには社会政策とともに社会実践が不可欠である。そして解決困難な課題を解決するためには，今までの実践を変えていくことが求められる。永田祐は「実践を変える調査」とは「実践者が疑問に思ったり，違和感を感じたりしていることについて，リサーチ・マインドを持って，自らの現場のなかで研究や調査に取り組み，少しずつでも実践を変えていくこと」と定義している。そして「海外の調査の本などでは普及（dissemination）や知識の移転（knowledge transfer）といったことが指摘される場合もある」ことに言及している（永田, 2013）。調査結果については，調査報告書を作成することは当然であり，それをもとに研究論文等で公表することは多くの研究者がおこなっている。さらに調査結果を周知し，政策や実践に生かすことによって地域を変え，新しい地域をつくることができる。

他方，社会福祉・地域福祉の領域では，地域福祉計画等行政計画策定の際，研究者が計画策定委員会の委員を委嘱され，地域住民の生活実態調査や高齢者・障がいのある人のニーズ調査などをおこない，そのニーズに沿って政策や活動方法・内容などを検討し，推進するというかたちで調査に関与することがある。過疎農山村地域の社会調査を継続的に実施している高野和良は「社会福

祉領域では，調査結果を踏まえた具体的な問題解決につながるサービスが実際に提供されたかどうかが問われる」と指摘している（高野，2022）。

　社会福祉・地域福祉学は，その思想や理論の重要性は言うまでもないが，実際に生活している人びとが，今，このときに人権を尊重され，その生活が憲法25条の生存権，生活権を保障した水準にあるのか，そしてそれを実体化できる地域，さらに誰もが排除されることのない地域をいかにつくるのかを現実的に問い続けるという独自性を持っている。

　地域をつくる調査とは，地域で生活する多様な人びとの生活実態を把握し，そのなかで明らかになった課題を解決するとともに誰もが共生できる地域を住民・当事者たちが主体的に創造していく調査である。

3　地域の現状を知る

(1)　「外国人労働者」と移民

　わたしたちの地域にはどのような人びとが生活し，どのような生活課題を抱えているのだろうか。現在，日本社会は，人口減少社会，少子社会，超高齢社会，多死社会，格差社会などと称されているが，同時に移民社会となりつつある。移民とは，国連の人口統計局で「通常の居住地以外の国に移動し，少なくとも12カ月間当該国に居住する人のこと（長期の移民）」と定義され，国籍は問われていない。多くの国では一般的に国外に移住した本人を移民と呼び，移民の子を移民2世という。日本では，移民が帰化し日本国籍を取得した場合は，移民とは呼ばないのが一般的である。さらに日本は現時点で政策として移民の受け入れを表明していないが，「外国人労働者」の受け入れは是認し，事実上の「移民」を受け入れている状況にある。

　グローバル化のプロセスにおいては，お金とともにモノやサービスが国境を越え，労働し，生活する移民を多く生み出し続けている。OECD（経済協力開発機構：先進諸国加盟31カ国）によると移住は人類の歴史を通じて絶えることなくおこなわれてきたが，国際移民はグローバル化のもとますます増加しているという。

　現在日本には，人口の約２％を占める約296万人（2022年末）の在留外国人が暮らしている。そのなかの「外国人労働者」数は，2022年には182万人を超え，ここ数年過去最多記録を更新し続け，現実的には日本は好むと好まざるとに関わらずすでに「移民社会」になっている。

　しかし，政府は，一貫して移民政策はとらないと主張し続けている。そのようななか，人口減少と労働力不足の深刻化を背景に2018年12月８日「出入国管理及び難民認定法（入管法）」が改正された。この改正では，一定の知識や経験が必要で家族を帯同できない「特定技能１号」（通算５年まで）と，より熟練した技能が必要で，家族の帯同を認める「特定技能２号」（在留期間更新可）という新たな在留資格が設けられた。この改正によって，日本における外国人労働者は，より増加することが予測される。2018年の市町村別人口では，1,413自治体で住民総数が減少しているが，他方1,391自治体で外国籍住民が増加し，全国で外国籍住民がいない自治体はわずか５村になっている。つまり現在全国のほとんどの自治体で外国籍の人びとが働いている。そして言うまでもなく，彼／彼女らは地域で生活する住民である。

　調査を実施する上で，重要なことは，その対象となる人びとが多様な人びとであるということをどこまで認識できるかである。年齢，性別，障がいの有無，さらには国籍・言語・文化の多様性などを意識した調査票や調査方法を検討する必要がある。

　また移民という言葉が一般化していない日本において外国ルーツの人びとの正確な人数を把握することは困難である。先述のとおり帰化して日本国籍を取得した場合は移民と位置づけられていないことからも外国ルーツの人びとは，外国籍である場合も日本国籍である場合も，さらには無国籍である場合もあることに留意が必要である。したがって本章においても外国籍住民と外国ルーツの人という言葉を上記の違いを意識して使っている。さらに外国ルーツの人びとの当事者団体については移住当事者団体と表記する。

(2)　外国ルーツの人びとと協同した地域をつくる調査の実際

　地域をつくる調査を実施するためには，①調査目的，②調査方法，③調査票

の設計，④調査項目のワーディング，⑤分析方法，⑥報告書の作成など結果の公表，⑦調査結果に基づく支援方法や政策提言，というプロセスとそれぞれの段階の内容を明確にする必要がある。以下では，問題解決主体となる当事者，地域住民に焦点をあてて行ったアクション・リサーチという調査方法に焦点をあてて具体的に紹介したい。

　アクション・リサーチの定義については，第3章で説明されているとおり多様である。本章では，常に変化していく社会が抱えているさまざまな問題に対して，研究者と一緒に個々の問題の当事者が自身の解決策を考え，その解決策の有効性について検証し，検証結果をもとにして，自身の解決策を修正し改善していくことで問題解決を目指す調査手法としたい（草郷，2007）。なお高森順子は，アクション・リサーチについて研究倫理の重要性とともに価値中立的な立場をとることができないこと，政治活動になること，コミュニティとの協働的な実践であり，〈ままならなさ〉とともにあることなどを指摘している（高森，2023）。

　社会が大きく変化し，グローバル化が進展するなかで移民問題は国際的にももっとも困難な課題の一つである。日本でも1980年代後半，経済格差，円高，さらに製造業を中心とした「単純労働力」不足等を背景に日系人やアジア地域などからの「外国人労働者」が増加しつつあった。そして1990年に施行された改正「入管法」によって日系人に「定住者」という在留資格が新設され，その後，関東や東海地方など製造業の集積地などで日系人が急増した。そのなかで劣悪な労働環境や貧困，差別などの「外国人労働者問題」が顕在化しつつあった。その問題を解決する方法を明らかにするために日系ブラジル人の生活実態調査を企画した。その調査プロセスの特徴を紹介したい。

　2008年に外国籍住民の割合が高い岐阜県美濃加茂市と可児市で日系ブラジル人を対象として質問紙法による配票，自記式の調査を実施した。日系ブラジル人の多くは，派遣会社から製造業の工場などに派遣され，休日出勤や長時間労働に従事し，住宅も派遣会社の寮や借り上げの民間アパートなどで生活する人が多かった。先行研究でも「外国人労働者がそこに存在しつつも，社会生活を欠いているがゆえに地域社会から認知されない存在」であることから彼／彼女

らの定住は「顔の見えない定住化」として捉えられていた（丹野，2005）。彼／
彼女たちの生活実態を把握し，「外国人労働者問題」を解決することを目的に
調査を企画した。

　しかし，当時，外国ルーツの人びとを対象とした調査研究をレビューすると
外国ルーツの人びとが集まる集会での自記式の調査，回答者から知人を紹介し
てもらい，雪だるま式に調査対象を増やしていく方法（スノーボール・サンプリ
ング）などが多くおこなわれていた。当時は外国人登録制度により，転居先の
住所把握が困難なこともあり，自治体も正確に外国籍住民の把握ができていな
かったこと⁽¹⁾が背景にある。

　そのようななかで調査を実施するにあたって，日系人の当事者組織，支援団
体に調査協力を求めた。そして当事者や支援者の意見を聞きながら「外国人労
働者」として位置づけられていた彼／彼女たちの生活実態を把握することを目
指した。

(3)　当事者団体・支援団体との協同

　研究者と当事者との協同によって実施するアクション・リサーチを意識して
2008年3月から4月にかけて「日系ブラジル人労働者の生活実態と生活支援に
関わる調査」を実施した。調査にあたっては，当事者組織であるNPO法人ブ
ラジル友の会，通訳を配置している木沢記念病院，多文化共生認可外保育施設
マミーズ（当時）の協力を得て，配票・回収した。

　調査票を作成するにあたって，当事者組織，支援団体の方々と仮説とともに
ブラジルの生活文化や移住の特徴を反映できる方法等を検討した。例えば，家
族の実態を把握する際も日本で同居している家族，ブラジルで生活している家
族，さらに日本以上に親族関係のつながりが強いことも教えられ，それぞれの
家族数や家族構成，日本にいる親族の有無，さらに送金の実態も把握する必要
性などの助言を得た。

　そもそも「家族」とは何かについて，徳野貞雄は「家族は非常に身近で具体
的に認識できる対象であるが，改めて客観的に範域を固定したりメンバーを確
定したりすることは難しいのである。同時に，家族は直感的に理解しやすいが，

定義などの理屈によって認識することが非常にしにくい対象なのである。だから実際に多くの人が家族と思っている集団や関係および内容は，人によって少しずつズレたり異なったりしている」（徳野，2022）と指摘している。

　徳野は，国勢調査では1920年の第1回以降，「家族」を把握するために家族に近い「世帯」という「同じ家屋に居住し，共同生活を営んでいる集団」と定義して調査をおこなっているが，2015年には3人以下の超極小世帯が日本の全世帯数の79.9％に上り，世帯＝家族という実態はほとんど消失している，という（徳野，2022）。

　「家族」のイメージはどのようなものだろうか。例えば，1人暮らしをしている大学生の家族は誰だろうか。実家に両親と兄弟がいるという場合，その家族は自分と実家の家族を含めている可能性が高い。また，父親が単身赴任をしていたり，週末だけ一緒に暮らす夫婦など家族の形態は多様であり，家族の数ではなく，その関係や機能を把握したい場合にはもはや「世帯」を把握することはあまり意味がなくなりつつある。

　外国ルーツの人たちの家族についても，それぞれの国の文化や宗教，生活習慣などによって，家族関係のあり方，形も多様である。わたしたちが実施した日系ブラジル人の場合は，兄弟姉妹のつながりが日本以上に強く，兄弟姉妹の子どもたちの進学や親の家を新築するために助け合い，送金をしあいながら生活を営んでいた。

　さらに移住生活をしている場合，移住期間は，それぞれの国の移民政策や経済状況によって変化し，難民など政治状況や戦争によって突然発生する場合もある。さらに就労先が将来に向けて確保できるか。結婚し，子どもを育てているとその子どもをどの国で育てるのか。また親の病気や介護などによっても家族のかたちは変化する。誰の人生も先行きは不透明であるが，移住生活はその移動が国境を越えて営まれることからより多くの課題がある。

　また，移住当事者からの助言により，調査票の日本語版もすべてフリガナを付し，わかりやすい言葉にした。ポルトガル語版についても複数の日系ブラジル人支援者に校閲を依頼した。さらに当事者団体の方々は回収率を高めるために日系ブラジル人の方々の自宅に訪問するなど声かけを積極的におこなってく

れた。

　以上のように調査計画や調査票の作成，回収に至るまで当事者団体と支援団体と協同で行ったことで，日系ブラジル人の生活実態をより移住者の独自性を反映させて把握することができた。

4　当事者・支援団体主体の地域をつくる調査

(1)　移住当事者団体主体の調査へ

　本節では研究者主体の調査から当事者主体の調査へと発展してきた経過を報告したい（朝倉，2017）。ブラジル友の会は，2012年に岐阜県国際交流協会の助成金を得て「岐阜県外国籍県民生活実態調査」を企画した。岐阜県の国際課や岐阜県国際交流協会とも打ち合わせをしながら，この調査に全面的に協力することになった。調査対象は日系ブラジル人だけでなく，割合が高い中国人，フィリピン人も対象としたことから美濃加茂華友会（中国ルーツの当事者団体），アジア友の会（フィリピンルーツの当事者団体）との協同で実施した。

　調査票は，①雇用，住居，医療・教育・福祉などの生活問題，②教育・子育て環境など子育て支援の課題，③介護・年金など高齢化にともなう課題，④人間関係や社会関係に関わる日本語学習・多言語情報・相談の課題，という4点を重視して作成した。その際，課題を把握するとともにその課題の背景を探り，課題を解決するために必要な政策につながる項目を設定した。

　例えば現在困っていることは「雇用」，「借金や税金の滞納」，「心理的な問題（ストレス，将来への不安など）」が多く，求職の際にもっとも困ったことは「日本語が話せないこと」「雇用期間が短期であったこと」「求人がほとんどない」ことなどであった。必要な政策としては「日本語研修の無料実施」「医療機関への通訳配置」「外国人専門のワンストップの相談・支援センターの設置」「企業に対する労働条件の改善指導」などの割合が高かった。

　以上のように生活実態とともにその問題を解決するための政策を提起できるような調査項目を設定し，調査を実施した。そして，その調査結果を公表し，政策提案へとどのように展開していったのかを次に紹介したい。

(2)　調査の公表と政策提言

　問題解決を目指すアクション・リサーチは調査結果の公表と政策提言が重要な課題である。2008年調査は，ブラジル友の会とともに報告書を作成し，美濃加茂市，可児市や美濃加茂市国際交流協会，可児市国際交流協会などに提出した。さらに「International Press」というポルトガル語の新聞の取材を受け，調査結果の概要が記事として紹介された。

　2012年調査についても『多文化共生コミュニティの形成を目指して―共に働き，共に暮らし，共に育ち，共に学び，共に老いる―岐阜県外国籍県民生活実態報告書』（2012年7月）を作成し，岐阜県国際課，岐阜県国際交流協会等関連機関・団体に配布した。さらに岐阜県や市町村，支援団体，当事者団体，報道機関などに呼びかけて調査報告会を開催した。報告書のなかで，最も重視したのは多文化共生政策策定に向けた以下の8項目の提言である（**表 13-1**）。

表 13-1　多文化共生政策策定に向けた提言

①　行政による外国籍住民の実態調査の実施
②　多文化共生推進計画の策定
③　雇用の安定（企業と行政の責任の明確化）
④　日本語教育の充実
⑤　多文化子育て支援
⑥　外国ルーツの子どもたちへの教育支援
⑦　高齢期までのライフサイクルに沿った生活支援体制整備（多言語の情報・通訳等も）
⑧　多文化ソーシャルワーカーなど相談援助職の配置

　以上の提言をするなかで，多文化共生を推進するためには，移住当事者の組織化・支援の重要性を強く感じた。ブラジル友の会は，2000年からブラジル国籍の子どもたちにポルトガル語を教える教室と学用品貸与事業，放課後学習支援などをおこなっていた。そして2008年調査への協力，2012年調査の企画・実施をするプロセスのなかで，就労支援相談事業を開始した。その後もインターネットを利用して，外国人相談支援窓口を設置し，外国ルーツの人びとへの就労・生活情報を提供してきた。

　また，美濃加茂市の担当課や美濃加茂市国際交流協会等にもヒヤリングや調査報告などをおこなってきた。そのなかで協力関係が構築できたこともあり，

2011年には第二次美濃加茂市多文化共生推進プランの策定アドバイザーを依頼され，策定組織の委員の構成（当事者・住民・専門職参加など）や外国籍住民の生活実態調査計画，自治会加入アンケート，さらには計画策定に際しての学習会，そして計画内容についても支援することができた。

　さらにリーマン・ショックで雇止めに遭い，帰国を余儀なくされた日系ブラジル人の状況を把握したいと考え，ブラジルへの帰国者とブラジルのCIATE（国外就労者支援センター）等を対象としたインタビュー調査を2011年，2012年に実施した。その調査では，ブラジル帰国後も生活は厳しく，なかでも子どもたちは2カ国を行ったり，来たりするなかでより不安定化していた。その後，美濃加茂市から外国人児童生徒教育地域連絡協議会への参加も依頼され，外国ルーツの子どもたちへの支援方法などについて助言する機会を得た。さらに岐阜県教育委員会で開催される教員対象の外国籍児童への教育方法の研修会なども担当してきた。

　以上のように調査の公表や政策提言によって，外国ルーツの人びとの生活困難な状況が改善されるような政策や支援活動が生まれること，そしてそのようなプロセスのなかで外国ルーツの人びとと共に暮らしやすい地域をつくることを目指してきた。

5　地域実践と地域をつくる調査

(1)　学生たちのコロナ禍のもとでのボランティア活動

　最後に学生たちによる地域をつくる調査について紹介したい。ワークショップを取り入れながらゼミの演習を実施してきた。ワークショップとは「普段とは異なる視点から発想する，対話による学びと創造の方法」であり，「非日常性，民主性，協同性，実験性」という4つのエッセンスがある（安斎・塩瀬，2020）。2020年4月半ばからコロナ禍のなかでの授業がオンラインによって開始された。大学に来ることもサークルやバイトも困難ななか，オンラインのゼミでコロナ禍の現状やそのなかでも自分たちができることは何かを考え，議論してきた。

写真 13−1　「さるなかとんな toto」で
　　　　　　ペルー料理の準備

そのなかで，ゲストスピーカーとして愛知県瀬戸市で活動している NPO 法人エム・トゥ・エムのリーダーを招き「ペルー人の母親から『赤ちゃんの粉ミルクがない』などという急を要する深刻な相談が多く届き，その支援活動を実施している」という話を聞いた。その後，毎週末，少人数のグループで感染対策をしながら NPO が実施している「どーぞフード」（食料支援），「どーぞランチ」（地域食堂）のボランティア活動に参加し，毎回活動内容や感想などを LINE で共有した。

　　NPO の拠点は，同市の菱野団地のなかにあり，ブラジル，ペルー，フィリピンなどにルーツがある人びとが集住しており，ブラジル人学校もある。活動を始める前になぜ同市には外国ルーツの人が多いのか，そして「外国人労働者問題」について文献や資料によって学んだ。その上で，NPO が運営する「さるなかとんな toto」の活動に参加し，自分たちにできることも企画し，実施していった。

　具体的には，活動の周知のために拠点の案内表示を作成し，瀬戸市のイベントで NPO の活動パネルを作成・展示し，地元のラジオに出演して食料支援などの活動内容を報告するなどをした。さらにクリスマスイベントの準備をおこない，このイベントは NHK ニュースでも放映された。また月に 1 回は，ペルー料理を一緒に作って，一緒に食べるようになった（写真 13−1）。以上のような活動を継続していくなかで，NPO のスタッフや利用者，地域の人びととの信頼関係ができ，今後の活動についても相談されるようになった。

⑵　NPO での支援活動と地域をつくる調査の実施

　NPO のスタッフから瀬戸市内の外国ルーツの住民の生活実態調査に協力して欲しいという依頼があった。外国ルーツの住民の相談を受けているなかで，行政の情報や相談が多言語化されていないことで，コロナ禍の支援等が必要な

人たちに届いていないことを瀬戸市議会に陳情したいとのことであった。

　その事前の準備として，ゼミ生たちは，各居住地の市区町村の窓口に出かけ，情報の多言語化，通訳の配置などの状況を調べて，それをまとめ，NPO のスタッフに「区役所に行き住民票を取ろうとしても日本語が読めなければ難しい。多言語の情報や相談もほとんど整備されていなかった。まずは，入ってすぐどこに行けばよいのかわかるように，案内板（日本語）の下に英語等の表記をつけてほしい。わからないことを解決する場所すらもわからなかった」など各自が自治体の実態を報告し，その多言語対応等の不十分さを共有した。

　その上で，NPO からは外国ルーツの住民への支援活動を継続してきたなかで，日本語学習と多言語情報・相談（税金・確定申告，社会保険，医療，学校，郵便物の説明など）のニーズがあることがわかってきたとの報告があった。そこで学生たちと NPO のスタッフで，瀬戸市の外国ルーツの住民が困っていることは何かを議論し，課題（経済的な問題，言語，関係，災害時の対応など）を整理し，これをもとに調査票の設計をしていった。

　調査項目はやさしい日本語でルビをふり，スペイン語・英語などの翻訳をし，瀬戸市在住の外国ルーツの住民を対象に調査を開始した。NPO と学生たちが始めた調査は，瀬戸市の「まちの課題解決事業」として補助金も得られ，2023年度からは日本語会話学習もおこなっている。「地域をつくる調査」は瀬戸市で暮らす外国ルーツの人びとが瀬戸市民として生活できること，瀬戸市が多文化共生のまちとなることを目指して推進している。

6　おわりに――地域をつくる調査の可能性

　地域をつくる調査は，地域で生活する人びとの生活実態や課題を明らかにし，課題を解決するとともに人びとが幸せになることを目指しておこなうものである。そもそも幸せが問われるようになったのは，「かつての共同体とのつながりを実感しにくくなりつつあったからこそ，幸福論が切実な課題として浮かびあがった」（長谷川，2018）と言われているように，幸せは人と人とのつながりのなかで育まれるものだからである。

第Ⅲ部　社会にひらく

　しかし現在は分断社会とも言われ，人びとのつながりがなくなりつつある。さらに気候危機，コロナ危機，戦争，貧困・格差の拡大など将来への不安が拡大し，自由・平等・友愛という普遍的な価値観も揺らぎつつある。内山節は「科学的な認識は一つの真理を発見させるが，それは科学的な方法によって発見された『真理』にすぎない。すなわち科学的な方法以外の方法を用いれば，わたしたちには別の『真理』が見えてくる。『真理』は認識ごとに多元的である」という（内山，2005）。

　2014年に安曇野市のNPO団体の集会で，ゼミ生たちが聖路加国際病院名誉院長だった故日野原重明氏と共にお祝いの合唱をする機会があった。当時日野原氏は100歳を超え「いのちの授業」を各地でおこなっていた。その集会でも「いのちはどこにありますか」と多くの参加者に向けて問いかけ「心臓や頭を指す人もいますが，いのちは時間で，その時間を他者のために使うことができるようになることが大人になるということです」と話された。生命を遺伝子の構造として見るという「真理」もあるが，生命は人と人が共有する時間にあるという「真理」もある。人と人が共有する時間によってつくられるのが地域社会である。

　「地域をつくる」とは，「地域で生活している多様な人びとが人間らしく，安心して暮らせる地域に変える」ということに他ならない。地域で潜在化しやすい課題を抱える当事者を主体とした調査だからこそ誰もが幸せになれる地域をつくる可能性が拓かれている。

（朝倉美江）

注
⑴　2012年の入管法改正により外国籍住民も日本国籍の住民と同じ住基カードによる管理となっている。

コラム▶▶TANOMOSHI(KO)

　各地の日系ブラジル人コミュニティを踏査していると教会を見かけることが多かった。その一つに立ち寄ると１人の日系人女性が出産のためにブラジルに一時帰国するというスピーチをしていた。多くの人たちが彼女の出産の無事を祈り，帰国のためのカンパをしていた。この教会では，彼女のように出産，もしくは病気になった日系人がいたときにはお金を出し合って助け合っており，TANOMOSHI（KO）と言われていた。これは日本で鎌倉時代からおこなわれていた頼母子講につながるものである。日本で生まれた頼母子講という相互扶助の仕組みが日系ブラジル人コミュニティではまだ生きていることを実感させられた。

写真 13 - 2　サンパウロ日本文化センター前の二宮金次郎像

　またブラジル調査でもサンパウロ市内の日本人街「リベルダーデ」にある日本文化センターの前に二宮金次郎の石像があり驚いた。神奈川県人会では二宮金次郎プロジェクトという報徳思想を広げる活動も展開していた。調査の面白さは，地域の現状とともに歴史・思想などを生き生きと学べ，さらに意図せざる発見もあることである。

推薦図書

伊豫谷登士翁・齋藤純一・吉原直樹（2013）『コミュニティを再考する』平凡社。
　コミュニティを問うことで社会の課題を浮き彫りにできる。
稲葉剛（2020）『閉ざされた扉をこじ開ける──排除と貧困に抗うソーシャルアクション』朝日新聞出版。
　排除・周縁化された側から排除のない社会をどうつくるのかを問うている。
安田菜津紀（2022）『あなたのルーツを教えて下さい』左右社。
　隠されてきた外国ルーツを問う取材から一人ひとりの複数性と「共に生きること」の意味を深く理解できる。

引用・参考文献

赤川学（1999）『セクシュアリティの歴史社会学』勁草書房。

── （2012）『社会問題の社会学』弘文堂。

朝倉美江（2017）『多文化共生地域福祉への展望──多文化共生コミュニティと日系ブラジル人』高菅出版。

阿部彩（2010）『子どもの貧困──日本の不公平を考える』岩波新書。

── （2011）『弱者の居場所がない社会──貧困・格差と社会的包摂』講談社。

安斎勇樹・塩瀬隆之（2020）『問いのデザイン──創造的対話のファシリテーション』学芸出版社。

池上重弘編（2001）『ブラジル人と国際化する地域社会──居住・教育・医療』明石書店。

石川逸子（2014）『新編　石川逸子詩集』（新・日本現代詩文庫117），土曜美術社出版販売。

石川隆行・内山伊知郎（2002）「青年期の罪悪感と共感性および役割取得能力の関連」『発達心理学研究』第13巻第1号。

岩田正美（2008）『社会的排除──参加の欠如・不確かな帰属』有斐閣。

打越正行（2016）「暴走族のパシリになる──「分厚い記述」から「隙のある調査者による記述」へ」前田拓也・秋谷直矩・朴沙羅・木下衆編『最強の社会調査入門これから質的調査をはじめる人のために』ナカニシヤ出版。

内山節（2005）『「里」という思想』新潮選書。

NHKクローズアップ現代（2020）「追跡！あなたを狙う"闇バイト"」（2020年11月26日）https://www.nhk.or.jp/gendai/articles/4488/（2023年5月4日閲覧）

エンゲルス，F.（1990）『イギリスにおける労働者階級の状態』（上・下）岩波文庫。

大谷信介・木下栄二・後藤範章・小松洋編著（2013）『新・社会調査へのアプローチ──論理と方法』ミネルヴァ書房。

大槌町HP（2020）PDF「大槌町復興レポート　令和2年4月1日現在」（2020年9月1日閲覧）。

大橋昭一・竹林浩志（2008）『ホーソン実験の研究──人間尊重的経営の源流を探る』同文舘出版。

大矢根淳・渥美公秀（2007）「災害社会学における研究実践」大矢根淳・浦野正樹・田中淳・吉井博明編『災害社会学入門』弘文堂。

小ヶ谷千穂（2021）「共生を学び捨てる──多様性の実践に向けて」岩渕功一編著『多様性との対話──ダイバーシティ推進が見えなくするもの』青弓社。

小田博志（2010）『エスノグラフィー入門──＜現場＞を質的研究する』春秋社。

小野達也・朝倉美江編著（2022）『増進型地域福祉への展開──幸福を生みだす福祉をつくる』同時代社。

梶田孝道・丹野清人・樋口直人（2005）『顔の見えない定住化──日系ブラジル人と国家・市場・移民ネットワーク』名古屋大学出版会。

河合克義（2017）「生活分析と地域調査」河合克義・長谷川博康『生活分析から政策形成へ──地域調査の設計と分析・活用』法律文化社。

岸政彦（2016）「質的調査とは何か」岸政彦・石岡丈昇・丸山里美『質的社会調査の方法──他者の合理性の理解社会学』有斐閣。

──（2018）『マンゴーと手榴弾──生活史の理論』勁草書房。

──編（2022）『生活史論集』ナカニシヤ出版。

北川由紀彦・山口恵子（2019）『社会調査の基礎』放送大学教育振興会。

桐生正幸（2021）「日本のSNSを起因とした児童の性犯罪に至るオンライン上でのコミュニケーションとプロセスに関する研究」TikTok ニュースルーム「第8回 TikTok Japan セーフティパートナーカウンシル～SNSを起因とする性被害の防止のために 対策編」での基調講演 https://newsroom.tiktok.com/ja-jp/tiktoksafety （2023年5月4日閲覧）

桐生正幸・蘇雨青・田楊・高橋綾子・島田恭子（2021）「Social Network Service（SNS）を介した未成年者の犯罪被害①──母親に対する調査結果について」『東洋大学社会学部紀要』第59巻第1号。

クヴァール, S. 能智正博・徳田治子訳（2016）『質的研究のための「インター・ビュー」』新曜社。

草郷孝好（2007）「アクション・リサーチ」小泉潤二・志水宏吉編著『実践的研究のすすめ──人間科学のリアリティ』有斐閣。

グレイザー, B.G.・ストラウス, A.L. 後藤隆・大出春江・水野節夫訳（1996）『データ対話型理論の発見』新曜社。

ゴッフマン, A. 二文字屋脩・岸下卓史訳（2021）『逃亡者の社会学──アメリカの都市に生きる黒人たち』亜紀書房。

後藤範章（1996）「マルチメソッドとダイレクト・オブザベーション──リアリティへの感応力」『日本都市社会学年報』第18号。

齊藤康則（2019）「もう一つのコミュニティ形成──『みなし仮設』と『同郷サロン』から考える仙台の復興」吉野英岐・加藤眞義編『震災復興と展望──持続可能な地域社会をめざして』有斐閣。

桜井厚（2002）『インタビューの社会学——ライフストーリーの聞き方』せりか書房。

桜井厚・石川良子編（2015）『ライフストーリー研究に何ができるか——対話的構築主義の批判的継承』新曜社。

佐々木孝夫（2005）「国政選挙の選挙ポスター掲示に関する一考察」，平成国際大学法政学会，『平成法政研究』第9巻第2号。

佐藤郁哉（2002）『フィールドワークの技法——問いを育てる，仮説をきたえる』新曜社。

——（2015）『社会調査の考え方』（上）東京大学出版会。

三本松政之・朝倉美江編著（2020）『多文化福祉コミュニティ——外国人の人権をめぐる新たな地域福祉の課題』誠信書房。

一般社団法人社会調査士協会　https://jasr.or.jp/chairman/ethics/（2023年4月20日閲覧）

専修大学人間科学部社会学科野坂ゼミ（2021）『被災者とその家族の「復興」はどこまで進んだか？——岩手県内陸部に移り住んだ方々へのアンケート調査から』。

——（2022）『被災者の「復興」はどこまで進んだか？　これからどう生きていくのか？　part3——東日本大震災の被災経験者との電話インタビュー調査から』。

総務省（2022）「インターネットトラブル事例集」（2022年版）000707803.pdf (soumu.go.jp)（2023年5月4日閲覧）

高野和良（2022）「過疎農山村地域における社会調査の課題」高野和良編著『新・現代農山村の社会分析』学文社。

高森順子（2023）『震災後のエスノグラフィ——「阪神大震災を記録しつづける会」のアクションリサーチ』明石書店。

竹中英紀（2007）「社会調査をはじめる前に——先行研究と関連資料」森岡清志編『ガイドブック社会調査』［第2版］日本評論社。

田中宏（2013）「朝鮮学校の戦後史と高校無償化」一橋大学 <教育と社会> 研究会，『<教育と社会> 研究』第23号。

谷富夫（2008）「ライフヒストリーとは何か」谷富夫編『新版ライフヒストリーを学ぶ人のために』世界思想社。

谷富夫・芦田徹郎編著（2009）『よくわかる質的社会調査 技法編』ミネルヴァ書房。

玉野和志（2008a）『実践社会調査入門』世界思想社。

——（2008b）『創価学会の研究』講談社現代新書。

丹野清人（2005）「企業社会と外国人労働市場の共進化——移住労働者の包摂過程」梶田孝道・丹野清人・樋口直人著『顔の見えない定住化——日系ブラジル人と国家・市場・移民ネットワーク』名古屋大学出版会。

デュルケーム，E. 宮島喬訳（2018）『自殺論』中央公論新社。

東京都福祉保健局生活福祉部地域生活支援課（2018）『住居喪失不安定就労者等の実態

に関する調査報告書』。

徳野貞雄（2022）「家族と世帯は違う！──基礎集団の変容を問う」高野和良編著『新・現代農山村の社会分析』学文社。

中河伸俊（1999）『社会問題の社会学──構築主義アプローチの新展開』世界思想社。

永田祐・笠原千絵編著（2013）『地域の〈実践〉を変える社会福祉調査入門』春秋社。

中野卓（1977）『口述の生活史──或る女の愛と呪いの日本近代』お茶の水書房。

西文彦（2017）「親と同居の未婚者の最近の状況（2016年）」総務省統計研究研修所。https://www.stat.go.jp/training/2kenkyu/pdf/parasi16.pdf（2023年6月8日閲覧）

野入直美・藤浪海・眞壁由香編著（2022）『わったー世界のウチナーンチュ！──海外県人の若者たちの軌跡』琉球新報社。

野口裕二（2018）『ナラティヴと共同性──自助グループ・当事者研究・オープンダイアローグ』青土社。

野坂真（2022）「岩手県における津波被災者の復興感とその背景要因の経年変化──大槌町における東日本大震災後10年間の継続調査の結果を中心に」早稲田社会学会編『社会学年誌』第63号。

朴沙羅（2023）『記憶を語る，歴史を書く──オーラルヒストリーと社会調査』有斐閣。

長谷川宏（2018）『幸福とは何か──ソクラテスからアラン，ラッセルまで』中公新書。

樋口直人・永吉希久子・松谷満・倉橋耕平・シェーファー，ファビアン・山口智美（2019）『ネット右翼とは何か』青弓社。

平山洋介（2020）『「仮住まい」と戦後日本──実家住まい・賃貸住まい・仮設住まい』青土社。

フーコー，M. 田村俶訳（2020）『狂気の歴史──古典主義時代における』［新装版］新潮社。

藤浪海（2015）「移民ネットワークとしてのオキナワン・ディアスポラ──横浜市鶴見区のブラジル系・ボリビア系・アルゼンチン系移民の事例から」『年報社会学論集』第28巻。

──（2017a）「沖縄を旅するブラジル系移民の子どもたち──集落単位での帰還訪問がもたらす精神的エンパワメント」『移民研究年報』第23巻。

──（2017b）「ブラジル系移民コミュニティと第二世代男性の進路選択──横浜市鶴見区の学習教室の事例から」『移民政策研究』第9巻。

──（2022a）「帰還移民と世界のウチナーンチュの日」『移民研究年報』第28巻。

──（2022b）「『世界のウチナーンチュ』と越境的ネットワーク──沖縄県の政策に着目して」『移民政策研究』第14巻。

──（2023）「国境を越える生活史と当事者支援──在伯ウチナーンチュ・在日ブラジル人女性としての経験を読み解く」『移民研究』第19巻。

プラマー，K. 赤川学監訳（2021）『21世紀を生きるための社会学の教科書』ちくま学芸文庫。

フリック，U. 小田博志監訳，山本則子・春日常・宮地尚子訳（2011）『新版質的研究入門――〈人間の科学〉のための方法論』春秋社。

ベスト，J. 赤川学訳（2020）『社会問題とは何か――なぜ，どのように生じ，なくなるのか？』筑摩書房。

ベルトー，D. 小林多寿子訳（2003）『ライフストーリー――エスノ社会学的パースペクティブ』ミネルヴァ書房。

ホルスタイン，J.・グブリアム，J. 山田富秋・兼子一・倉石一郎・矢原隆行訳（2004）『アクティヴ・インタビュー――相互行為としての社会調査』せりか書房。

ポルテッリ，A. 朴沙羅訳（2016）『オーラルヒストリーとは何か』水声社。

ホワイト，W.F. 奥田道大・有里典三訳（2000）『ストリート・コーナー・ソサエティ』有斐閣。

ホンカネン，タルヤ・マルヨマキ，ヘイッキ・パコラ，エイヤ・ラヤラ，カリ 高橋睦子監訳 ニエメラ，ペトリ・藤井ニエメラみどり訳（2011）『フィンランド中学校現代社会教科書――15歳市民社会へのたびだち』明石書店。

丸山里美（2016）「フィールドワーク」岸政彦・石岡丈昇・丸山里美『質的社会調査の方法――他者の合理性の理解社会学』有斐閣。

宮内泰介（2003）「市民調査という可能性」『社会学評論』第53巻第4号。

ミルズ，C. ライト 伊奈正人・中村好孝訳（2017）『社会学的想像力』ちくま学芸文庫。

文貞實（2022）『ライフ・トークの社会空間――1990〜2000年代の女性野宿者・在日朝鮮人・不安定労働者』松籟社。

森岡清志編著（2007）『ガイドブック社会調査』［第2版］日本評論社。

山崎義人・清野隆・柏崎梢・野田満（2021）『はじめてのまちづくり学』学芸出版社。

山本薫子（2008）『横浜・寿町と外国人――グローバル化する都市インナーエリア』福村出版。

――（2013）「現代日本の都市下層地域における福祉ニーズ増大と地域課題の再編」『日本都市社会学会年報』第31号。

――（2014）「福祉化する都市下層地域における社会的包摂／排除――カナダ・バンクーバーにおけるハウジングファーストによるホームレス支援施策を中心に」『年報社会学論集』第27号。

――（2016）「ジェントリフィケーションに抗する都市下層地域――居住保障と地域経済活性化の取り組みを中心に」『日本都市社会学会年報』第34号。

――（2022）「福祉化する「寄せ場」における「地域」枠組みの強化とホームレス排除――横浜・寿町を事例に」（地域社会学会第47回大会自由報告部会報告資料）。

リンド，R. S.・リンド，H. M. 中村八朗訳（1990）『ミドゥルタウン』青木書店。

ロフランド，J. & ロフランド，L. 進藤雄三・宝月誠訳（1997）『社会状況の分析——質的観察と分析の方法』恒星社厚生閣。

Boilevin, L. et. al. (2019), "Research 101: A Manifesto for Ethical Research in the Downtown Eastside". https://dx.doi.org/10.14288/1.0377565（2023年4月22日閲覧）

Cohen, P. N. (2015) "Survey and ethnography: Comment on Goffman's "On the Run"". https://www.terpconnect.umd.edu/~pnc/working/GoffmanComment-06-22-15.pdf（2023年2月22日閲覧）

Crier, N. (2021) "What is the Community Research Ethics Workshop?". *Megaphone* (August 2021). https://www.megaphonemagazine.com/question_august_2021（2023年2月22日閲覧）

Forman Jr., J. (2014) "The Society of Fugitives: How does aggressive police surveillance transform an urban neighborhood? A sociologist reports from the inside". *The Atlantic* (October 2014 Issue). https://www.theatlantic.com/magazine/archive/2014/10/the-society-of-fugitives/379328/（2023年2月22日閲覧）

Lewis-Kraus, G. (2016) "The Trials of Alice Goffman". *The New York Times Magazines*. https://www.nytimes.com/2016/01/17/magazine/the-trials-of-alice-goffman.html（2023年2月22日閲覧）

McKay, A. (2021) "Housing, building, and neighbourhood influences on the experience of home for long-term tenants of Vancouver's Downtown Eastside" (Dissertation, University of British Columbia). https://dx.doi.org/10.14288/1.0395956（2023年4月22日閲覧）

Neufeld, S. D. et.al (2019), "Research 101: A process for developing local guidelines for ethical research in heavily researched communities." in Harm Reduction Journal. pp. 16-41. https://harmreductionjournal.biomedcentral.com/articles/10.1186/s12954-019-0315-5（2023年4月22日閲覧）

Townsend, P. (1979), *Poverty in the United Kingdom*. University of California Press.

索　引　*は人名

《編著者紹介》 執筆担当頁

文貞實（むん　じょんしる）はじめに・序論・第2章
　1995年　明治学院大学大学院社会学研究科社会学・社会福祉学専攻博士課程単位取得満期退学
　2018年　博士（社会学，甲南大学）
　現　在　東洋大学社会学部社会学科教授
　著　書　『ライフ・トークの社会空間――1990-2000年代の女性野宿者・在日朝鮮人・不安定労働
　　　　　者』松籟社，2022年。『社会再構築の挑戦――地域・多様性・未来』（共著）ミネルヴァ
　　　　　書房，2020年。『コミュニティ・ユニオン――社会をつくる労働運動』（編著）松籟社，
　　　　　2019年。

山口恵子（やまぐち　けいこ）はじめに・第4章
　2002年　東京都立大学大学院社会科学研究科博士課程単位取得退学
　2006年　博士（社会学，東京都立大学）
　現　在　東京学芸大学教育学部教授
　著　書　『地域・都市の社会学――実感から問いを深める理論と方法』（共著）有斐閣，2022年。
　　　　　『グローバル化のなかの都市貧困――ホームレスの国際比較からの大都市論』（共編著）
　　　　　ミネルヴァ書房，2020年。『社会調査の基礎』（共著）放送大学振興会，2019年。

小山弘美（こやま　ひろみ）はじめに・第12章
　2014年　首都大学東京大学院人文科学研究科博士後期課程単位取得退学
　2016年　博士（社会学，首都大学東京）
　現　在　関東学院大学社会学部現代社会学科准教授
　著　書　『ソーシャル・キャピタルからみた人間関係――社会関係資本の光と影』（共著）日本評
　　　　　論社，2021年。『自治と協働からみた現代コミュニティ論――世田谷区まちづくり活動の
　　　　　軌跡』晃洋書房，2018年。「ネットワーク型コミュニティの成立とその機能――世田谷区
　　　　　プレーパーク活動を事例として」『日本都市社会学会年報』第36号，日本都市社会学会，
　　　　　2018年。

山本薫子（やまもと　かほるこ）はじめに・第3章・第6章
　2001年　東京都立大学大学院社会科学研究科博士課程単位取得退学
　2006年　博士（社会学，東京都立大学）
　現　在　東京都立大学都市環境学部准教授
　著　書　『原発事故被災自治体の再生と苦悩――富岡町10年の記録』（共著）第一法規，2021年。
　　　　　『社会運動の現在――市民社会の声』（共著）有斐閣，2020年。『横浜・寿町と外国人――
　　　　　グローバル化する都市下層地域』福村出版，2008年。

《著者紹介》 執筆担当頁

玉野和志 (たまの かずし) 第1章・第5章

1987年　東京大学大学院社会学研究科博士課程中退
2005年　博士（社会学，東京都立大学）
現　在　放送大学教養学部社会と産業コース教授
著　書　『実践社会調査入門』世界思想社，2008年。『創価学会の研究』講談社現代新書，2008年。
　　　　『東京のローカル・コミュニティ』東京大学出版会，2005年。

羽渕一代 (はぶち いちよ) 第7章

2001年　奈良女子大学大学院人間文化研究科博士課程単位取得退学
2018年　博士（学術，奈良女子大学）
現　在　弘前大学人文社会科学部教授
著　書　『若者の性の現在地——青少年の性行動全国調査と複合的アプローチから考える』（共著）
　　　　勁草書房，2022年。『現代若者の幸福——不安感社会を生きる』（共編著）恒星社厚生閣，
　　　　2016年。『どこか〈問題化〉される若者たち』（編著）恒星社厚生閣，2008年。

結城翼 (ゆうき つばさ) 第8章

2016年　バーミンガム大学大学院国際開発学修士課程修了
現　在　特定非営利活動法人自立生活サポートセンター・もやいスタッフ
　　　　東京都立大学大学院人文科学研究科社会行動学専攻社会学分野博士後期課程
著　書　"Cisgenderism in Japanese Social Welfare Systems: Experiences of Gender-
　　　　Nonconforming People in Poverty", *Social Theory and Dynamics*, 4, Institute of Social
　　　　Theory and Dynamics, 2023.「『寄せ場の解体』以後の山谷地域——ジェントリフィケー
　　　　ション概念による分析の試み」『理論と動態』第12号，社会理論・動態研究所，2019年。
　　　　「若年層の貧困の特徴——若者の生きづらさ」丸山里美編著『貧困問題の新地平——〈も
　　　　やい〉の相談活動の軌跡』旬報社，2018年。

藤浪海 (ふじなみ かい) 第9章

2018年　一橋大学大学院社会学研究科博士後期課程修了，博士（社会学，一橋大学）
現　在　関東学院大学社会学部現代社会学科専任講師
著　書　"New Perspectives and Challenges in Japanese Diaspora Studies: A Review of the Past
　　　　20 Years of Research", *Diasporas. Circulations, migrations, histoire*, 40, Presses
　　　　universitaires du Midi, 2023.『移民から教育を考える——子どもたちをとりまくグローバ
　　　　ル時代の課題』（共著）ナカニシヤ出版，2019年。『ジェンダー研究を継承する』（共著）
　　　　人文書院，2017年。

桐生正幸（きりう　まさゆき）第10章

1984年　文教大学人間科学部人間心理学科心理学専修中退
2004年　博士（学術，東亜大学）
現　在　東洋大学社会学部社会心理学科教授
著　書　『カスハラの犯罪心理学』集英社インターナショナル新書，2023年。『悪いヤツらは何を
　　　　考えているのか――ゼロからわかる犯罪心理学入門』SB ビジュアル新書，2020年。『司
　　　　法・犯罪心理学』（共編著）北大路書房，2019年。

野坂真（のざか　しん）第11章

2018年　早稲田大学大学院文学研究科社会学コース博士後期課程単位取得満期退学
2021年　博士（文学，早稲田大学）
現　在　早稲田大学文学学術院講師（任期付）
著　書　『地方社会の災害復興と持続可能性――岩手県・宮城県の東日本大震災被災地からレジリ
　　　　エンスを再考する』晃洋書房，2023年。「すまい再建後の被災者の復興感と背景要因――
　　　　岩手県大槌町における災害公営住宅入居者への質問紙調査の結果を中心に」『地域社会
　　　　学会年報』第33集（共著）東信堂，2021年。『津波被災地の500日――大槌・石巻・釜石
　　　　にみる暮らし復興への困難な歩み』（共著）早稲田大学出版部，2013年。

朝倉美江（あさくら　みえ）第13章

2002年　東洋大学大学院社会学研究科社会福祉学専攻博士後期課程修了
2002年　博士（社会福祉学，東洋大学）
現　在　金城学院大学人間科学部コミュニティ福祉学科教授
著　書　『増進型地域福祉への展開――幸福を生みだす福祉をつくる』（共編著）同時代社，2022
　　　　年。『多文化福祉コミュニティ――外国人の人権をめぐる新たな地域福祉の課題』（共編
　　　　著），誠信書房，2020年。『多文化共生地域福祉への展望――多文化共生コミュニティと
　　　　日系ブラジル人』高菅出版，2017年。

社会にひらく
社会調査入門

2023年11月20日　初版第1刷発行　　　　　　〈検印省略〉

定価はカバーに
表示しています

編著者　　文　貞　實子
　　　　　山口　恵弘美子
　　　　　小山　弘　薫子
　　　　　山本　薫

発行者　　杉　田　啓　三

印刷者　　坂　本　喜　杏

発行所　株式会社　ミネルヴァ書房
607-8494　京都市山科区日ノ岡堤谷町1
電話代表 075-581-5191
振替口座 01020-0-8076

人間と社会のうごきをとらえる
フィールドワーク入門

―――――――――――――――― 新原道信編著　**A 5 判**　**320 頁**　**本体 3200 円**

フィールドワークの魅力とは何か。実際のフィールドワークを基に，その具体的
な進め方や手法を学ぶ。身近な目標となる学生の体験も収録。

インタビュー調査法入門
質的調査実習の工夫と実践

―――――――――――――――― 山口富子編著　**A 5 判**　**256 頁**　**本体 2800 円**

質的社会調査のためのインタビュー法の手順を，実践例を交えてやさしく紹介。
実践から生みだされた様々な工夫を解説しており自発的に学べる。

よくわかる質的社会調査　技法編

―――――――――――――――― 谷富夫・芦田徹郎編著　**B 5 判**　**232 頁**　**本体 2500 円**

質的調査のスタンダードテキスト。調査の技法（データの収集）・分析の技法を
わかりやすく解説。

よくわかる質的社会調査　プロセス編

―――――――――――――――― 谷富夫・山本努編著　**B 5 判**　**244 頁**　**本体 2500 円**

質的調査方法の入門書。「調査の進行プロセス」（問題設定からレポート作成ま
で）をわかりやすく解説した標準テキスト。

新・社会調査へのアプローチ
論理と方法

――― 大谷信介・木下栄二・後藤範章・小松洋編著　**A 5 判**　**412 頁**　**本体 2500 円**

「社会調査法」テキスト最新・決定版。社会調査を学ぶ人はもちろん「社会調査
士」を目指す人も必携。

―――――――――――――――― ミネルヴァ書房 ――――――――――――――――

https://www.minervashobo.co.jp/